BREAK

to be new and different

打開一本書
打破思考的框架，
打破想像的極限

高寶書版

顯微鏡下的古人生活

《新週刊》雜誌社　編著

目錄
Contents

◆第二部◆
從演義小說，到野史雜錄，古人沒說清楚的那些事

◆第三部◆ 從正事、閒事到鳥事，古人很有事的那些事

目錄
Contents

◆第四部◆
跨越絲路與海洋，古人早知道就好的那些事

前言

鹽和鐵可以傾覆天下，小小的香料也能推動人類進步

文／《新週刊》副主編唐元鵬

光緒三年，也就是一八七七年，李錫彬考中了進士，擔任內閣中書。李進士窮得不可想像，全家四口每天只吃兩餐，煤炭柴薪都買不起，是真正的「不能舉火」。他每天早上以銀一錢購買開水，供全家洗漱用，每日飯費則控制在京錢一千，也就是六分銀子，只能買四斤饅頭，就著蔥醬鹹菜度日。

從這樣一個小小的故事中，我們可以發現什麼呢？

比如作為一個六品京官，窮困潦倒到這個地步，那麼一旦有機會，收受賄賂，貪汙腐

化幾乎是順理成章的事情。

再比如，從這裡我們可以研究光緒年間的物價。每日洗漱用開水要一錢銀子，一個月就要三兩，而四斤饅頭只要六分，如此看來，水比糧食貴多了。

在我們印象中，歷史總是宏大敘事，無論是天災人禍還是戰亂鼎革，展現的多是大時代、大人物、大事件。

但真實豐滿的歷史，是由許許多多不同剖面組成的，更多的往往不是從上位者的嘴裡說出來，更不會被《左傳》、《史記》記錄隻言片語。

一切歷史都是生活史。如果《新週刊》記錄的是一個時代的體溫，那麼生活則是所有時代的體溫。

生活中的一件小事也許就能影響歷史進程。

前段時間，我看到一個小故事——一九四〇年十一月十一日，英國人弗格森夫婦（Ferguson）乘坐「奧托墨東」號（SS Automedon）前往新加坡。半路上，他們的船遭遇了德國的突襲艦，在一場沒怎麼流血的衝突後，英國船投降了。德軍士兵俘虜了船上的乘客和船員，並將他們轉移到突襲艦上。

就在轉移途中，弗格森太太哭著對德國軍官說，她有一套非常昂貴的瓷器茶具，這是她所有的家當，能否讓她帶走。羅格船長（Rogge）同意了她的請求，派出上尉莫爾

（Mohr）在行將沉沒的船上找到了這套瓷器，同時也找到了幾大袋英國發往各殖民地的機密文件。德國人將這些機密文件交給了盟友日本。日本人研究這些情報時，發現英國在東南亞殖民地的防務極其鬆懈，幾乎是不設防。日本由此信心大增，決定南下與英美開戰。一年之後，日本偷襲珍珠港，太平洋戰爭爆發。

假如弗格森太太不是因為窮困，不捨得那套瓷器，德軍就不會發現機密文件，日本也無法獲得可靠情報來支持自己的戰略，那麼正在為南進或北進猶豫不決的日本人，能否下定決心進攻東南亞呢？

歷史不能假設，但歷史就是如此巧合。一套珍貴的瓷器和一個人窮志短的女士，為重大的歷史進程加上了一根沉重的稻草。

生活彷彿有一雙看不見的翅膀，不斷搧動，影響著歷史的演變。因為交換不到足夠的鹽、鐵、茶葉，努爾哈赤舉兵叛明，鼎革天下；古代沒有保鮮技術，肉食容易變質，需要重口味的香料烹調，而香料來自遙遠的東方，這促使了哥倫布投奔怒海，尋找神祕的印度，從而發現了美洲新大陸。

不要以為生活中只有小事，其實吃喝拉撒、衣食住行就是經世濟民的大事，鹽和鐵可以傾覆天下，小小的香料也能推動人類進步。

從〈明朝滅亡其實是「天氣」難違？〉、〈唯獨沒有豬！談中國餐桌上的肉料理〉

到〈毛詩一部三百兩，清朝京官的隱財政體系〉，在《新週刊》的視野裡，生活史遺珠遍地。我們用銳利的眼睛審視著歷史的故紙堆，從中發現有趣的「新知」，為讀者尋找看不到的角落。

歷史不僅有溫度而且有態度。

我們關心歷史中的普通人。清朝的邱雙租種了一塊甘蔗地，一年租金為白銀二．四兩。收穫的甘蔗後來賣了番銀十七元，大約合白銀十四兩。這麼一算，邱雙的地租不過是收成的百分之十七。平均下來，邱雙每月的淨收入能有一兩白銀，已經夠他們一家生活。

又如萬曆年間藝人的收入，戲班演一場能收「一兩零八分」，後「漸加至三四兩、五六兩」。而那個時代，豬肉每斤〇．〇二兩銀子，牛羊肉每斤〇．〇一五兩，一隻活雞〇．〇四兩，五斤重大鯉魚〇．一兩，燒酒每瓶〇．〇五兩。根據換算，一場堂會的價格只要六千多元人民幣（〈一兩銀子的購買力〉）。

所有歷史又都是當代史。以銅為鏡可以正衣冠，以史為鏡可以知興替。我們從〈中國古代紙幣的辛酸史〉看到了關於信用的重要，從〈重農抑商是天大誤解，細說明清商人的權與勢〉觀察到權力尋租的醜態，從〈被施耐庵消費的宋朝「官二代」〉又看到有識之士的信念與擔當。

從二〇一三年四月，我來到《新週刊》參與創辦〈歷史〉專欄，短短幾年間，我們為讀者展現了幾千年來，華夏中國和她的百姓的喜怒哀樂、悲歡離合。如今我們精選了其中部分文章集結成冊，以饗讀者，以為紀念。

並借此地，感謝決定開設〈歷史〉專欄的前執行總編封新城，感謝幫助專欄成長的前輩何樹青、周可，還要感謝所有為這個專欄供過稿的同事——譚山山、金雯、于青、郭小為、鍾瑜婷等。感謝為〈歷史〉專欄提供各種幫助的教授和學者——樊樹志、李煒光、李冬君、雷頤、馬勇、毛佩琦、張玉法、張鳴、譚伯牛等。感謝段宇宏、李夏恩、司馬戡、田路、吳鉤、楊津濤、閻濱、陳祥等特約作者。

致謝名單難免挂一漏萬，如有遺漏，敬請原諒為盼。

第一部

從公事、家事到房事，古人心照不宣的那些事

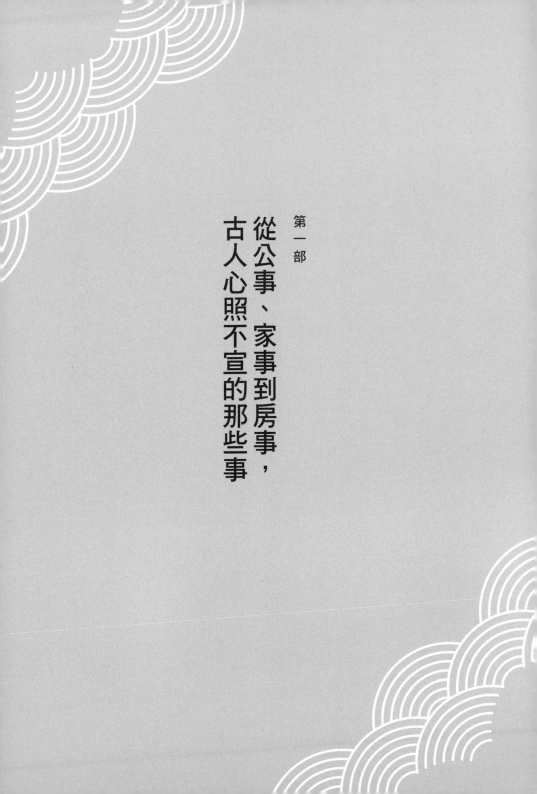

細說那些太后的情人們

文／楊津濤

西元前二六五年，彌留之際的秦宣太后想起了情人魏丑夫。她希望情人永遠陪在自己身邊，於是立刻下令：「我死之後，一定要讓魏卿殉葬。」

魏丑夫嚇壞了，託人勸說宣太后：「太后，您也知道，人死了就什麼都不知道了，為什麼還要白白犧牲自己所愛的人呢？如果人死後有另外的世界，您還要陪伴您的丈夫秦惠王，哪有閒暇與魏丑夫談情說愛？」

一番話竟說得宣太后改變了主意，可見她對魏丑夫的愛是真實的。

不知道宣太后有沒有想起義渠王——那個鍾情於她的美貌，和她私通生下兩個孩子的男人。猶記得義渠王最後一次滿心歡喜地來到秦宮，等待他的不是情人的擁抱，而是大秦甲兵。義渠亡國了，宣太后會不會覺得自己愧對義渠王？

宣太后，或者說「芈八子」，這個我們已經沒辦法確定其名字的秦國太后，掌控秦國整整四十年，留下的不只是風流故事，還有一個稱雄列國的大秦。如果沒有她，她的玄孫嬴政能不能成為秦始皇，還是未知數。作為中國歷史上的第一位太后，宣太后為後世留下了一個有為、但「荒淫」的經典範本。

女人干政禮法不容，男人干政皇帝不容

歷史上有多少個太后曾掌握政權？據《臨朝太后》一書作者周錫山統計，從戰國時的秦宣太后，到晚清的慈禧老佛爺，中國歷史上臨朝或干政的太后達四十三人。其中東漢最多，先後有七人；北宋次之，有五人。西漢呂太后、東漢鄧太后、北魏馮太后、唐朝武則天、遼國蕭太后、清朝慈禧太后等，無論知名度，還是治國能力，都超過歷史上大多數男性皇帝。這些實權太后的出現，有其必然性。

在皇位世襲制下，常會出現皇帝駕崩時，太子只有幾歲、十幾歲，甚至身在襁褓的情

況，那麼就需要有人替小皇帝暫時行使權力。能承擔這個職責的，首先是年長的皇族，但他們本來就是皇權最大的威脅，是重點防範的對象，極少有機會出來攝政；其次是有名望的大臣，這些人手握大權後，又很可能上演「禪讓」大戲，乾脆改朝換代。數來數去，能託付大事的只剩下小皇帝的母親——太后。與皇族和權臣相比，太后的地位來自丈夫、兒子，維護王朝正統，最符合她的利益。

女人干政本來是為儒家禮法所不容，但在「家天下」的觀念下，國事其實也是皇帝的家事。太后作為皇帝的母親，在丈夫去世後，以家長身分，替兒子處理政務，可謂理所當然。因此，那些信奉儒家理念的大臣，並不質疑太后攝政的合法性，他們只會拿不同於往常的標準，非議自己的女主。

比如，皇帝在位久了，大臣們都想他活到「萬歲」，要是太后當權的時間長了，他們便憂心如焚。比如范睢看秦宣太后長期掌權，就唆使秦昭襄王奪回權力；在東漢殤帝、安帝時期，臨朝稱制十六年的太后鄧綏，治國有方，又注意約束同族，但因為她生前沒有歸政給安帝，稱制到死而備受非議。

為了情人逼退皇帝，北魏太后「荒淫」有道

馮淑儀十五歲當上北魏文成帝的皇后，二十四歲丈夫去世，太子拓跋弘即位，是為獻文帝。由於北魏實行「子貴母死」制度，拓跋弘的生母早已被賜死，所以最初輔佐小皇帝的是權臣乙渾，但他上臺後排斥異己，圖謀不軌。馮太后當機立斷，誅殺乙渾，控制了朝局。不過，馮太后並不貪戀權力，僅僅過了十八個月，就宣布歸政了。

意氣風發的獻文帝一掌權就迫不及待地趕走馮太后任用的人，這還不夠，他竟然還干涉太后的私生活。大臣李弈長相俊美，最受馮太后寵愛。在另外一些大臣看來，這無疑「有傷風化」，便要求獻文帝出手「整治」。很快，獻文帝找了一個理由，處死李弈，而負責審理此案的官員則獲得高升。

馮太后很不高興，予以反擊，逼迫十八歲的獻文帝禪位給五歲的太子拓跋宏——歷史上大名鼎鼎的北魏孝文帝。太上皇獻文帝沒有就此屈服，他依舊批閱奏章，下發詔書。馮太后越發不爽，終於發動宮廷政變，毒殺獻文帝。之後她被尊為「太皇太后」，又一次面對朝臣，代替孫子孝文帝管理國家。

這時馮太后找情人，再沒人敢說三道四。太原王叡相貌堂堂、隴西李沖風度翩翩，

兩人皆被馮太后相中，成為其情人兼心腹。不過，這兩人其實頗有能力，都是北魏的一代名臣。因為馮太后有這麼幾個情人，並有毒殺獻文帝的「劣跡」，以致被史家剝奪了原本屬於她的功勞——所謂「孝文帝改革」，其實主要是由馮太后策劃和推動的。

五一五年，孝文帝的孫子孝明帝元詡即位，胡太后臨朝稱制。論能力，她不比馮太后差，但奢侈無度，又確屬「荒淫」。胡太后第一個情人是孝明帝的叔叔清河王元懌，元懌人長得帥又有才華，在朝中很有名望，被胡太后「逼而幸之」。另一名大臣鄭儼則日夜在宮中陪伴胡太后，即使放假，胡太后也要命一個太監隨鄭儼回家進行監視。於是鄭儼只能和妻子聊聊家事，而不敢有什麼親暱舉動。

將軍楊白花與胡太后發生私情後，害怕引來殺身之禍，一路南下，投靠了梁朝。胡太后思念心上人，作了一首〈楊白花歌〉，讓宮女時時演奏：「陽春二三月，楊柳齊作花。春風一夜入閨闥，楊花飄蕩落南家。含情出戶腳無力，拾得楊花淚沾臆。秋去春還雙燕子，願銜楊花入窠裡。」

胡太后的這些作為引起大臣不滿，北魏宗室元順在朝上直言：「婦人死了丈夫，自稱『未亡人』，要不戴首飾、不穿華麗的衣服。太后母儀天下，現在都快四十歲了，還打扮得這麼嬌豔，讓後世怎麼看？」

胡太后回到宮中，斥責元順：「我千里迢迢地把你找來做官，難道就是讓你當眾侮辱我嗎？」

元順回答：「太后您連天下人的恥笑都不怕，難道還怕我這一番話嗎？」

胡太后無言以對。

北魏政局此時已然大亂，權臣爾朱榮起兵殺入京師，胡太后及幼主元釗一起葬身黃河。

寵幸不過數人，武女皇其實不算花心

武則天（圖①）十三歲入宮，二十五歲丈夫唐太宗去世；二十七歲再次入宮，丈夫是小她四歲的唐高宗。武則天先後嫁給父子二人，這當然很不合禮法，但在這兩段婚姻期間，武則天都沒有外遇。直到六八三年，唐高宗去世，中宗李顯即位，尊武則天為皇太后。

貨郎出身的馮小寶長相英俊、身材健美，被千金公主偶然發現後，獻給了武則天。武則天對馮小寶一見鍾情，為了方便兩人見面，就讓他削髮為僧，改名薛懷義，讓太平公

圖① 武則天畫像

主的丈夫薛紹稱他為「叔父」。

薛懷義從此和各位大唐高僧一起宣揚佛法，出入宮中。武則天後來修建了一座白馬寺，就由薛懷義做住持。

在武則天寵愛薛懷義的這十年間，她自己成了大周皇帝，而薛懷義幾次奉命征討突厥，幸運地建功，最後官至右衛大將軍，封鄂國公。薛懷義這時已經厭惡進宮，更喜歡住在白馬寺，顯然是不耐煩去討好七十多歲的女皇帝了。他選拔數千名力量過人的和尚到寺裡，御史周矩判斷這是陰謀作亂的前兆，提醒武則天，沒想到反被薛懷義誣陷，丟了官職。

老太太袒護情人，但總也不見情人來，寂寞難耐，又看上了御醫沈南璆。薛大將軍很快就意識到自己失寵了，一怒之下，放火燒了兩座宣揚佛法的殿堂。武則天知道是情人耍小性子，沒有追究，只是令薛懷義監督重建。誰知薛懷義變得更加有恃無恐，讓武則天對他日益厭煩。不久，薛懷義的陰謀被告發，武則天下令勒死了這個情人。

薛懷義死後，太平公主給母親推薦了張昌宗，張昌宗又讓兄弟張易之一起侍奉女皇帝。張易之當時二十多歲，史稱他「白皙美姿容，善音律歌詞」，是一個多才多藝的美男子。兄弟倆平時臉上塗著粉，身穿華麗的衣服，到宮中「侍寢」。他們的官職一升再升，很快追上當年的薛懷義，當上了國公。可好景不長，七〇五年張柬之等發動政變，迫使武則天恢復大唐，張昌宗、張易之被殺。

武則天見於史書的情人，也即所謂「面首」，僅有以上這四人。她動過「多選美少年」到宮中陪伴的念頭，但經大臣勸阻，也沒有堅持。正如清朝史學家趙翼所說：「人主富有四海，妃嬪動至千百，后既身為女主，而所寵幸不過數人，固亦無足深怪。」

我的兒子就是你的兒子，蕭太后的浪漫情話

對於蕭太后，中國人並不陌生，她是《楊家將》故事裡的重要人物，宋朝的最大對

手。蕭太后名叫蕭綽，小名蕭燕燕，嫁給遼景宗耶律賢，父親是遼國的北府宰相。這是一場不折不扣的政治婚姻，蕭燕燕被迫離開自己鍾情的韓德讓。韓德讓的爺爺韓知古是被契丹人掠來的漢人奴隸，後來憑著本事，官至中書令。

遼景宗體弱多病，登基後不久便將大權交給妻子蕭燕燕，並允許她在詔書中自稱「朕」。正是在蕭燕燕的堅持下，遼軍在高梁河大破宋軍，穩定了燕雲十六州。九八二年，遼景宗病重，留下遺言：軍國大事聽皇后命。隨後十二歲的遼聖宗耶律隆緒即位，三十歲的蕭燕燕以太后身分臨朝主政。

蕭太后需要有人幫她一起管理朝政，韓德讓當然是最好的人選。蕭太后話說得很直接：「吾嘗許嫁子，願諧舊好，則幼主當國，亦汝子也。」

意思是說：我們本來就有婚約，現在我的兒子，也是你的兒子，我們一起輔佐他。蕭太后為再續情緣，甚至不惜下毒殺死了韓德讓的髮妻。在這對情侶的配合下，大遼國勢蒸蒸日上。

王學權在〈鐵血巾幗——蕭綽〉一文中，舉了蕭太后與韓德讓「秀恩愛」的幾個例子，說是涿州刺史耶律虎古是韓德讓父親的仇人，韓德讓在大殿藉故公然打死耶律虎古，蕭太后竟不聞不問。又有一次，大臣們一起打馬球，韓德讓技不如人，被大臣胡里室撞下了馬。眼看情人受傷，蕭太后二話不說，當即下令斬了胡里室。蕭太后還賜姓韓德讓

「耶律」，讓他成為小皇帝的「叔叔」。一〇〇九年，五十六歲的蕭太后去世；一年多後，韓德讓也隨之而去。遼聖宗將他安葬在蕭太后的陵墓邊，為世人留下了一個浪漫傳奇。

一兩銀子的購買力

文／楊津濤

《水滸傳》裡，魯智深、史進、李忠三人在酒店裡閒聊，看到賣唱的金家父女。魯智深可憐他們，自己「去身邊摸出五兩來銀子」後，又對史、李二人說「借些與俺」。史進二話不說，「去包裹裡取出一錠十兩銀子」；李忠則磨磨蹭蹭地「去身邊摸出二兩來銀子」。「魯提轄看了，見少，便道：『也是個不爽利的人。』」

小小一幕，便把明朝不同階層的經濟狀況展現得一清二楚[1]。表面上看，史進豪爽，李忠小氣，高下立判。但史進家是大財主，出逃時帶了全部家當，十兩銀子不算什麼；魯

1《水滸傳》的故事發生在北宋，但社會風貌反映的是作者施耐庵生活的晚明。

智深是中階軍官，五兩銀子也算是將近一半的月薪；而李忠呢，是一個練武賣藝的平頭百姓，這二兩銀子搞不好就是他十天半個月的辛苦錢，白銀不好賺啊！

一張紙值一千個銅錢，當我傻子嗎？

白銀在晚唐初露貨幣化苗頭，到北宋成為通用的定價參照，主要用於帝王賞賜、政府開支、百姓課稅，以及對官員行賄。

僅就賄賂而言，很容易看到白銀的優勢。試想，你要賄賂一個官員，是推著一車銅錢好呢？還是懷揣一袋銀錠好？前者招搖過市，估計不是膽大包天的官員還真不敢收。

同樣的，在錢莊還沒有問世的時代，一個北京商人帶十萬貫錢到廣州做生意，真是無法想像的艱辛。於是市場呼喚一種體積小、價值大，又不輕易貶值的貨幣，而從宋朝起開採量就大增的白銀，自然脫穎而出。

朱元璋當上皇帝後，將北宋政府的用銀方法全部繼承下來，但不准民間流通，而是大力推廣所謂的「大明寶鈔」。老百姓不是傻子，他們不會相信一張紙上寫「一貫」，就真的值一千個銅錢。

在市場流通中，「一貫」的紙幣，實際上購買力通常不足面額的一半。明朝中葉，紙幣信用澈底破產，甚至到了「新鈔一貫，時估不過十錢，舊鈔僅一二錢」的地步，以至於「積之市肆，過者不顧」。搞得以集權著稱的帝國政府，也不得不向經濟規律低頭。正統元年（一四三六年），剛剛即位的明英宗，或許是出於收買人心的考量，宣布廢除祖宗之法——禁銀令。從此以後，白銀成了市場上的主要貨幣，銅錢、紙幣降為輔幣。

一兩銀子搬到現代值多少？

與我們在電視上看到的一樣，作為貨幣的白銀，主要被鑄成「元寶」。元寶上刻有產地、重量、經手官吏、工匠姓名等，通常有五六十字。

船形元寶便於纏在腰間，使「腰纏萬貫」的說法成為可能，如果真在腰上纏一萬貫銅錢，土豪也得累死。最為常見的五十兩元寶，面額太大，所以平時交易只用《水滸傳》中好漢買酒的「散碎銀子」。

銀錠上傳達的訊息非常重要，因為市場上流通的元寶都是合金，含銀量不同。如清朝北京有松江銀，上海有二七寶銀，長沙有用項銀……全國總計約有一百多種銀錠。後來為了方便流通，康熙朝制定了作為單位的「虛兩銀」——紋銀，純度為千分之九三五．三七四。不過，所謂「一兩」在各地的重量也不同，一般而言，明清時期一兩銀子重三七．三公克。

在銀元進入中國之前，想要花銀子，得先驗成色，再秤重量。花起來也很複雜，破整的時候，商人們還得用大剪子剪，用小秤秤過。

將白銀換算成人民幣，通常是以米價為仲介。不同時期，各地區的米價差異頗大。根據史學家黃冕堂在《中國歷代物價問題考述》中搜集的資料顯示，一石米的價格，明朝從兩三錢～一兩，清朝則從五六錢～二三兩，都很常見。明清時期一石約合〇．一立方公尺，一立方公尺大米約為八百公斤。而現今中國米價大致一公斤五元人民幣，如果用明嘉靖年間均值〇．八兩一石、清乾隆年間均值一．五兩一石的米價來計算，一兩白銀在明嘉靖時期相當於五百元人民幣，在清乾隆時期相當於兩百六十七元人民幣。這幾百年間，白銀購買力下跌了幾乎一半，這是由於明隆慶帝開通海運後，南美、日本的白銀源源不斷輸入中國所導致。

古代高薪族究竟有多高？

在古代，官員是高收入階層。以清朝來說，官員的俸祿包括白銀和大米，其中一品文官年俸是白銀一百八十兩，九品文官年俸是白銀三十三兩。雍正以後，官員有「養廉銀」這一合法津貼，通常是俸祿的幾倍，乃至幾十倍。

拿「七品知縣」來說，他們的年俸是白銀四十五兩加大米二二．五石，約合白銀八十兩。而一個知縣每年的養廉銀有六百～二千兩。依照學者張仲禮《中國紳士的收入》一書所說，加上附加稅「火耗」等，一個知縣的年收入有白銀三萬多兩。但這些收入很多都要用於賄賂上級，真正到手的所剩無幾。

讀書人即使當不了官，一直做教書先生，工資也相當可觀。大學者到書院去做「山長」，通常一年有幾百兩收入。曾國藩平定太平天國後，重建了南京的鍾山書院，給予山長的待遇是年薪九百八十四兩白銀，包括正式工資、伙食補貼，以及三節獎金。

晚清山西士紳劉大鵬的東家也很不錯，給他開了白銀一百兩的豐厚報酬，還為他配了一個僕人。但劉大鵬並不將教書視為理想工作，自言「為糊口計耳」。其實劉大鵬比另一個同行朋友幸運多了，那個朋友一年教五六個學生，一人交「束脩」一千六百文，加在一起不過白銀十兩左右，每個月僅靠一兩白銀養家。

清朝徽州的生員詹元相，除塾師工作外，主要投資土地當地主。如康熙四十四年（一七〇五年），詹元相「支銀四兩五錢，買賢生弟樓下垯田租六秤，田皮一秤」，第二年他再將「莊基山田皮五秤」租出去，得銀「一兩九錢五分」。詹元相至少有十一塊這樣的土地。所謂「一秤田」，即能生產一秤（九～十五公斤不等）糧食的土地。不過雖然詹元相的土地，名義上能有幾十兩收入，但實際上很難如數拿到，因為佃農時常拒繳，還得打官司收錢。

短期工比長期工賺更多？

那麼，耕種詹元相土地的佃農，一年忙忙碌碌，到頭來能有多少回報呢？江南土地分散，沒有什麼大地主，「自種租田三五畝」的情況很普遍。對生產所得，佃農與地主通常是對半分。少數情況下，佃農能獲得全部收成的百分之八十，也有的僅能拿到百分之十五。這是由佃戶掌握多少生產資源決定的，如果佃戶的農具、耕牛、種子都借自地主，又怎麼好意思在年終時多分稻穀？

詹元相的「莊基山田皮」既收一．九五兩白銀的租金，那租戶所得也大致相當。而這個租戶顯然不會一年僅種這麼一小塊土地，明朝張履祥的《補農書》寫道「上農夫一人止能治十畝」，而徽州畝產糧食三百二十八斤，一個農民年產三千兩百八十斤，自己留一半，約十石，合白銀十五兩；這還不算家中婦女藉由織布等副業獲得的收入。

種經濟作物賺錢快的道理，古人也懂。福建南靖縣的邱雙租種了一塊甘蔗地，一年租金為白銀二．四兩。收穫的甘蔗賣了番銀十七元，大約合白銀十四兩。這麼一算，邱雙的地租不過是收成的百分之十七。平均下來，邱雙每月的收入恰是一兩白銀。

在紳士、自耕農以外，明清兩朝還有工資日結、月結的短工，和一幹一年的長工。清朝時，東三省禁止內地移民，人口較少，用工成本最高，通常一年需白銀九～十五兩。內地工資以經濟發達的江浙地區最高，平均一年六～八兩，陝西、山東、湖北等大多數地區為四～六兩，待遇最差的是甘肅、廣西、貴州，一個長工幹一年只能得到一～三兩。也就是說，清朝一個長工要賺一兩白銀，最少要一個月，最多幾乎一年。

短工雜役的薪水比長工多不少，明萬曆年間，宛平縣縣令沈榜的《宛署雜記》中記錄了縣政府的收支。他說，僱用沒有技術的雜役，比如「打掃夫、短夫」，日薪是白銀〇．〇三～〇．〇四兩；有技術的，如「油漆匠、裝訂匠」則有〇．〇五～〇．〇七兩。

至於醫生，西門慶家請大夫看病，少則給白銀二錢，多則有三五兩。看來醫生在什麼時代都是高收入者。

明清時期普通工人的平均月薪都在一兩白銀左右，但因為白銀的實際購買力發生變化，清朝工人的生活水準較明朝有所下降。

月入一兩，也能零貸款買房

錢是賺了，可一兩銀子能做些什麼呢？一生用度，無非衣食住行，侯會在《食貨金瓶梅》裡搜羅了不少實例，展示晚明社會的生活百態。

先說「衣」。《金瓶梅》裡的常峙節窮困潦倒時，西門慶資助了他一筆銀子。常峙節給妻子買了「一領青杭絹女襖、一條綠綢裙子、月白雲綢衫兒、紅綾襖子兒、白綢子裙兒」，為自己買了「鵝黃綾襖子、丁香色綢直身兒」，這七件私人訂做服裝，再加上「幾件布草衣服」，一共花去「六兩五錢銀子」。

對於這次消費，常峙節老婆說：「雖沒得便宜，卻值這些銀子。」這麼算下來的話，一件比較好的衣服，大約也要一兩銀子，也就是今天的五百元人民幣。《金瓶梅》中真正昂貴的衣服，要數李瓶兒那件貂鼠皮襖，值白銀六十兩，也就是三萬元人民幣。

再說「食」。《宛署雜記》中寫道，豬肉每斤白銀〇・〇二兩，牛羊肉每斤〇・〇一五兩，一隻活雞〇・〇四兩，五斤重大鯉魚〇・一兩，燒酒每瓶〇・〇五兩等。[2]

在這種物價標準下，《金瓶梅》裡上館子都極便宜。侯林兒與陳敬濟在酒館裡點了「四盤四碟，兩大坐壺時興橄欖酒」，以及「兩三碗溫麵」，總共花了「一錢三分半銀子」，也就是〇・一三五兩白銀，不到一百塊人民幣。

再說「住」。買房讓現代人焦頭爛額，在古代卻不算回事。網上曾流傳一個笑話，說賣炊餅的武大郎都住得起兩層小樓。其實真相是，潘金蓮把釵子賣了十幾兩銀子，「典」下了「縣門前樓上下兩層四間房屋居住，第二層是樓，兩個小小院落，甚是乾淨」。

所謂「典」就是從房東那裡獲得使用權，房東保留產權，可在一定期限內贖回房產。雖不是買，但幾千塊就能在縣城裡幾乎無限期地住上獨棟小樓房，那是相當划算。

當時的房價也不會讓薪水族望而生畏。西門慶幫常峙節買的「前後四間」房，只花

---

2 當時一斤約相當於六百公克（〇・六公斤）。

白銀三十五兩。用明朝工人每月一兩的平均工資計算，節衣縮食幾年，也能零貸款買房了。當然，陽谷只是山東一個小縣城，房價相對京城這樣的大都市，一定是便宜不少的。

最後說「行」。轎子是老爺們出行的必備行頭，潘姥姥到西門慶家給潘金蓮賀壽時，租了一頂轎子。潘姥姥進門找女兒要六分銀子，付轎子錢。潘金蓮聽了怒道：「我那得銀子來？人家來，不帶轎子錢兒走！」吵鬧半天，最後孟玉樓「向袖中拿出一錢銀子來」，才把轎夫打發走。潘金蓮還不肯甘休，數落老娘：「你沒轎子錢，誰教你來了？」其實六分銀子不過三十塊人民幣，明朝的「計程車」實在不貴。

一萬五人民幣就可以買一個潘金蓮？

當然，古人也有娛樂生活。明末大臣陸文衡在《嗇庵隨筆》裡寫道，萬曆年間，藝人演一場才「一兩零八分」，後「漸加至三四兩、五六兩」。有一次，陸文衡請人搭臺唱戲，已經是「價至十二兩」，如果有女藝人參演，要另加「纏頭之費」。折算成人民幣，只要六千多元就能請幾個小明星到家裡開演唱會。

如果僱人唱不過癮，還能把人直接買到家裡來，想什麼時候聽就什麼時候聽。潘金蓮九歲被賣到王招宣府裡，十二三歲就會「描眉畫眼，傅粉施朱，品竹彈絲，女工針指」。要買這麼一個才藝雙全的少女，只要三十兩銀子。在大明朝，一萬五千元人民幣就能領一個「潘金蓮」級別的美少女回家。

在古人所有消費中，買官恐怕是最貴的。《紅樓夢》裡，寧國府的賈珍想給兒子賈蓉「捐個前程」，拿一千二百兩銀子賄賂太監戴權，買了「五品龍禁尉」。戴公公與賈家關係向來不錯，這還是友情價，那「襄陽侯的兄弟」花了一千五百兩銀子才當上同樣的官。書中交代，這「龍禁尉」共有「三百員」，是個不大不小的虛職，月薪一兩的老百姓如果要買，得不吃不喝一百年。

在流通白銀的明清時期，城市裡一個普通人大約每月能賺到一兩銀子，可以買大約一百公斤大米或二十五公斤豬肉，或者一件私人訂做時裝。在一個普通城市，省吃儉用存上十年八年銀子，也能買房，過上老婆孩子熱炕頭的生活。

幸福指數超標的宋朝小販

文／黃勇

作為宋朝一個賣炊餅的小販，武大郎過的是小康生活：租得起臨街兩層小樓，平時酒肉不愁。這樣的生活不過是由武大每日挑幾筐炊餅沿街販賣賺來的，他一沒有被抽重稅，二沒有被衙役踢攤子，日子過得平靜悠然。如若不是登徒子西門慶攪局，恐怕這一家人也能安樂祥和地把小日子過下去。

在明朝小說中，並非只有這一個宋朝小販形象。馮夢龍《醒世恆言》第三回〈賣油郎獨占花魁〉同樣也講到南宋臨安城裡一名賣油小販秦重，說他靠賣油竟能在一年多的時間裡，把三兩銀子的本錢變成了十六兩銀子。

或許有人說，這只是小說家言，不足為憑。但在宋朝史料中，並不難找到真實的案例。南宋人洪邁的《夷堅志》中，便講述了一名小販的發跡史：「吳十郎者，新安人，淳熙初，避荒，挈家渡江，居於舒州宿松縣，初以織草履自給，漸至賣油，才數歲，資業頓起，殆且巨萬。」

一個小販靠織草鞋和賣油，才幾年時間，就家財巨萬，暴富之迅速，令人瞠目。宋人筆記中，南宋初期臨安著名的小販宋五嫂、李婆婆等，也是靠著經營飲食攤發家致富的。

宋朝社會商業發達，在名畫〈清明上河圖〉中就有各種各樣的攤販，無論橋頭、城牆邊還是街道旁，剃頭的、賣甘蔗的、賣菜的、叫賣各種小吃的，應有盡有。

皇宮能不能擴建，擺攤小販說了算

那麼在宋朝，一個沿街擺攤叫賣的小販，如何能過幸福的生活呢？

想要買賣好做，首先不能動不動就遭遇沒事找事的衙役，商業的正常經營必然離不開政府的人性化管理和支持。

在唐朝，商人只能在規定的地點，即設有圍牆的「市」內，從事交易活動。坊市閉門以後及開門之前，無故行走者將受到鞭撻二十下的處罰。

到宋朝，由於商業活動增加，城市布局已打破唐朝坊市界限，城鎮和鄉村集市均可隨處擺攤開店，營業時間也不受限制。政府不但不予干涉，甚至還明令保護。乾德三年（九六五年），宋太祖就特別降旨：「令京城夜市至三鼓以來不得禁止。」

由於朝廷的保護，城市小販更加活躍，「大街買賣晝夜不絕」。

宋朝的城市管理者同樣會遭遇與今天相同的問題：商販侵街，影響市容交通。為此，宋朝政府設立了相當於現代中國城市管理行政執法局的「街道司」。街道司雖然也有維持城市衛生、整修與日常秩序的職責，但絕不會整天驅逐小商販，鬧得雞犬不寧。

雖然小販侵街占道問題屢禁不止，但朝廷顧及小販的生計，一般不主張輕率粗暴地懲處小販。如宋真宗天禧四年（一〇二〇年），「開封府請撤民舍侵街陌者，上以勞擾，不許」。

為了解決這個問題，朝廷集思廣益，絞盡腦汁，終於找到了解決的辦法：在街道兩旁適當的距離豎立「表木」，作為禁止侵街占道的紅線。紅線之內，允許設攤、開店，超出紅線之外就要受罰。

〈清明上河圖〉裡的虹橋兩頭就立有四根「表木」（圖②），橋上兩側，小商販開設的攤位，都在「表木」的連線之內，中間留出通行的過道。這樣一來，既照顧到商販的生計，又不致妨礙公共交通。

更難得的是，宋朝皇帝擴建皇宮和出巡都要顧及商販的經營和市民生活。如雍熙三年（九八六年），宋太宗想擴建宮城，擔心影響東京（今開封）市民的生計，便派殿前指揮使劉延翰等人去了解民意。

劉延翰等人當然不會搞什麼聽證會，也沒有鋪天蓋地宣傳這次民意調查的重大意義，但所得到的民意結果卻是實實在在的。最後宋太宗「以居民多不欲徙」，取消了擴建計畫。

康定元年（一〇四〇年），宋仁宗出巡。儘管當時街道狹窄，宋仁宗既未下旨拆遷，也沒有詔令封路，而是命「侍從及百官屬，下至廝役，皆雜行其道中」，「而士庶觀者，率隨扈從之人，夾道馳走，喧呼不禁」。

宋仁宗這等親民作風，也為他身後贏得了「仁」的廟號。

青樓酒旗三百家，宋朝最賺錢的行業

做生意想致富，首先要有高利潤。在宋人的筆記中，有經營為「逐什一之利」、「逐什百之利」的記載，所以一般認為宋朝商業的平均利潤率為百分之十左右。

但這只是平均利潤率，很多商品的利潤率遠不止於此。

讓我們看看東京籠餅的價格變化軌跡。

據《春渚紀聞》記載，宗澤在宋高宗建炎元年（一一二七年）出任東京留守時，讓自己的廚師按照市面上的規格製作了一批籠餅，經過測算，得出每枚籠餅的成本為六文錢，而根據宗澤的回憶，他在宋哲宗元祐六年（一〇九一年）初到東京時，每枚籠餅賣七文錢。

乍看元祐六年每枚籠餅利潤僅一文錢，但事實並非如此。由於北宋後期東京糧價一路上漲，相隔三十六年後，建炎元年的糧食已是天價。

根據史料記載，宋哲宗執政後期物價一直上揚，到宋徽宗繼位後更是物價暴漲，不可收拾。《宋史・食貨志》記載了宋徽宗宣和四年（一一二二年）東京的米價為「石二千五百至三千」。

宗澤就任東京留守正值靖康之難後，金兵初退，東京物資奇缺，物價飆漲，儘管宗澤使用鐵腕手段抑制物價，到建炎三年（一一二九年）米價仍維持在每升四五千的水準，已是宣和四年的一百多倍。

因此，元祐六年的糧價應遠低於建炎年間的水準。

米價漲跌是糧食價格乃至整個物價起伏的風向球，而糧食價格是決定籠餅成本的主要因素。結合物價上漲幅度，可以得出這樣的結論：元祐六年一枚籠餅的成本可能不到建炎元年的一半，也就是說，成本不足三文錢，其毛利率接近百分之六十。

這還不算利潤最高的生意。南宋初期，社會上流行著一句諺語：「欲得官，殺人放火受招安；欲得富，趕著行在賣酒醋。」

這裡的「行在」就是臨安（今杭州）。由於開酒店最賺錢，因而臨安酒店林立，時人有「青樓酒旗三百家」之說，其中不乏小販經營的小酒店。即便以下層人民為主要顧客的「碗頭店」，利潤率在百分之五十以上也相當正常。

利潤率如此，而小販由於本錢小，資金周轉往往很快，一旦經營商品符合市場需求，自然能獲得更高的利潤。

離城五里即可免稅？宋朝商稅究竟多親民

決定小販收入的第一因素是利潤，而政府的稅收又對其利潤產生重要影響。

宋朝的商稅有兩種：對經過收稅點的過往商販收取的稅稱「過稅」，稅率百分之二；對店鋪與城鎮攤販收取的稅為「住稅」，稅率百分之三。另外，對於少數特定商品，政府要收取百分之十的實物作為抽稅，但應稅商品在抽稅後不再徵收過稅和住稅。表面上看，過稅稅率較低，但由於相同貨物可能在不同關卡重複收稅，因此實際上，過稅往往高於住稅。

各項目加起來，商稅有時超過了商品價值的百分之十。學者程民生在《宋代地域經濟》一書中，對各地的商稅做了統計，得出全國戶均商稅額為四百六十七文。

不過，宋朝發生重大災害時，政府對商稅的徵收都會加以斟酌，視情況減免特定商品的稅率，比如宋寧宗嘉泰四年（一二〇四年），因臨安府大火，燒毀房屋無數，急需竹木建房，朝廷下旨：凡官民與販及收買竹木等免收稅兩個月。

宋室南渡後，對於米穀、茶鹽、柴炭等生活必需品，不分平常與非常時期都免除商稅。日本著名學者加藤繁認為：「在宋代商稅政策中，具有不使威脅人民生活的精神和重農主義。」

像武大郎這樣的小販（圖③），不大會去經營那些抽稅商品，並且由於本錢小，無法承接長途販運的業務，一般只在市鎮內或相距不遠的幾個市鎮。

而《慶元條法事類》明確規定，不得無故在離城五里外，向過往商人收稅，違者杖責八十。所以，小販所承擔的過稅微乎其微，百分之三的住稅和少量過稅負擔，對他們的收入並不構成實質性的影響。

宋朝的商業政策也影響到後世，例如明朝的商稅稅率極低，僅「三十而取一」，多收即屬違令。

到十六世紀後期，很多地方更是停止徵收商稅，像是浙江金華這樣商業繁榮之地，萬曆六年（一五七八年）全縣僅象徵性地徵收了不足白銀七兩的商稅。

在這樣的政策氛圍下，明清時期的小販自然不乏致富成功的案例。明朝溫純寫的一篇墓誌銘中，就描述了明朝一個小販一步一步發家成為大富豪的經歷：「伯子，吾三原一良賈也……稍長，小賈邑市，已賈吳鬻布，有天幸，家日起，已賈淮揚，治鹽筴。」

商人地位節節升，蘇東坡也來寫廣告

在宋朝，少數貪官汙吏多重收稅的例子也有，但整體來看，宋朝官府非常在意稅收對商人的負擔，很注意避免「商人虧本，少人行販」。宋朝政府在某種程度上是商業經營的保護者。

從宋太祖起，就曾多次下令，「不得苛留行旅，齎裝非有貨幣當算者，無得發篋搜索」，又詔「榜商稅則例於務門，無得擅改更增損及創收」。

朝廷規定：「諸稅務監官買商稅人之物者徒一年，若為人買及託買者各杖一百。」同時，還對因稅務監官購買商人物品致其虧損的行為「致饒減稅錢，各計所虧，準盜論」，從而避免了稅務官員以權壓人，侵奪商人利益。

為了避免官府勒索商人，王安石變法在推行市易法時，朝廷又頒行「免行條貫」，規定免除各商行對官府的供應，各行按獲利多少，分三等按月或季度繳納免行錢[3]之後，官

3　宋代除向工商行戶收取商稅外，官府需要的物料人工，都向各行勒派，直到熙寧六年，改為用錢折算，稱為免行錢。

府所需物資不再向各商行攤派。

這樣，官員便無法利用特權強索商人財物。而獲利潤多的商人多交免行錢，又限制和削弱了大商人勾結權貴、壟斷市場的意願和能力，從而保護了中小商人的利益。

隨著宋朝政府保護商業活動和商販利益的各項措施，小販的社會地位也相應提高，進而開始有了做官的機會。

《夷堅志》中就有這樣的記載：「忠訓郎王良佐，居臨安觀橋下。初為細民，負擔販油，後家道小康，啟肆於門，稱王五郎。」

一名小販竟靠著賣油使一家人過上了小康生活，還進入官場，位列三班。這在宋朝以前是無法想像的。

小販經濟和社會地位提高也使文人對他們刮目相看。大文豪蘇軾就提出了「農末並重」的主張，不僅如此，他還身體力行，專門為一個賣油饊子的老婦人寫詩打廣告。詩中說：「纖手搓來玉色勻，碧油煎出嫩黃深。夜來春睡知輕重，壓扁佳人纏臂金。」

當然，宋朝以降的小販生活也並非全是陽光普照。由於其中多數人是失地進城的農民，本錢微薄，在創業過程中難免飽嘗艱辛。《金瓶梅》裡就描繪了武大郎在經商初期的慘澹之狀。但在宋朝，至少從政策層面上給予沿街串巷的小販們寬鬆的商業環境，至於你做不做得成買賣，就要看個人的能力高低和運氣造化了。

代表自由與開放的宋朝女人「事業線」

文／吳鉤

許多人都有這樣的印象：大唐是一個開放的時代，所以女性的服裝華麗、奔放、性感。這個印象大概來自《滿城盡帶黃金甲》、《武媚娘傳奇》之類的影視作品。自然而然地，人們又會以為，入宋以後，由於程朱理學興起，個人自由受到束縛，女性的服飾風格也變得拘謹、呆板。甚至還有人演繹說：「宋朝服飾保守，穿著也較麻煩，層層疊疊，像包粽子似的把美麗的女人包裹起來。也許是宋朝人的思想太狹隘，生怕自己的老婆被居心不良的男人偷瞧了去，所以一改唐朝大膽前衛的作風，用服飾將女人包裹了起來。」

每當聽到這樣的說法，都令人忍俊不禁。為什麼不先去看看宋朝畫作中的女性形象再來下論斷？幸而宋朝畫家為我們留下了如此多的藝術作品，圖像史料裡的宋朝女性裝束，比文獻記載更直觀、更真切地向我們展示了宋朝女子的服裝審美風格。

「內衣外穿」早從宋朝就開始流行？

南宋劉松年的〈茗園賭市圖〉畫了一名提茶瓶的市井女子，她的內衣外穿，酥胸微露，哪裡有半點裹得嚴嚴實實的樣子？

或許有人會說，做小生意的市井女子為了招徠顧客才穿得這麼暴露吧？就如現在臺灣的「檳榔西施」之類。那好，再來看看其他的宋朝畫作：北宋王居正〈紡車圖卷〉上的貧家老婦、南宋梁楷〈蠶織圖卷〉上的普通家庭婦女，穿的也都是低胸上裝，露出貼身的內衣。

即便是宋人筆下的道姑，也不是「像包粽子似的」將自己的身體包起來。北宋何充〈摹盧媚娘像〉上的道姑盧媚娘，身上穿的是對襟低領道袍，裡面的抹胸略略顯露出來。

而在引領女性審美潮流的宋朝上流社會，女子「內衣外穿」就更是時尚了，這一點可以從宋詞中看出。北宋詞人趙令畤有一首〈蝶戀花〉，描寫一個嬌羞的貴家閨中少女：「錦額重簾深幾許。繡履彎彎，未省離朱戶。強出嬌羞都不語，絳綃頻掩酥胸素。」

請注意「絳綃頻掩酥胸素」這一句，就是說這個少女穿著素雅的絲質抹胸。

北宋詞人毛滂聽歌伎彈唱琵琶曲，也寫了一首〈蝶戀花〉：「聞說君家傳窈窕。秀色天真，更奪丹青妙。細意端相都總好，春愁春媚生顰笑。瓊玉胸前金鳳小。那得殷勤，細托琵琶道。十二峰雲遮醉倒，華燈翠帳花相照。」

這句「瓊玉胸前金鳳小」，就是說歌伎穿的抹胸繡著小小的金鳳圖案。毛滂為什麼知道彈琵琶的歌伎穿著繡了金鳳圖飾的內衣？無非是因為，按宋朝社會的時尚，女子內衣是可以露出來的。

這些香豔小詞提到的抹胸，就是宋朝女性的貼身內衣，因其「不施於背，僅覆於胸而故名」，類似唐人的「訶子」。宋人對抹胸極為講究，材質多為棉、布或絲綢，上面繡有精美的圖案。北宋大理學家程頤的伯祖母還有一件「珠子裝抹胸」，「賣得十三千」，值十三貫錢，相當於六七千元人民幣。內衣這麼講究，自然是為了在眾人眼裡顯得大方得體、漂亮動人。

「抹胸＋褙子」是宋朝女性的必備穿搭

對宋朝女性來說，「抹胸＋褙子」是最典型的裝束。褙子，有時候也寫成「背子」，為宋朝最時興的上衣款式，直領對襟，兩腋開衩，下長過膝。宋朝女性習慣上身穿一件抹胸，外套上一件褙子，雙襟自然垂下，不繫帶，不扣紐，任其敞開，因此，胸間內衣也略為外露。如果是胸部豐滿的女性，還會顯露出誘人的「事業線」。

從宋朝風俗畫所透露的訊息來看，幾乎所有社會階層的宋朝女性都流行「抹胸＋褙子」的服裝款式。比如南宋蕭照〈中興瑞應圖〉上的宋廷嬪妃與宮女，都是上身著一件抹胸，外面套一件褙子，前襟敞開，頸部與上胸是敞露出來的。

南宋劉宗古的〈瑤臺步月圖〉、南宋末年錢選的〈招涼仕女圖〉，畫的都是宋朝的大家閨秀、上流社會的女性，她們的穿著也是「抹胸＋褙子」。

出自南宋佚名畫家之手的〈歌樂圖卷〉（圖④），描繪了一群宋朝宮廷樂伎正在彩排演奏的情景，圖中樂伎均著淡雅的抹胸，外套一件紅色褙子。還有一幅〈雜劇人物圖〉，畫的是宋朝市井瓦舍中的女演員，也是「抹胸＋褙子」的裝束。南宋畫師李嵩繪有一幅〈骷髏幻戲圖〉，圖中一個平民少婦正在哺乳，可以看出她的上裝是一件低胸的抹胸，外面再套一件敞開的褙子。南宋佚名作品〈荷亭兒戲圖〉，畫了一名正在哄孩子睡覺的家庭婦女，也是身穿「抹胸＋褙子」。

這些宋朝圖像史料告訴我們，從皇家成員、宮女、大家閨秀，到宮廷樂伎、市井伶人、平民女性，幾乎在所有社會階層，都可以看到「抹胸＋褙子」的典型裝束，「內衣外穿」的款式尋常可見。

即便不是「抹胸＋褙子」，穿襦裙的宋朝女子也能恰到好處地展示性感。有興趣的人不妨去找找李嵩的〈觀燈圖〉、〈聽阮圖〉，以及宋人畫的〈女孝經圖卷〉，這些畫作中的文藝女青年與宮中后妃，都穿著低領口的交領襦裙，略露胸膛。雖不及唐人奔放，卻比唐人優雅。

文獻記載也證明了「抹胸＋褙子」的穿著在宋朝女性之間非常普遍。《宋史．輿服志》記載，乾道年間朝廷定后妃常服：「大袖，生色領，長裙，霞帔，玉墜子；背子、生色領皆用絳羅，蓋與臣下不異。」

《武林舊事》記錄了宋朝公主出嫁時的嫁妝：「真珠九翬四鳳冠，褕翟衣一副，真珠玉佩一副，金革帶一條，玉龍冠，綬玉環，北珠冠花篦環，七寶冠花篦環，真珠大衣、背子，真珠翠領四時衣服。」其中都有「背子」。

《東京夢華錄》記載，宋朝的媒人分為數等，「上等戴蓋頭，著紫背子，說官親宮院恩澤；中等戴冠子，黃包髻，背子，或只繫裙，手把青涼傘兒」。媒人也是身穿褙子。《西湖老人繁勝錄》則記載，杭州的酒庫請歌伎代言，「選像生有顏色者三四十人，戴冠子花朵，著豔色衫子；稍年高者，都著紅背子、特髻」。為官營酒庫做廣告代言人的漂亮歌伎，也是身著紅色褙子。這裡的「像生有顏色」是容貌漂亮的意思。

褙子也是宋朝女性的禮服，南宋朱子立「家禮」，定「婦人（禮服）則假髻、大衣、長裙；女在室者冠子、背子；眾妾假髻、背子」。換言之，宋朝女性穿著抹胸，套上一件微微敞開的褙子，是可以出來見客的。在炎熱的夏天，女性的褙子往往是半透明的薄紗羅，雙肩、背部與小半個胸脯在朦朧的羅衫下隱約可見，更是性感迷人。

結合宋朝圖像史料，我們可以發現，宋朝女子的身材不如唐人豐腴，多如當今的時裝模特兒，以纖瘦為美；她們的服飾也不如唐人華麗誇飾，但絕不拘謹、呆板。以我觀察宋畫的感想，宋朝大家閨秀的衣著打扮，可謂素雅中透出小性感；市井女子的裝束，質樸卻不乏野性。

按學者孟暉《中原歷代女子服飾史稿》的考證，「內衣外穿，袒露頸、胸，實在是有宋一代的平常風氣，雖然其袒露程度較之前代有所收斂」。

顯然在宋朝，人們並不覺得女子微露「事業線」是很羞恥的事。

歷史是怎樣把宋朝美女裹起來的？

如此說來，所謂「宋朝服飾保守，穿著也較麻煩，層層疊疊，像包粽子似的把美麗的女人包裹起來」無疑是無稽之談了，也是不肯下功夫考據的想當然耳，是心中預設了一個「唐朝開放、宋朝保守」的立場，再推導出宋人服飾風格「拘謹、呆板」的結論。

不過，若是說一個社會的開放程度，可以從女子的服裝體現出來，倒是有幾分道理。宋朝女性服裝的典雅、性感風格，恰恰是宋朝社會自由度與開放性較高的表現。

從某種意義上來說，在中國歷史上，女性頸部至胸脯上半部的裸露程度，或可視為社會自由度的風向球。唐朝宮廷女性的裝扮最為性感奔放，禮教對於宮廷女性的束縛也最為鬆懈，乃至皇室貴族盛行亂倫荒淫不德之風。

朱熹對唐室風氣便頗有微詞：「唐源流出於夷狄，故閨門失禮之事不以為異。」後人以「髒唐」相稱，不全然是誣衊之詞。相比之下，我覺得宋朝女性的裸露程度才恰到好處，既展現出女性的性感，又不似唐人放浪。

入元之後，隨著立領興起，女性的低領裝束便越來越少見了。故宮南薰殿舊藏中有歷朝帝后畫像，從中隨機挑出宋、元、明、清皇后畫像各一幅，放在一起略為比較，便可以發現：宋朝皇后的禮服（翟衣）是低領的，元、明、清三朝的皇后禮服則為高領，將脖子包裹得嚴嚴實實。

這大概也是宋朝之後，禮教束縛與國家控制趨嚴、社會自由度與開放性降低的折射。風格拘謹的女性服裝在清朝最為常見，這個印象在觀看清朝仕女圖時感覺特別深刻。清人崔畫有一幅〈李清照像〉，畫的雖為宋朝女性，但其服飾則是典型的清朝高領對襟款式，整個人物形象看起來確實非常拘謹、呆板。但你如果以為宋朝那個「輕解羅裳，獨上蘭舟」的豪爽女詞人就是這個樣子，顯然是張冠李戴了。

中國古代紙幣的辛酸史

文／九段

一二七一年，忽必烈建國號為「大元」。此一建議來自一名叫做劉秉忠的漢人官員，按他的意思，大元之名取自《易經》中的「大哉乾元」，這樣的名稱更加中國化，會更利於中國文人接受。

隨即，已成為元世祖的忽必烈下詔頒行「紙幣」。一紙詔令，宣示了人類歷史上第一個完全使用紙幣的國家誕生。元朝的紙幣名為「寶鈔」，這不是中國歷史上第一次發行紙幣，之前的宋、遼、金等政權都曾經嘗試過，但無不以失敗告終。元朝能擺脫這樣的宿命嗎？

經濟不能承受之重，第一代紙幣應運而生

紙幣最早出現在唐朝，名為「飛錢」，但因為使用層面窄，並不普及，且不去說它。真正令人關注的第一代紙幣是「交子」，出現在北宋時期的益州。中國是一個缺少貴金屬的國家，以銅為錢。到了唐宋時期，隨著經濟規模逐漸龐大，貴金屬缺乏的問題日益嚴重。政府多次頒布禁止民間使用銅器的法令，但收效甚微。

為了解決銅錢荒，鑄造鐵錢就成了折衷的辦法。宋朝開國之後，依然缺銅，鐵錢便沿用下來，尤其是極度缺銅的四川，鐵錢成了主要貨幣。

鐵錢的通行，暫時緩解了錢荒，卻又帶來新的問題。鐵錢過於沉重，對貿易造成阻礙。北宋前期，四川民間出現了一種類似唐朝飛錢的紙質「貨幣」——交子（圖⑤）。當時的四川，貿易規模漸大，蜀錦、竹紙、印刷皆甲於天下，而且蜀道之難，也使得鐵錢的使用極為不便。

南宋李攸的《宋朝事實》記載：「川界用鐵錢，小錢每十貫重六十五斤，折大錢一貫重十二斤。」而當時一匹布的價格要兩萬鐵錢，約重一百三十斤。所以，在益州產生交子是一種必然。

如今已經無法確知交子的具體起源，但根據記載，最初應該是由民間商人聯合發起的。在經歷了初期的混亂後，商人們推舉益州十六家富戶共同作保發行，並且統一了交子的樣式，防偽技術也有所提升。交子兌現時，每貫收取三十文作為利錢。當時的交子還只是進行大宗商品交易時的輔助手段，而非普通百姓日常所用。

之後的故事就耳熟能詳了。在一個沒有現代金融概念，也沒有合理監督的體系裡，結局基本上是注定的。十六家交子戶因此大發利市，卻缺少貨幣發行的準備金概念。隨之而來的即是揮霍挪用，再隨之而來的是擠兌。於是訟於官府，官府遂將之收為官有官營。宋仁宗天聖元年（一〇二三年），朝廷在四川設立益州交子務，民間聯合商戶就此拆夥。

從交子變草紙，宋朝紙幣的毀滅之路

官辦交子務成立後，朝廷對交子的發行、流通、兌換建立起一套較為完備的制度。根據當時頒行的「鈔法」規定，每界的發行額為一百二十五萬六千三百四十緡，本錢為三十六萬緡，準備金率大約為百分之三十。這使得交子真正成為以銅錢為本位的紙貨幣，堪稱是劃時代的創舉。

但是，對於權力毫無制約的朝廷來說，自己的意志即是國家的意志，法令很快就成了一紙空文。

第一界官交子發行後，大宋朝廷驚喜地發現，這是緩解財政緊張的「靈丹妙藥」。之後的交子發行逐漸氾濫，僅僅第二界交子發行時，印行的交子數額就已超過了法律規定的限額。再往後，發行數量越來越多，甚至「只是虛行印刷」不備本金了。到了史上著名的道君皇帝徽宗時，大量濫發已經使得交子一文不值。

崇寧四年（一一〇五年），跟草紙一般的交子改弦更張，改為「錢引」，重新按舊法印行，恢復限額與準備金，幣值再次穩定下來。很快，戰爭降臨。退居東南一隅的宋朝陷入戰爭的泥淖無法自拔，銅產量也只有一年十萬貫，無法滿足需求，連鐵錢的鑄造成本都無法承擔，只能透過不斷地增加紙幣發行量，將危機轉嫁到百姓身上。南宋覆亡之前，吏治一片腐朽，貪腐盛行，導致財政危機加劇，朝廷只能變本加厲地透過發行紙幣來紓緩一時的困難。

至寧宗慶元元年（一一九五年）發行「東南會子」，每界發行三千萬貫。其後不斷濫發，造成惡性膨脹。帝國還規定不准用金、銀、銅錢兌換東南會子，舊會子兩貫兌換新會子一貫。這種純粹的掠奪行為導致會子幣值狂跌，物價飛漲。與此同時，錢引也一路狂跌，至一二五二年，錢引一貫僅值鐵錢一百五十文。再往後，米價每石竟然需要五千引，此時宋朝的經濟已澈底崩潰。

重蹈宋朝覆轍，金國違背經濟規律引發災難

金貞元二年（一一五四年），金國海陵王遷都中都，並聽從宋朝降臣蔡松年的建議發行紙幣交鈔，以緩解帝國的危機。但是，金國發行的第一種交鈔，處處散發出高度強制的氣息。

貞元二年發行的交鈔規定以七年為限，但到了金章宗即位（一一八九年），七年之限即被取消。在當時的條件下，限制紙幣發行期限，無疑是控制紙幣發行量的重要方法之一，而金國取消七年之限，等同於放棄了回收舊幣，市場上紙幣的總量自然隨之增大。更可怕的是，金國的鈔法並未規定發行額的上限，到後期，紙幣的發行量遠遠超出社會經濟需求的總量。

通膨毫無懸念地開始了。在金國最後的二十年中，軍費龐大，發行紙幣成了政府應付財政困境的唯一手段。當一種紙幣失去了信用，朝廷所能做的只是換個名字繼續發行。讀到這裡，你可能覺得有點似曾相識，金國的手段與宋朝一模一樣，換個名頭繼續印「紙」。

紙幣的貶值，讓百姓不得不加緊收藏銅錢，這導致交鈔進一步貶值，而此時政府的措施卻是全面禁止銅錢。貞祐三年（一二一五年）起，金國政府「罷銅錢」，交鈔徹底成了「無本之鈔」。此時，支撐交鈔流通的，不再是代表金屬貨幣的屬性，而是政府公權的強制力。在這之後，交鈔一再改名發行，增大紙幣的面額，從十貫到一百貫、兩百貫，甚至一千貫，結果每貫交鈔值不到一文錢。到了金末，交鈔價值已經跌到「萬貫唯易一餅」的境地。終於，商人為了抵制分文不值的交鈔，接二連三地罷市。到了這時，金國離滅亡只剩下短短的幾年了。

禁不住極權體制輾壓，寶鈔終究化為廢鈔

在如此多的前車之鑑下，元朝的做法更澈底，將紙幣定為唯一的法幣，在全國範圍內推行。這實屬首創，也是中國歷史上最具現代意義的紙幣，但卻是個早產兒。其成敗細節，至今值得品味。

從一開始，元朝就對紙幣的發行制定了比較穩妥謹慎的政策。中統元年（一二六〇年）七月，忽必烈推出中統元寶鈔，以方便流通。寶鈔面額從十文開始到兩貫，規定金銀交易以寶鈔代行，並且建立準備金制度，以絲料為本，「立燕京平準庫，以平物價而利鈔法」，這標誌著元朝紙幣制度基本確立。

在中統鈔發行之後的二十餘年中，它的幣值基本上保持穩定。元朝政府還在戶部之下專設機構，對紙幣的印造、發行、回收進行專門管理。與此同時，元朝政府頒布了若干紙鈔管理條例，並作為國家的正規法令實施。從某個角度來看，元朝對紙幣的管理，在制度和政策上都非常完備與成熟。

但是，局部的變革無法抵擋極權體制的輾壓。

到了元朝中後期，所有專制體制的通病開始爆發，腐敗揮霍遍地，災禍橫行，為了維

持日益增長的財政開支，稅收也急劇增加，稅額已經比元初增加了二十餘倍。這使得元朝經濟狀況開始惡化，民眾不滿情緒日盛。為了維護政權穩定，軍費開支也越漲越高。而貴族官員人數的增加，也讓元朝的財政雪上加霜。此時的元朝政府只能透過增加紙幣發行，來解燃眉之急。

這是一個惡性循環，貨幣不值錢，民眾的不滿會更大，為了維持統治，支出增加又加劇了財政的困窘。由於貨幣貶值，元朝政府不得不調整官員及軍隊的工資，例如至大元年（一三〇八年），用至元鈔按中統鈔原俸發官俸，即增五倍，全年支出五億貫，僅此一項，就超出當年歲入的一倍。

本來元朝統治者可以進行經濟緊縮，削減政府開支，鼓勵民間恢復生產，重建紙幣信用。但權力的自負、自私與虛妄，不允許正常手段存在，於是元帝國開始飲鴆止渴。他們一面動用紙幣的準備金「救急」，一面不斷加大紙幣發行量。這種試圖將財政危機轉嫁給民眾的做法，反而把自己推入絕地。

對元朝紙幣的最後一擊，恰恰應驗了劉秉忠當初讖語似的話：「若用錢，四海且將不靖。」通膨加劇，紙幣信用掃地，民眾轉而選擇金銀，政府數度禁止又數度開禁。到了元順帝至正十年（一三五〇年），鈔價暴跌，政府為使交鈔與銅錢子母相權，在發行新的「至正中統交鈔」的同時，也鑄造了「至正通寶」錢與歷朝銅錢並用，以實鈔法。錢鈔並用的結果，自然是民眾放棄紙幣，改用銅錢，這無疑更加劇了紙幣的貶值。改鈔法實行不久，物價上漲十倍，京師用鈔十錠還換不到一斗粟，百姓視鈔如同廢紙。至此，元朝政府的財政徹底崩潰。

此時，元朝已難以為繼，唯滅亡一途，僅留下一首民謠為之祭奠：「堂堂大元，奸佞專權。開河變鈔禍根源，惹紅巾萬千。官法濫，刑法重，黎民怨；人吃人，鈔買鈔，何曾見？賊做官，官做賊，混愚賢，哀哉可憐！」

縱觀宋金元三朝的紙幣興衰，不禁感嘆：三個朝代最終陷入災難之中，都源自統治者無邊的權力與私心。當他們的行為違背了經濟規律，且沒有任何制約時，再精巧的制度律法也抵擋不住專制權力的輾壓，任何創新都不堪一擊。

「這房子如何住人？」古代官員的職業風險

文／吳鉤

提起〈清明上河圖〉，人們通常會讚嘆其畫功精細，畫中人數之繁、器物之多、場面之大，為古代繪畫作品所罕見。

從這幅畫卷上可以看出北宋時期市井繁榮、商業昌盛的歷史痕跡。如果你仔細看，還會發現更多內涵，比如畫中的房屋，包括酒店、茶坊、旅店、寺院、醫館、民宅等等，其中最氣派的建築非「孫羊正店」莫屬（圖⑥）。

但如果你想在這些建築中找到一棟官衙，肯定得失望了。印象中石獅子擋道、衙役把門的官府衙門在畫中蹤跡全無。如果硬要說，也只能找到一處政府機關——稅務所。但這個稅務所看起來也很簡樸，跟普通民居差不多，比起臨街的酒樓商鋪，實在不起眼。

無獨有偶，北宋文人孟元老的《東京夢華錄》用非常細膩的筆觸描繪了開封城皇宮、御街、酒樓、茶館、商鋪、食肆、大相國寺、瓦舍勾欄的熱鬧景象，唯獨對開封府衙的描述一筆帶過：「至浚儀橋之西，即開封府。」

在孟元老筆下，府衙淹沒在櫛比鱗次的商民建築中，毫不起眼。

為什麼從寫實主義的〈清明上河圖〉到歷史筆記，對開封府衙都鮮少提及？難道古代的官衙毫不起眼，不值一提嗎？

這些歷史作品反映了一個事實：在宋朝的城市裡，最富麗堂皇的建築物不是衙門，而是商用或民用的酒樓飯店、私家園林之類。

如果我們能穿越到宋朝的城市，會發現很難找到一座豪華的衙門，倒是破爛衙門隨處可見，有些州縣的官衙甚至成了危樓。

「官不修衙」為哪兒椿？

要說古時候最宏偉的「官衙」，必然是皇宮。但到了宋朝，甚至連皇宮都顯得寒

圖⑦　蘇軾畫像

酸。汴京的皇宮，遠不如漢唐長安宮城之恢宏，也不及後來的明清紫禁城之寬闊，這是因為趙宋皇室對修建皇宮比較克制。

北宋雍熙二年（九八五年），楚王宮失火。次年，宋太宗下決心要擴建皇宮，便叫殿前都指揮使劉延翰等人「經度之」，即編訂建設規劃、測繪圖紙。不久，圖紙畫出來了，按照規劃，要拆遷不少民居。太宗叫官員去找拆遷徵地範圍內的居民徵詢意見，結果「居民多不欲徙」，大部分居民都不給皇帝面子。

宋太宗沒有搞強拆的膽魄，只好下詔停止了擴修宮城的計畫。於是北宋皇室居住的宮城，是歷代統一王朝中格局最小的，站在開封的酒樓「豐樂樓」上，就可以俯視宮禁。

當然，宋朝皇帝這種窘迫也是歷史上的特例，一般來說，在其他朝代任何建築皆不許高過皇宮，面積不許大過皇宮，否則就是僭越，就是大不敬之罪。

皇宮不可攀比，地方的官衙卻是另一回事。

宋神宗熙寧四年（一〇七一年），大文豪蘇軾（圖⑦）前往杭州上任，擔任通判一職，這是相當於副市長的高官。雖然任職人間天堂的杭州，但蘇軾應該不喜歡在這裡上班，因為州衙的屋宇「例皆傾斜，日有覆壓之懼」。

杭州曾是五代十國時期吳越國的都城，其時「官屋皆珍材巨木，號稱雄麗」，但入宋之後「百餘年間，官司既無力修換，又不忍拆為小屋，風雨腐壞，日就頹毀」。

蘇軾就這般心情忐忑地在危樓之下當了三年的杭州通判，直到另遷他州，期間州衙一直未能修繕。

十幾年後，即宋哲宗元祐四年（一〇八九年），蘇軾升官了，這回朝廷讓他當杭州知州。蘇軾又心情忐忑地回來了，發現杭州官衙在他走時啥樣，在他回來時依然啥樣。

蘇軾問同僚：「這房子如何住人？」

同僚們說：「每到雨天，我們都不敢在大堂上待著。」

這一年，官衙的危樓終於出大事了：六月，一處房屋倒塌，壓傷了衙門內兩名書吏；八月，州衙的鼓角樓也倒了，「壓死鼓角匠一家四口，內有孕婦一人」。自此以後，「不惟官吏家屬，日負憂恐，至於吏卒往來，無不狼顧」。

官衙危樓問題嚴重影響了官吏們的工作情緒，元祐四年九月，蘇軾不得不上奏朝廷，請求撥款修繕衙門：「到任之日，見使宅樓廡，欹仄罅縫，但用小木橫斜撐住，每過其下，栗然寒心，未嘗敢安步徐行。」

但在宋朝想修官衙可不是件容易的事。地方官要修建衙門，就必須經中央政府審核、批准。宋真宗大中祥符二年（一〇〇九年），朝廷已詔令地方「無得擅修廨舍」，因為朝廷沒有這項預算。蘇軾自己也明白：「近年監司急於財用，尤諱修造，自十千[4]以上，不許擅支。」

蘇軾是聰明人，他想了個好辦法，請求朝廷撥給杭州兩百道度牒解決經費問題。在宋朝，僧尼出家需要獲官方頒發的度牒認證，而度牒是要收費的，官方常常透過出售度牒來彌補財政不足。經過一番計算，蘇軾發現杭州官衙至少有二十七處需要大修，需錢四萬餘貫，這可不是小數目，約合今日人民幣一千萬元以上。而要籌集四萬貫錢，需要出售兩百道度牒。

蘇軾在奏章中「威脅」道：「再不修，日後可就不是四萬貫的事了。」

4 即十貫錢。

蘇軾還使出大招，向他的高級粉絲皇太后祈求：「伏望聖慈[5]，特出宸斷，盡賜允從。如蒙朝廷體訪得不合如此修完，臣伏欺罔之罪。」

可縱然如此，朝廷也沒有同意撥款，可能是因為預算數目太大了。

次年，杭州發生水災，又次生饑荒。蘇軾再次向朝廷申請劃撥兩百道度牒。按照蘇軾的打算，這兩百道度牒賣成錢，可以購得兩萬五千石大米，再減價糶米，可得錢一萬五千貫，用這筆錢來修繕衙門，雖然無法澈底翻修，不過「修完緊要處，亦粗可足用」。

不虧是天下頭號聰明人，能想出如此兩全其美的辦法。這一回，朝廷總算同意給度牒，不過不是兩百道，而是只有三十道。出售三十道度牒所募集的資金，肯定是不足以修整官衙的。之後杭州官衙怎麼整修就未見記載了，估計這點錢只能草草修繕了事。不過，蘇軾在元祐五年（一〇九〇年）主持修建的一處公共工程，則在青史上流芳千古，那就是杭州的「蘇堤」。

5 垂簾聽政的高太后。

「天下第一縣」的官衙也只能修大門？

為什麼一處已經成為危樓的官衙，讓蘇軾如此窘迫？他可不可以自作主張挪用公款大興土木，將官衙修得漂漂亮亮呢？如果他真那麼做，等待他的很可能是被彈劾而丟官。

宋朝之前，地方官還有自主修衙的權力，如唐朝的李聽當邠寧節度使時，發現「邠州衙廳，相傳不利葺修，以至隳壞」，李聽不管三七二十一，「命葺之，卒無變異」。但到了宋朝，如果地方官私自修建官衙，將受到彈劾、處分。

宋真宗景德三年（一〇〇六年），又是在杭州，知州薛映被人告發「在司擅增修廨宇」。朝廷馬上派遣御史調查，一查，果然如此，經大理寺議罪，薛知州被貶為「連州文學」——一個小地方的閒職。宋仁宗嘉祐三年（一〇五八年），汝州知州李壽朋在春荒時節「令郡人獻材木，修廨宇亭榭，重為勞擾」，也被御史彈劾，受到降職處分。

大宋朝廷對地方官府修衙之事控制嚴格，慢慢便形成了「官不修衙」的慣例。應該說，這一慣例從宋朝開端，一直延續至後來的明清時期。

明朝萬曆年間，北京宛平縣知縣沈榜的《宛署雜記》中描述道，宛平縣雖然是京畿首縣，但縣衙卻非常簡陋，「廨僅一所，與民間比屋，曲直不齊，各佐領衙與市民聯牆，聲

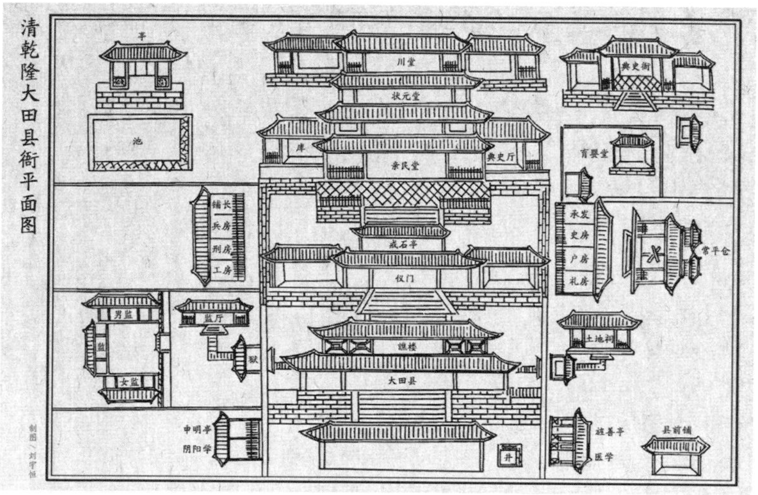

圖⑧ 乾隆年間大田縣衙平面圖

音可通。吏大半無廨地，僦借民居。顧不知創自何時，何所遷就，而因陋就簡，粗備如此也」。

宛平縣自永樂帝遷都北京至萬曆年間，已設縣將近兩百年，這麼長的時間，居然一直未能將縣衙修建得像樣一點。因為實在太粗陋了，跟「天下第一縣」的身分極不相稱，沈榜只好在萬曆十八年（一五九〇年）重修了衙門的大門，但想擴建，縣財政卻拿不出一兩銀子來。

清朝中葉，成都的官署也年久失修，文官衙署「向皆欹側欲傾，破爛不堪」；「兩縣以下之各官署，或荒涼如僧廬，或朽蝕如陋室，雖列省會地面，而蕭條僻陋之氣，愴然滿目」。地方政府一來「無款培修」，二來官員也缺乏修繕的動力，皆因地方官一任三年，誰願意做這種後人乘涼、自己擔壞名聲的事？

當然也不能說宋朝之後，所有的官衙都不修繕。修衙之事，還是見諸史志。但總括來說，古代官員對修衙極不熱心，即便是非要修衙，也是小心翼翼，如履薄冰，再三強調原來的官衙破敗不堪，非修不可，還要申明在修建過程中並無擾民之事。（圖⑧）

非修不可該怎麼辦？官員募資各有奇招

在舊時朝廷的工程立項與預算日程表中，修衙通常被列為「不急之務」，遠遠排在其他公共工程的後面。如宋神宗熙寧八年（一〇七五年），宋廷「詔京城內外除修造倉場、庫務、店務、課利舍屋外，自宮殿、園苑以至百司廨舍、寺觀等，並權停過七年取旨」，亦即暫停京城一切官廨的修建，七年後再說，因為政府要優先建設倉場（貯存糧食的倉庫）、庫務（國庫）、店務（社會住宅）、課利舍屋（稅所）等公共項目。

根據民國時期彙編的《明代建築大事年表》統計，明朝開國之後，洪武朝凡三十一年，各地興建和重修學校六百七十四所，而同一時期才修衙二十六所；到了宣德朝，官衙才大規模興建，但也只修了五十五所，而同期各地興建或重修學校則有一百五十九所。

清朝甚至規定，地方官想修建衙署，一概由官員自掏腰包，從他們的養廉銀中分期扣款。這種情況下，哪個官員願意去修官衙？

因此，如果官衙已經非修不可，要籌集所需資金，只能八仙過海各顯神通了。有的地方官將自己的俸祿或財產拿出來，或者接受民間富民、士紳的個人捐助。蘇軾修衙，除從僧人度牒中想辦法外，還捐出自己的公使錢[6]五百貫。

為什麼古代王朝要嚴格限制修繕官衙呢？

首先，中國古代傳統社會的政府一直是「小政府」，財政規模非常有限，通常不設專門的修衙經費。

其次，舊時修衙招募或徵調民力，難免勞民傷財。而宋朝以降，這種公共工程所需的民工都要僱傭。官府資金有限，很多時候會無錢支付，若因拖欠工程款而鬧出點大事，可不是官員們願意看到的結果。

6 公使錢是宋朝財政撥給地方長官的特別經費，由地方長官自主支配，主要用於公務接待。

徵稅、辦學兼剿匪，古代地方官的斜槓人生

文／楊津濤

靈隱寺在北宋時期已是杭州一處名勝，寺裡有個和尚叫了然，這廝不好好念經，卻迷上了青樓女子李秀奴，漸漸敗光了家當。李秀奴看了然沒錢了，就要和他斷絕來往。一日，酒肉和尚了然喝醉後去找情人，卻被拒於門外。了然一怒之下撞進門去，打死了李秀奴，被逮到杭州官府。

審理此案的是一名叫蘇軾的杭州通判，蘇通判一面找仵作驗屍，判定凶器，一面審訊了然。當他看到和尚手臂上刺著「但願生同極樂國，免教今世苦相思」兩行字時，靈光一閃，立即提筆寫下判詞：「這個禿驢，修行忒煞，雲山頂上空持戒，一從迷戀玉樓人，鶉衣百結渾無奈。毒手傷人，花容粉碎，空空色色今何在？臂間刺道相思苦，這回還了相思

債。」最後判處了然死刑。

如此這般，蘇軾這位古往今來的頂級文豪，幹了一件古代地方官最常見的工作——審理案件。其實對於古代地方官而言，審案是日常的頭號工作。

地方官的工作很多，最主要有四項：徵稅、教化、治安以及上述的審案。朝廷對地方官員的考評，基本上也圍繞著這四項工作。

判案外包大有文章，「一點」之差差很大

在古時候縣衙大門右側，通常有一個大鼓，叫做鳴冤鼓。這面大鼓輕易敲不得，非有命案或大冤情不可。一旦有誰敲起了鳴冤鼓，無論縣太爺在幹什麼，只要不是病得爬不起來，都得迅速披掛整齊升堂審理。

法官是古代地方官最主要的角色。清朝湖南寧遠知縣汪輝祖曾統計過，他在十天之中，平均要用七天來審案，用兩天催徵稅糧，用一天處理公文。甚至有的知縣一年要審理兩千餘起案子，平均一天五起有餘。

蘇軾勤政且懂法，常親自審案，不過他辦公不在府衙內，而是帶著一兩個老兵做護衛，讓書吏背著公文、卷宗，坐著小船遊覽西湖。他們先到普安院吃個飯，再到靈隱寺散步。等蘇大人心情舒展得差不多了，就在飛來峰上的冷泉亭辦理公務。只見他落筆如飛，根據案情寫下文采熠熠的判詞，談笑間就把各種事情處理了。

蘇軾是古往今來數一數二的聰明人，不可能每個官員審案都如他那樣遊刃有餘。況且，法律知識不在科舉考試的範圍內，許多讀聖賢書出身的地方官或許連刑事案件與民事案件都分不清，只能把這項工作扔給手下的師爺或獄吏。因此，師爺和獄吏就有了徇私舞弊之隙。在他們筆下，判詞中甚至「一點」之差就能決定一條人命。

明朝樅陽縣發生過一個案子，一夥大盜劫掠鄉間，被鄉民逮住送到官衙。大盜家屬用贓款賄賂師爺和獄吏，於是在判詞上就出現了「一點」之差。獄吏將「由大門而入」的「大」字加了一點，改成「犬」，變成「由犬門而入」。別小看這「一點」之差，大盜立刻從明火執仗的搶劫犯變成了雞鳴狗盜之徒，因此大盜得以逃過斬決。

前面說的了然和尚，如果沒有為女人耗盡家財，能拿出錢打點衙門上下的話，說不定也可以撿回一條命。依據刑律，犯人若是自首或「非故殺」，是能減刑的。一些獄吏收了賄賂後，就會為案犯編造自首經過，同樣的，要是犯人吝嗇，不肯拿錢，那麼即使真的自首了，也可能會被獄吏隱瞞下來。

朝廷也會考慮到冤獄問題，所以從明朝起便有了巡按御史，具有巡迴法官職能，巡視各地有無冤獄、官員判案是否合格；這便是戲文中大名鼎鼎的「八府巡按」的原型。

飛踢一腳賺年終？大官小吏的經濟來源

每年農曆十月初一，各地倉廩開門，管理倉庫的官吏獻上祭品，祈求今年的徵糧任務順利完成。縣太爺大手一揮，地方官員一項重要的工作就開始了。這事一直要忙到年底，達不到定額，縣太爺必然遭受批評。

通常一個官員上任後，首先要去衙門府庫核對帳目，當地的稅簿上寫著戶口、田地數量，每年各家要繳納的稅收額度。稅吏下鄉，雞飛狗跳的情形是有的，但更多時候收稅也是平常事。數目每年大致差不多，鄉下也有鄉紳、鄉約長[7]主持工作，他們負責向鄉民徵

7 小吏，負責傳達政令，調解糾紛。

收，然後再移交給稅吏。

徵糧工作不僅事關地方官的考評，還關係他的收入。除了正稅，還有「加耗」，也就是在稅收中增收一些運輸損耗是合法的，但地方官吏時常不顧朝廷規定的「加耗」標準，隨意加收。

依照宋朝法律，百姓納米一石本來只需加一斗，卻被要求加兩斗。加耗名目繁多，有所謂「明會耗」、「州用耗」、「土米耗」等，百姓實際繳納的稅款有時比正常額度多一倍。徵糧用規定容積的「斛」[8]為容器計算，實際操作過程中，百姓將糧食倒進斛裡，收稅官員則會不斷搖晃斛，以使斛內能裝進最多的糧食。有的地方，官員甚至採用大斛徵糧。「加耗」在某種程度上就是地方的稅收截留，用作地方衙門的辦公經費，再有富餘自然就進了地方官的口袋。

蘇軾第二度到杭州時是擔任知州，卻趕上大旱，爆發饑荒和瘟疫。他發現原先的地方官為了政績，不僅隱瞞災情，還想收繳更多的糧食。蘇軾一怒之下，洋洋灑灑地寫了一封奏章，告這些不知體恤百姓的官員一狀。他同時請朝廷赦免杭州當年三分之一的稅收，甚至還動用府庫中的儲備糧，平抑糧價。

8 北宋一斛為一石。

徵稅其實有大學問。官員貪汙時會透過「簿書脫誤」、「簿書欺弊」等手段，幫人逃稅或侵吞稅款；大豐收時節，官員們就謊報災情，將一部分稅收截留下來，中飽私囊；到了年底，糧食都收上來了，在倉庫裡堆成糧垛，這時還要經過胥吏一層盤剝。具體方式是：胥吏們使盡全身力氣飛踢一腳，扎扎實實正中糧垛，堆滿的糧垛嘩啦嘩啦震落不少糧米，這些糧食便成了胥吏們這一年徵稅工作的獎金。

韓愈興學廣為流傳，其實只是本職工作？

唐憲宗元和十四年（八一九年），春寒料峭，一個文質彬彬的半百老人行走在穿越南嶺險隘的官道上，一個月前他因為一篇《論佛骨表》的奏表得罪了皇帝，唐憲宗震怒之下把他貶到嶺南的潮州擔任刺史。他就是韓愈（圖⑨），中國古往今來文章寫得最好的人之一。

韓愈作為貶官，在潮州不過待了八個月，卻在此地留下極其深刻的烙印。

以韓愈之大名，他的文章隨著其被貶的消息，早已被潮州人傳誦。來到潮州不久，

圖⑨　韓愈畫像

韓愈就寫了《潮州請置鄉校牒》，對於當時還屬於邊遠不毛之地的潮州而言，這算是經天緯地之功。具體來說，韓愈做了兩件事：一是舉薦地方大儒趙德主持州學；另一個是不遺餘力興辦鄉校。遇到辦學缺乏資金，韓愈甚至「出己俸百千以為舉本，收其贏餘，以給學生廚饌」。

兩百多年後，追隨先賢腳步被貶至惠州的蘇軾承認，是韓愈在潮州開啟了當地儒學興盛的大門。韓愈在地方的所作所為，時至今日仍被廣為傳頌，然而實際上，他做的是分內事——推行道德教化。這是每一個地方官不可或缺的工作。教化地方的一項重要指標就是辦學，自韓愈以降，潮州歷任地方官都會興辦學堂，宋朝有四十餘名知州主持過州學或學宮建設。

除了直接介入教育外，地方官員另一個重要的舉措就是樹立榜樣。首先是對貞節烈婦、孝子賢孫、仁人義士進行表彰，政府給予榮譽和獎勵；還有就是為死去的忠孝人士修墓、立祠，讓老百姓能見賢思齊。地方官很多時候還親自上陣，寫文章勸諭百姓，宋朝大書法家蔡襄的〈福州五戒文〉，就是此類文章的代表。

一不小心就會丟了性命的終極任務

自古以來，江西南部以贛州為中心的贛、粵、湘、閩四省交界山區，都是讓朝廷極其頭疼的地區。這裡山高皇帝遠，民風剽悍，百姓時常聚而為匪，劫掠地方。明朝正德年間，此地再度發生山民暴亂，地方上一片混亂。

朝廷裡的大佬們盤算了一下，一致認為，只有王陽明才能擺平贛南之亂。於是，朝廷一道旨意下來，遷王陽明為都察院左僉都御史，巡撫南贛、汀漳等處，命他處理棘手的地方治安問題。

王陽明的官職上馬可掌軍，下馬要管民，於是這位天下聞名的大儒來到贛南，重錘迭出：一為進剿，集合四省兵力，分路進剿盜寇；二為整肅，官府民間多有與盜寇勾結之人，重則法辦，輕則規勸震懾，斬斷盜寇的地方聯繫；三為安撫，頒發十牌法，以十戶持一牌，互相監督，連坐互保；四為教化，推行《贛南鄉約》，興辦書院，推廣「心學」。

困擾朝廷十幾年的贛南地方治安問題，被王陽明用一年的時間輕鬆解決。在平定贛南一年之後，王陽明又完成了一件驚天大事，他以一省之力旬日便撲滅了寧王的叛亂，並憑此大功被朝廷封為新建伯。以文臣封爵，王陽明達到了別人難以企及的高峰。

王陽明的事蹟是古代地方官一項重要職責的縮影——綏靖地方。自宋以降，歷朝均以文御武，地方巡撫、知府、知縣便負起了地方維穩的重任。他們必須剿滅盜寇，保境安民。

但王陽明這樣文武雙全的頂級牛人，古往今來也難找出第二個。更多的文官於維穩職責實在難以勝任，甚至常有性命之憂。如崇禎六年（一六三三年），流寇入鄖陽，不過幾天功夫，破三縣，殺兩個知縣。綜觀明清兩朝，因地方維穩工作而丟了性命的官員可謂數不勝數。

古代官員維穩壓力很大，但作為父母官不就是要保一方百姓平安嗎？千百年來老百姓納稅，買的就是政府這點公共服務。

毛詩一部三百兩，清朝京官的隱財政體系

文／李夏恩

一名清朝的下級京官，如果只靠朝廷的俸祿，很可能陷入連飯都吃不飽的窘境，但一個看不見摸不著的隱財政體系，維持了官員們體面甚至奢靡的生活。

租房子二十兩銀子，吃喝拉撒至少三十兩銀子，燒炭買柴、僱傭車馬僕人一年又是四十餘兩，總共將近一百兩銀子。這是晚清時期，一個普通京官每年維持生活的最低開支，但在帳面上，一個六品京官一年的俸祿實領只有三十二兩銀子。

那些米鋪、布店、炭廠、車馬店的掌櫃可不管你是不是官，到了年關時分，掌櫃、夥計就會拿著帳單，上門催帳。他們笑呵呵地把帳單遞給官員們：「大人您行個方便。」要是「客官」掏不出銀子，這些勢利商人就會立刻換上一副輕蔑的嘴臉。

如果只靠朝廷的俸祿，京官們必須面對這樣顏面盡失的窘狀——交不起帳單，肯定會遭受商人們的侮辱。

但作為這個國家實際的管理者，京官獲得收入的途徑絕不僅僅是朝廷俸祿。首先，他們會得到一筆數目不等的「養廉銀」，然後會收到地方官送來的「冰敬」、「炭敬」，而各部的小金庫還會給每個官員一筆「印結銀」。

這些林林總總的收入，會根據官階高低、衙門不同，落到每人手中，從數百兩到上萬兩銀子不等，基本上可以讓各級官員過得起一日三餐可口、僕人車馬齊全、迎來送往頻繁、父母家人舒心的生活。到了年關，絕大多數上門要帳的掌櫃也都會滿意而歸。

但是，那些俸祿之外的額外收入從何而來？地方官怎麼會有孝敬京官的銀錢？各部如何建立起給官員發獎金的小金庫呢？

「餘雖窮」？京官哭窮的背後祕辛

何剛德，福建閩縣人，自幼向學，光緒二年（一八七六年），年方二十，便中了本省鄉試舉人，於是湊了些盤纏衣服，上京會試。可能是何家祖墳冒青煙，第一次參加會試何剛德便中了進士，殿試三甲，奉旨以部屬掣籤[9]，分在吏部考功司行走[10]。

新科進士，又分在吏部，按說何剛德是春風得意，但到了年底，家裡的生計卻讓他發起愁來。

這一年，何剛德初到吏部，例應學習。「學習」即今日之「實習」，部中最苦最累的工作，均交由這些官資尚淺之小輩。每至當月值宿，何剛德便要在署留宿，不特值宿之「當月處」、「屋極湫隘」，至夜更「闔署闃無一人」。晚餐菜只一碗兩碟，次日早晨又有一餐，日子清苦得很。

苦累不說，薪俸還少得可憐。何剛德以進士分發吏部，是六品銜，一年春秋兩季京官年薪是六十兩銀子，卻按六折發給，七除八扣，到手只有三十二兩。現銀之外另有米三十石，可是六品僅發老米，五品才給白米，老米多不能食，只得折給米店，「兩期僅能得好米數石」。

但何剛德這一年的開銷高達三百四十三．九兩，已是他所得年俸的十倍有餘，這還

9　即抽籤，明、清分發官吏的辦法之一。
10　在清朝意指於京師擔任非專任差事的人。

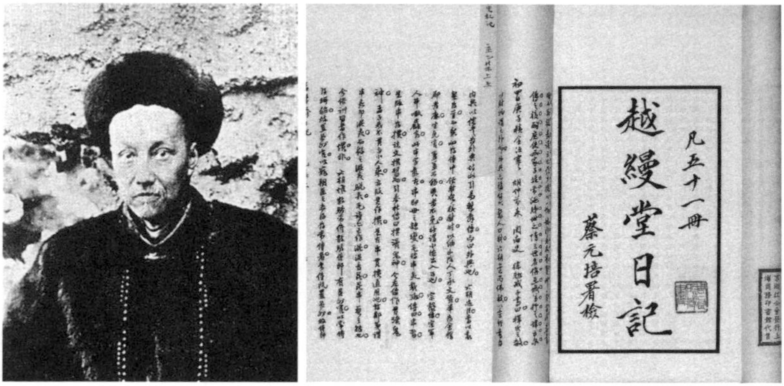

圖⑩　李慈銘與《越縵堂日記》

沒算上那件昂貴的官服。

在何剛德看來，自己的狀況已經是相當不錯了，「境雖清苦，而心實太平」，「安分從公，並未嘗呼枵腹也」，比起那些翰林，總還好過很多。

與何剛德同年考上進士擔任內閣中書的李錫彬，是個真正的窮京官，內閣中書收入微薄，因此李錫彬全家四口每天只吃兩餐，煤炭柴薪都買不起，是貨真價實的「不能舉火」。他每天早上以銀一錢購買開水，供全家洗漱，每日餐費則控制在京錢一千，也就是六分銀子，只能買四斤饅頭，就著蔥醬鹹菜度日。

「窮京官」已然是老生常談，一如晚清《京官曲》所唱的那樣：「淡飯兒才一飽，破被兒將一覺，奈有個枕邊人卻把家常道。道只道，非嘮叨，你清俸無多用度饒，房主的租銀促早，家人的工錢怪少，這一只空鍋兒等米淘，那一座冷爐兒待炭燒，且莫管小兒索食傍門號，眼看這啞巴牲口無麩草，況明朝幾家分子，典當沒分毫。」

就在何剛德剛剛踏入京官生涯，加入京官哭窮行列之際，另一名京官李慈銘也在日記（圖⑩）中大聲哭窮：「餘能忍寂寞、忍寒凍以讀書，而不能忍飢餓」、「比日窮乏，告貸路絕」；簡直就是快餓死的狀態。

如果僅從這兩句話，便下定論說李慈銘也是「窮京官」之一，恐怕就上了他的當。告貸典當固然有之，但加在一起不過七十一．二兩，並非難以接受，倒是他這一年豐富多彩的京官生活，足以讓人大開眼界。

這一年，李慈銘僱了十名僕人、兩個車夫，還有三名更夫和一個廚子，加在一起花了二十四．七兩。

為了討小妾歡心，他又買了「綿緞褂一領湖綢袷衣裡外裁、金銀羅天青緞鼲鼠褂」，一共是十五．二兩，他自己則添置了一件猞猁狐褂，花了二十兩。

李慈銘有藏書癖，文墨之事自然也少不了，書籍筆墨加在一起花了六十四．二兩。

但這並非開銷最大的一項，李慈銘本人在日記中抱怨「飢餓」，但用以填補飢餓的卻是珍饈美酒。霞芬樓應當是李慈銘最愛的館子，這一年李慈銘在霞芬樓就花了四十五．八兩銀子，此外在秋菱樓又花了三十兩，加上豐樓、宴賓齋、福興居和天寧寺，李慈銘這一年上館子就開銷了一百四十七．四兩。如果將其他雜支加在一起，李慈銘一年的開支高達六百零七．四兩。

這不是一筆小數目，當時北京一個普通五口之家的年開支是五十兩，李慈銘這一年的消費足夠養活十二個五口之家。所謂的「窮」，不過是因為與那些一擲千金的高官相比，自己實在是顯得太過清貧罷了。

過著闊日子還哭窮的李慈銘，任由弟弟在家鄉餓死，才假惺惺地說道：「通計出門七年以來，寄弟者不過十金耳。」同時他自己也承認這一年「酒食聲色之費亦不下百金」，確切的數字如上所計，乃是一百四十七．四兩。即使如此，他在開頭還不忘強調一遍「餘雖窮」。

比「合法收入」高四十倍的「灰色收入」

李慈銘當時只是個五品銜的戶部郎中，而且是學習行走，加之他是納捐入官，即所謂「萬年候補」，故而連俸銀和祿米也沒有，這一年只有象徵性的「養廉銀」十八．六兩。

可實際上，李慈銘這一年的收入總數折銀卻高達七百六十六．九兩，他的正式官俸只占其中的百分之二．四二，而剩餘百分之九七．五八的收入，也就是約相當於他俸銀四十倍的七百四十八．三兩，恐怕才是最令人感興趣的部分。究竟是什麼收入，會比他的「合法收入」還要高出這麼多呢？

翻看李慈銘的帳簿，會發現每年都有一筆進項，這筆少則四十餘兩，多則四百餘兩的額外收入，稱為「印結銀」。光緒三年（一八七七年），李慈銘收到印結銀一百六十二．一九兩，大致是他年收入的五分之一。而這一年新進仕途的何剛德，按照他自己的說法，「俸之外則有印結銀，福建年二百金左右」。

所謂「印結」，其實是清朝的一種行政文書，即鈐有官印的證明身分的保證書，主要防止有人冒名頂替。

晚清因太平天國戰亂及各省災荒，加之對外賠款，國用支絀，於是大開捐官之門，以廣收入。為防止假冒頂替，捐官需要在京的同鄉為官者出具印結，這可是要擔風險的，一旦發現捐官者的身分有假，出結官也會被問罪。

於是，捐官者自然免不了對出結官饋贈一二，久而久之，饋贈成了規矩，甚至有了固定的數額。為了讓同鄉的官員利益均沾，同鄉京官便成立了「印結局」，由進士出身的京官主持，凡需要印結的，都得去印結局納了「印結銀」後才能取印結，而官方也只認可印結局開出的印結。

一名捐官者，要得到印結，得掏不少銀子，就拿一名叫李圭的江蘇捐官者為例，他是監生出身的州同知，得到浙江候補知州的肥差。按照他的日記所述，捐官的費用是一千零九十六兩，但繳納的印結銀加在一起卻高達數百兩。

這些印結銀除了出結官本人抽取十分之一以外，其他全部歸入印結局，再平均分給同鄉官員。儘管平均每月送到每個官員頭上的也就只有數兩到十餘兩不等，對那些初入京門、無權無勢的小京官來說，卻可謂是大旱之望雲霓。

據前文的京官李錫彬所說，「印結費一項，作一月伙食費足矣」，這是真正的救命錢。而另外一名叫姚學塽的官員不受印結銀，就只能委屈他住在破廟裡吃糠嚥菜當清官了。

然而，只靠印結銀一項仍不足以維持京官體面的生活。何剛德在這一年還有一項收入，雖然不多，「每年所入不過百金，然亦不無小補」；那就是來京地方官的饋贈。

按照何剛德的說法，「外官饋送京官，夏則有冰敬，冬則有炭敬，出京則有別敬。同年同鄉於別敬之外，則有團拜項，謂每歲同年同鄉有一次團拜也」。

所謂「冰敬」，就相當於消暑費，「炭敬」則可以視為取暖費。

當年曾國藩初做京官，無錢過年時，就盼望年底能有一筆外官的炭敬以解孔亟，甚至錢還沒到就先把話放出去，但最後還是空等一場，只得借錢過年。到了何剛德的時代，送炭敬則很有些看人下菜碟的味道，「漸重官階而輕交情」，專重權貴，致送炭敬。而且單子上儒雅得很，從來不言數目，而是套用詩詞章句，四十兩叫「四十賢人」，三百兩則曰「毛詩一部」，甚至還有「千佛名經」。

至於別敬，倒是「同鄉同年，及服官省分之京官，多有遍送」，雖然其數不過十兩上下，也聊勝於無。而何剛德到京後，雖外官所費已然不貲，可因為京官日漸加多，所以最後甚至降到六兩。即使如此，雜七雜八湊起來，也能有一二百兩。

至於像李慈銘這樣已經享有文名的官員，所得更多，光緒三年（一八七七年），他得到的饋贈高達三百一十六兩，足夠讓他再多給小妾添幾件首飾衣裳，再多去幾次館子了。

如果仔細分析這些額外收入，會發現，無論印結銀還是地方官的饋贈，都不能簡單地歸入「賄賂」一欄，因為這已經成為一種規則。你可以稱之為陋規，或者按照時下的用語稱為「潛規則」或「灰色收入」。這些「灰色收入」自成一個看不見摸不著的隱財政體系，維持著清朝官員們體面的生活。

揭黑！清知府的祕密帳本

文／李夏恩

一八九四年，時值甲午，中日開戰在即，但對何剛德來說，這場戰事和他沒半點關係。他這一年真正關心的，乃是各省鄉試。每逢鄉試，進士出身的京官都會有三次外放機會，最優者為學差，也就是派到各省去當學政，「學差三年滿，大省分可餘三四萬金，小亦不過萬餘金而已」。

但學差是窮翰林為數不多的肥差專利，像何剛德這樣進士出身的吏部員外郎，能有機會一搏的，只有考差和房差。考差就是充當鄉試主考，「一次可得數千金，最苦如廣西，只有九百金」，而房差則是充當鄉試的房師，每次可有三百金的進項。

從一年前開始，何剛德就在為考差上下鑽營，但他最終獲得的外放機會，卻是在甲午年的京察。一八九五年四月，何剛德因甲午京察一等受光緒帝接見，奉旨補授江西建昌府知府，這可能是何剛德自考中進士以來最得意的一天，此時距離《馬關條約》簽訂還不到一個星期。

在京城混了快二十年的何剛德終於得到了外放的肥差，很快他將投身於這個帝國的隱財政體系中。但他終歸會發現一個事實，知府並不肥，這種在隱財政體系中處於中等位置的官員，不過是過手財神罷了。

撈錢撈到傾家蕩產？

何剛德抵任江西建昌知府時，發現自己簡直處於另一個世界，尤其是他的「帳本」將發生巨大變化。

首先，他必須接受一個新的幕僚，那就是帳房師爺。他的作用只有一個，就是負責記錄祕密致送上級長官的禮金各是多少，這本帳稱為「內帳」。

如果說京官的帳本關係到他個人的生活水準，那麼地方官的帳本則與他的仕途緊密相繫。《官場現形記》裡的一個故事足以說明這本祕密帳本的重要性：一個叫瞿耐庵的候補官員百計營求，終於補得了湖北興國州知州的實缺，並走馬上任，但他上任交接時因不懂規矩得罪了前任帳房師爺，師爺為了報復，便假造了一本祕密帳簿，瞿耐庵按假帳本去孝敬上官，結果可想而知，不到一年便被參劾革職。

像何剛德這樣的五品知府沒資格進京送禮，得要布政使以上的官員才有資格。所以，他需要打點本省巡撫、布政使、按察使，還有總轄蘇、贛、徽三省的兩江總督。

道光、咸豐年間的兩名地方官，段光清和張集馨的自撰年譜中，有多條關於禮金的記述，再加上一些奏議，讓我們大致可以估算出何剛德的見面禮數額。江西建昌算是比較富庶的府，所以至少要送兩江總督六百兩，送巡撫五百兩，送布政使四百兩，送按察使三百五十兩，全部加在一起，一次就要一千八百五十兩。

每次拜見上官也要程儀，累計下來，數額也不小。何剛德主要拜見的上官只有巡撫、布政使和按察使，一年拜見一次，大致需要六百兩。節禮和賀禮即所謂「三節兩壽」的禮金，巡撫每節至少六百兩，過壽四百兩；布政使和按察使則每節三百兩，過壽二百兩，各色表禮、水禮、過路程儀及賄賂上司門丁的門包等尚不包含在內。同時，像是道臺、駐防八旗將軍等等，也需要不時送禮。以上種種禮金，加在一起姑且算八千兩，那麼這一年光是送禮，何剛德就需要支出將近一萬兩，這還是以最少的數額計算。

何剛德作為知府，正俸有白銀八十兩和大米四十石，每石大米如果折銀一兩，那麼加在一起就是一百二十兩，額外的官方收入還有政府提供的養廉銀一千四百兩，一共是一千五百二十兩，即使何剛德不吃不喝，他的薪俸收入也只有禮金數額的六分之一。

好在何剛德是知府，他可以收受下屬的見面禮和「三節兩壽」的賀禮。建昌府下轄五縣，知府的見面禮每縣要出二百兩，總共是一千兩，三節兩壽每次是一百二十兩，加在一起是三千兩。這一年，何剛德的額外收入有四千兩，如果下面縣官送得多的話，可能總數會達到六千兩。

何知府一算帳，收禮加俸祿才七千五百二十兩，還是不夠啊！那麼是否還有其他的財源？答案是：有。

根據記載，與何剛德主政的江西建昌府毗鄰的幾個府，在收地稅時，每畝地會多收三分銀子作為額外收入。光緒五年（一八七九年）的《建昌府志》記載，建昌府共有成熟土地一萬七千零三十五頃又二十七．二三畝，如果每畝地多收三分銀子，那麼這一項就可以進帳約五萬一千一百零五．八二兩。但這顯然要冒很大風險，因為建昌府徵收的正稅總數，只有八萬八千三百四十一．六四七兩，如果強行攤派的話，額外徵收的銀兩約相當於正賦的五分之三，很容易激起民變。江西從一八八〇～一九一〇年的三十年間，發生的民變次數超過一百一十次，絕大多數都是因為捐稅超出了農民所能承受的範圍。

在民變和上供的鋼絲上遊走，使何剛德這樣的地方官如履薄冰，加派捐稅需要冒很大風險，但還有一大筆孝敬錢沒著落。何知府只得使出最後的招數，那就是挪用庫銀和向銀號、商鋪借貸。

道光二十五年（一八四五年），陝西糧道張集馨致送禮金的開銷，來源就是借貸，之後再用庫銀和陋規來還貸。庫銀成了地方官的救命稻草，像何剛德所在的建昌府，每年徵收的各種捐稅一共有十四萬五千一百九十四．一二兩，這些銀錢會留下一部分作為供地方官挪用的金庫。

但這又造成了虧空。晚清各地方虧空乃是常態，如果地方官運氣好，在離任前做好帳簿，便可將虧空漏洞轉嫁給下一任。可這種金蟬脫殼之計未必能成功，朝廷常會層層追繳地方官的虧空，甚至查抄官員家產抵債。

張集馨就曾經奉命查抄一個「虧短倉庫四萬有奇」的官員之家，其狀慘不忍睹：「余到寧遠，見其門戶蕭條，孤寡號泣，實慘於心。所抄衣物，半屬破爛，估值無幾。」

在安徽，一些州縣地方官為填補虧空，甚至以「陳設器玩以及衣物」充抵虧空。放眼整個大清帝國，幾乎無地不虧空，而這些地方的中低階地方官，也幾乎無一不賠墊虧空。

真正理想中的「三年清知府，十萬雪花銀」，只有少數善於理財的官員才能做到，大多數地方官不過是過手財神，他們絞盡腦汁，汲汲營營拚了命地撈錢以築起隱財政體系的地基，整個國家的財富則藉由這套體系向京城彙集。

國之腐敗，民之腐敗

《亞財政》的作者洪振快描述了一個看不見的財政體系，它由國家稅收以外的收費所得構成，以「陋規」的形式在官僚系統中運轉。有時候是官員往來的「節禮銀」、「漕規禮銀」、「關規禮銀」、「鹽規銀」、「錢糧平頭銀」等；有時是證明官員身分的「印結銀」；有時候是地方官審計報銷需要送給戶部的「部費」。

舉個漕規禮銀（漕運的「外費銀」）的例子，湖南醴陵法定一石漕米收八百文，嘉慶二十五年（一八二〇年），一個王知縣上來就收四千四百文，而當時的米很便宜，一石只值一千兩百文。

為什麼要收那麼多？因為瓜分的人多。給上司的叫「漕館」，給漕糧運丁的叫「水腳」，給州縣的叫「漕餘」，最後還有一筆要給地方素質差的讀書人，叫「漕口」。

除此之外，還有向茶商徵收的「茶規」，收香客的「香規」，收鴉片販子的「土規」，甚至還有對械鬥雙方收的「鬥費」。

「我們可以發現陋規已經滲透到帝國的每一個角落、生活的每一個細節，只要有公共事務，只要你需要和官方打交道，你就無法擺脫陋規的困擾。」洪振快如是說。

那些從未涉足地方治理的官員，很願意相信是地方官在層層盤剝百姓，並留下冤大頭，然後將餘潤作為賄賂，以得到上官對自己貪贓苛斂的默許。他們認為正是這些人破壞了財政制度，敗壞了整個國家的道德。

這套邏輯看起來言之成理，但地方官肯定表示反對。有的人一旦進入隱財政體系，就必須順從其運轉，如醴陵的王知縣，他收了四千四百文，約合三．六兩的「外費銀」，引起了當地民眾激烈反抗，從而導致二十八名反抗的民眾喪命。

但王知縣實在沒辦法，單單是水腳、漕餘、漕口三項，就已經把外費銀瓜分完畢了，本該有他一份的漕餘還沒著落。所以王知縣當了一回貪官酷吏，其實只是為他人作嫁衣。

類似何知府、王知縣這樣的外官，實際上從上任起就背負了極大的經濟壓力。他們為了結交京官，只能想方設法在轄地尋找財源，於是，供給國庫的地方庫銀就成了一個比較安全的挪用對象，這毫無疑問會導致各省虧空。

各省的虧空又給國家財政造成巨大漏洞，而這些流出的銀兩，實際上又作為非正式的津貼和福利落入官員的口袋。國家為了填補更大的財政漏洞，只能擴大捐官規模，甚至冒險苛徵捐稅，最終形成一個巨大的惡性循環。

國家、官員、民眾都是這個惡性循環中的犧牲品，但因為相沿日久，所以習焉不察，人們只能諉過於貪官汙吏的橫行，卻無法意識到真正的問題乃是在於整套體制的荒謬。

其實有人意識到了這種荒謬，但遺憾的是，發現這種荒謬的，乃是一個名叫宗方小太郎的日本人。他向明治天皇呈上了在華多年考察的報告《中國大勢之傾向》。在報告中，宗方小太郎認為中國全民腐敗：「蓋國家者，人民之集合體也。換言之，即人民則為組織一國之必要分子也。若分子腐敗，欲國家獨強，其可得乎？故中國之腐敗，即此必須之分子之腐敗也。……上至廟堂大臣，下至地方小吏，皆以利己營私為事，朝野滔滔，相習成風，其勢不知所底。」

宗方小太郎更預言這樣一個全民腐敗的帝國「早則十年，遲則三十年，必將支離破碎呈現一大變化」。

就在宗方小太郎提交這一報告之際，何剛德正為了尋求外放地方肥差而積極備考。這一年是一八九四年，歲在甲午。（圖⑪）

回到清朝當王爺，不如當縣太爺的臨時工

文／王戡

假如你穿越回清朝，幸而成為一名學子，歷經縣試、府試、院試、鄉試、會試、殿試，過五關斬六將，終於魚躍龍門、金榜題名，就算沒有躋身前列點為翰林，也是名列三甲，賜同進士出身，三甲進士也多半外放知縣，加上省籍回避和「衝繁疲難」[11]的考量，你多數會被外放到一無所知、無親無故的某省某縣。

在那窮鄉僻壤裡，有人脈盤根錯節、個個堪稱地頭蛇的書吏和衙役，還有你從未經手過的錢糧、訴訟、儀禮、治安等大小政事，只憑你區區一人，該如何應對？

11　清代府州縣的四等分法。

這個時候，你需要請臨時工，不是一個兩個，而是一整組臨時工班底，帶去那遙遠的某省某縣，隨你一起開始官宦生涯。

看門阿伯也能成大患？不可小覷的臨時工

秦漢以來，帝王與中央政府之間形成了「宮中府中」的二元政治體系，最基層的縣級政權也照此設置機構。六房書吏、四班衙役就是縣衙的六部尚書、五軍都督。既然有了「外廷」，縣太爺本人自然也需要一班「宮中」人馬差使伺候。

朝廷的「宮中人」由內務府度支，不用戶部花錢。然而在縣裡，這些人就需要縣太爺自掏腰包僱用。

有清一朝，縣衙的書吏、衙役都是本地人充任，甚至世襲，不但收入微薄且無晉升管道，因此，他們憑藉固有的宗族、婚姻關係，加上地方上人情往來，在公務中徇私舞弊、貪汙索賄在所難免，糊弄不諳事務的上級官員更是司空見慣。

士子出身的知縣大人如果僅僅依靠他們辦事，必然陷入五迷三道、不知所以的境況，一旦出現問題，難免波及自身，輕則丟官去職，重則下獄掉腦袋。

於是，僱用一批臨時工帶到縣府，替自己監視胥吏、辦理雜務，確保大小事務不生差錯，便成了每一個縣太爺的不二選擇。

這些臨時工被稱為「長隨」。長隨原是明朝從六品的宦官職務名稱，在清朝含義有變，但職能上仍有相似之處。

長隨雖然受僱於人，但並不是縣太爺家中的奴僕，而是僅在官場中臨時受僱的僕人，所謂「長隨非在官之人，而所司皆在官之事」。在縣衙之中，甚至一縣之內，到處都有需要長隨的地方。

「門丁」是長隨中最重要的一種。看官可能覺得，不就是看大門的嗎，用衙役即可，何必自己掏錢僱人？

你若這樣想便大錯特錯了，門丁不是看門阿伯，而是直接對縣太爺負責的前臺和督察，凡縣衙人員出入、公文往來，都要經由他來辦理；百姓前來求見，需要他查問通報；士紳前來拜訪，也要他執帖傳話。

收取公文的是門丁，把縣太爺的批示發給書吏、衙役並監督執行的也是門丁。如果門丁不是自己人，縣太爺連往來公文都掌握不了，還怎麼撫民治事？有些知縣上任時，把在自己家中服務多年的僕人帶來做門丁，圖的就是一個放心。

除此之外，縣太爺還得帶上隨身小祕書「簽押」，掌管公文簽批收轉、登記往來文件、核驗內容正誤；負責官印保管的叫「用印」，以壓名、騎縫等方式，避免書吏對簽發的公文塗改作偽；法庭助手名「值堂」，替縣太爺做好審判準備、處理審訊細務；稅務助理喚作「錢糧」，監督賦稅徵收、上繳的各個環節，以免胥吏橫生事端；「司倉」、「管監」、「管號」則分別是縣太爺在縣倉、監獄、驛站的常駐代表，替老爺監督小吏辦事，確保一切情況盡在掌握。

而長隨，是縣太爺的耳目和爪牙，不僅替老爺監督縣衙內外的一應事務，甚至還會延伸到省裡。

清朝許多知縣都在巡撫和總督的駐地派有長隨，稱為「坐省家人」，他們打探消息、聯絡事宜。雖然從中央到省府都曾一再要求各縣不得派長隨駐省，可根本管不住。

古代官場必不可少的貪汙專業戶

長隨既是流水的官與鐵打的吏幾千年鬥爭的產物，更是中國古代官僚體系發展的必然結果。

長隨不可或缺，卻為社會所鄙夷，被視為與僕役皁隸同列的賤民，不僅本人沒有資格做官，子孫三代之內也不許參加科舉。清朝各級政府對基層官員僱用長隨沒有限制，唯一的要求便是及時上報長隨的身分、籍貫，用以造冊登記，不使逾矩的情況發生。

於是，常有長隨不向主子彙報真實姓名，清朝官員汪輝祖便說「長隨與契買家奴不同，忽去忽來，事無常主」，甚至「里居、姓氏俱不可憑，忠誠足信，百無一二」。

紀曉嵐曾為此提供了一個實例，說他父親見過一人，在陳家做長隨時自稱山東朱文，在梁家做長隨時自稱河南李定，尤其驚人的是，此人死後留有小冊子一本，以蠅頭小字詳細記下他所服侍的十七名官員任上的各種往來，以備挾制上官。

長隨的身分沒有前途，「錢途」便成為他們的重要人生目標。一般來說，縣太爺僱一名長隨，一年不過花費數兩銀子，但長隨在其差使之內卻可以上下其手，牟取私利。

僅訴訟一事，長隨便可在呈遞訴狀、傳喚被告、證人到堂、撤訴甘結、監獄探視等環節收取陋規錢，甚至代寫訴狀的狀師也要向長隨行賄。這便形成一個惡性循環，被僱來監督並防止他人貪汙索賄的長隨，自己也一樣貪汙索賄。紀曉嵐曾說長隨祭祀的神仙為「鍾三郎」，就是中山狼的諧音。

不過，長隨畢竟是外來人士，且會隨上官流轉，不敢也不能為害過烈，比起書吏、衙役等要讓人省心得多，縣太爺要用其長，就不能不睜一隻眼閉一隻眼。

縣太爺的薪水原來都給了他？

剛剛上任的縣太爺，雖然飽讀詩書，但對於新履職的種種必備基本技能，恐怕也不甚了了。比如斷案，科舉不考這個，不懂很正常。問題在於，坐堂問案是縣太爺每天都要面對的事情，不通律例該如何應對？

自學成才怕是來不及，《大清律例》有四十七卷三十門四百三十六條，附例一千零四十九條，不花上一年半載可記不住。即便死記硬背，世間情事千千萬，以往判例萬萬千，身處書齋、五穀不分的縣太爺哪有本事準確套用刑名？一旦生搬硬套錯了，可是會被上官斥責、罰俸，甚至影響仕途的。

靠長隨？不可能。若是一年幾兩銀子便能僱來精通律例的司法專家，清朝早就成為法治社會了。靠書吏？他們說不定與原告被告哪一方沾親帶故，一旦居中作梗、內外粉飾，案子斷錯了，縣太爺還是要跟著倒楣。

圖⑫ 左宗棠畫像

這種時候，縣太爺多麼希望能像電視劇裡的狄仁傑一樣有個可靠的幫手，問一句：「元芳，你怎麼看？」這倒不全是幻想，在清朝，確實可以僱到這樣的高級臨時工——師爺。

師爺是口頭稱呼，正式的叫法是「幕賓」、「幕友」。從這些詞可以看出，雖然同屬臨時工，但他們並非縣太爺的僕人，更像賓客、朋友、高級顧問。

作為高端大氣上檔次的臨時工，師爺自然有其非同一般的價值。首先體現在專業能力上。以刑名師爺為例，他們不但精通《大清律例》、《大清會典》，還知曉種種典章制度，並了解司法審判的每一個程序。

他們對罪與非罪、此罪與彼罪的區別有深刻認識，即使律例上沒有的情況，也能靠獨家累積、師徒相傳的先例成案寫出判決，即使不能讓雙方當事人心服口服，也可以使上司無刺可挑。

別以為這是小事，奏摺師爺出身的晚清名臣左宗棠（圖⑫），在為湖南巡撫張亮基總理文案的時候，因辦不好刑名案件屢遭刑部駁斥詰問，左宗棠時常垂頭喪氣、信心盡失。直到他經人指點，請上官另聘一個刑名師爺後，才脫離苦海。

刑名師爺的專業性如此之強，甚至打造出知名品牌「紹興師爺」，不但師徒傳承，還發展成家族事業，紹興府會稽縣的陶家三十九人都曾遊幕，蔚為壯觀。

刑名師爺之外，還有專攻審核錢糧賦稅、能找出藏在帳本裡的非法支出或虧空項目的「錢谷師爺」；核算收支出納現金的「帳房師爺」；起草奏摺信函的「奏摺師爺」、「書啟師爺」；校閱試卷點選文章的「圈卷師爺」等。只有請不起，沒有想不到。

身價高是師爺作為高級臨時工的顯著標誌，他們既然是縣太爺的賓客、朋友，就不能像長隨一樣一年幾兩銀子打發。按照清朝中前期的行情，普通奏摺師爺的年薪從四十兩白銀起跳，衙門中最重要的刑名師爺、錢谷師爺，年薪更達二百兩以上。

到嘉慶年間，出現了年薪過千兩、甚至達到二千兩的刑名師爺，可以和知縣一年的俸祿加養廉銀比肩，簡直是師爺拿了縣太爺的收入做事，而縣太爺得另謀收入。

高薪之外，禮儀上的尊崇也是師爺身價的表現。縣衙內的書吏、衙役、長隨見到縣太爺，要打千、下跪，師爺只用作揖即可。逢年過節凡有飲宴，還要請師爺坐在上座，以示尊敬。連支付給師爺的薪水，都不能用尋常名稱，而是循孔老夫子的例子，稱之為「束脩」。

師爺既然如此精專清貴，為何還是屬於臨時工？這和他們的來歷有關。在這個以士農工商為基礎的社會裡，師爺和縣太爺一樣，都是士子階層。其中有的已經是秀才、舉人，仍在孜孜以求博取功名，遊幕不過是為了自食其力，並在糊口之餘累積經驗，每逢科舉之際，便要告假還鄉一搏；也有屢試不第，已經棄絕仕途之想的，把師爺作為畢生事業來經營；更有進士出身，只是因為丁憂、解職等原因不能任官，不得已暫且拜師習幕以待將來。

也就是說，今天的師爺，很可能是明天的縣太爺。前面提過的汪輝祖，便是二十一歲入幕，四十六歲考取進士，五十七歲做了縣官。

師爺與官員都是士子出身，有共同的道德認同和自我期許，不管真也好假也罷，多數師爺，尤其是名師爺，都以清廉盡職自居。連雍正皇帝也在諭旨中說幕賓「彼愛惜功名，自不敢任意苟且」，還要求將幕賓中「效力有年，果稱厥職」者報告吏部，以「議敘授之職位，以示砥礪」。師爺做得好，興許還能謀得正式編制。

清朝名幕龔未齋自稱「到館以後，足不出戶庭，身不離几席，慎往來所以遠侮慢，戒應酬所以絕營求，而自早至三更，不使有片刻之暇，以期無負於己者無負於人」。汪輝祖則說自己當師爺時，「所主者凡十四人，性情才略，不必盡同，無不磊落光明，推誠相與，終始契合」。近人對此更是多有論述，搞出了不少關於「師爺文化」的大部頭，甚至有以「刑名師爺的法治精神」為題的論文。

師爺身為知識分子，自然掌握著發言權，經常透過編選文集、著書立說，讓自己在歷史上留下一席之地。汪輝祖的《佐治藥言》、龔未齋的《雪鴻軒尺牘》便成為著名的師爺工作指南，不但為後輩遊幕者留下經驗，也為自己打造了光輝磊落的職業形象。長隨換十幾個主子被視為「中山狼」，而龔未齋遊幕四十餘年，服務過的官員不下二十個，汪輝祖「所主者凡十四人」，卻都以名幕諍友傳世，發言權的威力可見一斑。

現實中，師爺自然不可能像自己標榜的一般清高方正，各種為非作歹的行為也屢見不鮮，清朝小說《盛世危言》便說：「刑名、錢谷幕友中，劣多佳少，往往亦把持公事，串通差吏，挾制居停，作威作福之處不可勝言。」

師爺之間彼此援引、上下級官員的幕賓之間相互勾結，也是公開的祕密。例如新官上任的縣太爺，往往有上官身邊的幕友幫忙推薦師爺，如果不用，那麼左宗棠的苦悶，便是十足的前車之鑑。

一不小心就會窩裡反？縣太爺的「私人」小武裝

有長隨聽命跑腿，辦理雜務，有師爺出謀劃策，專業諮詢，縣太爺是不是就能安心做官了？放在清朝全盛時期或許可以，到了道光、咸豐年間，外有洋人入侵，內有民間暴動，縣太爺可不是那麼好當的。

清朝的軍隊，一個縣往往只駐著一個把總[12]、幾十個兵，還不聽縣太爺的使喚。地方一旦有事，僅靠縣衙的四班衙役、一眾捕快，恐怕應付不了。這時候，就需要武裝臨時工來擺平局面，在清朝，稱之為團練。

團練源於保甲制度，通常由一個「保」（一般以一千戶為基準）或者多個「保」中抽調壯丁、籌措經費、購買武器組建而成，稱之為「局」、「團」。局、團的首領稱為局總、團總，由保內士紳、大戶擔任，平時負責組織訓練，戰時擔任指揮之職。

在平時，團練可以用來清剿土匪、鎮壓騷亂、抗災救災，城鎮中還可以用於宵禁、救火。太平天國之亂爆發期間，大江南北一片紛亂，團練更是縣太爺唯一能指望的武裝。

12 末級武官。

咸豐十年（一八六〇年），四川匪首張五麻子起事，侵犯巴縣鄉鎮，縣令張秉堃即動員本縣團練十八個團六千餘人，「分九團防河，以九團堵隘」，協助官軍的清剿行動。光緒四年（一八七八年），廣東匪首歐就起率兩百餘人攻入佛岡廳[13]城，全靠團練與城內官紳合作予以蕩平。

團練作用更加顯著的例子發生在咸豐四年（一八五四年），太平軍攻占安徽六安縣城後，各鄉士紳動員團練「簡精銳、整器械、密暗號、嚴偵探」，聯合起來反攻縣城，幾經失敗後終於成功。咸豐帝以「不費公家一兵一餉，力克堅城，為軍興以來所未有」，為有功士紳授以官職。

各地地方誌上，為抵抗太平軍而戰死的團練首領、地方士紳，遠比官員多得多。沒有了團練，只怕縣太爺的性命都不保。

團練由士紳掌控，縣太爺可以發揮同為儒家門徒的優勢，以春秋大義加以動員，驅使其為自己效力。曾國藩以團練大臣身分編練湘軍的時候，便多選書生士子擔任管帶、統領，以其知曉綱常禮教，且「忠義血性」，比驕怠墮落的八旗、綠營好用得多。

但團練既非縣官直屬，難免會和其他臨時工一樣，有不受控制的時候。咸豐十一年

13「廳」是清朝的縣級單位之一。

（一八六一年），山東齊河縣廩生郭少棠因反對知縣提高銀錢比價而組織抗糧，被緝拿到濟南府待審，結果他所在的團練「公普團」竟然起而圍城，群呼「寧捨孩兒娘，不捨郭少棠」的口號，逼迫濟南知府放人。

畢竟，團練是以鄉士為基礎組成的臨時性武裝，與縣太爺之間並非如長隨一般的人身依附關係，他們有自己的利益及想法。知縣運用得當，的確能使處理地方事務如虎添翼，但如果關係鬧僵，可能會玩火自焚。在所有的臨時工中，團練堪稱最危險的一種。

清朝覆沒以來，長隨、師爺、團練已隨著社會變革，不復存在於地方行政體系之中。

晚清醫場現形記《醫界鏡》

文／李夏恩

當「擬生脈散」四個字被杜鍾駿忐忑不安地寫在藥方箋上時，在場所有人的面色都陰沉了下來。每個醫生都知道，藥方上出現「生脈散」這味藥，就相當於宣判了患者的死刑。儘管組成這味藥的幾種藥材——人參、麥冬和五味子——都是常見藥物，卻只有在患者六脈散微將絕、命懸一線時才會冒險一試，而且往往只是盡人事而已。

對杜鍾駿和其他醫生來說，一九〇八年十一月十四日必將成為他們一生中最難忘的一天，因為躺在他們面前的是清王朝至高無上的君主——光緒皇帝（圖⑬）。

此時，根據大夫的診視，皇帝已經「脈息如絲欲絕，肢冷氣陷，二目上翻，神識已迷，牙關緊閉，勢力將脫」了，甚至當杜鍾駿用手按脈時，皇帝竟「瞿然驚寤，口目鼻忽

圖⑬ 光緒皇帝

然俱動」。

所有跡象都顯示皇帝之病猝然而發，且凶險至極。對於替皇帝診病的醫生們來說，他們唯一希望的就是盡快與此事撇清干係。

杜鍾駿診完脈、面見內務府官員時，直截了當地告訴他們：「今晚必不能過，可無須開方。」只是在內務府官員的再三強迫下，杜鍾駿才勉為其難地在藥方上寫下「擬生脈散」，讓人用「人參一錢、麥冬三錢、五味子一錢，水煎灌服」。

自從三個月前入宮給皇帝和慈禧太后看病起，杜鍾駿就打定主意：皇帝的病，徒勞無益，希望全無，不求有功，先求無過。但伴君如伴虎，皇帝的生死關係到他的身家性命。

清朝末年，中醫依然在這個國家的救死扶傷事業中，扮演著至關重要的角色。但人們也知道，這些掛著「懸壺濟世」牌子的大夫有著種種不可靠的地方。無論如何，對於朝廷而言，到了光緒皇帝彌留之際，還是讓中醫開了一劑「生脈散」。

賭上病人的性命，也要當上名醫

這並非是杜鍾駿第一次面臨棘手的危難，早在三十年前，他就遭遇過一次令他印象深刻的生死時刻。這一年杜鍾駿只有二十六歲，但已經是揚州小有名氣的「良醫」。從二十歲起，杜鍾駿就在揚州開館行醫。那一次，他診治的是一名「六脈沉細欲絕」、「頭面赤腫，以致兩目俱闔」的瀕死之人，而病人家屬找他過來，也不希求能夠起死回生，只是希望杜鍾駿能給個準確的死期——畢竟家裡棺材、燒紙都準備好了，總不能浪費。

不料杜鍾駿按完脈之後，卻得出一個讓病人家屬大為驚詫的結論：這個人的病有救，但必須按照他開的方子來治。而他開出的藥方更讓病人全家大驚失色：病人明明頭面紅腫如火，而他卻開出十全大補湯，還加上乾薑、附子這樣的大熱大補之藥。杜鍾駿堅持己見，病人家屬終於屈服，當然也是抱著死馬當活馬醫的心態姑且一試。

這是一場生死豪賭，最終的結果如杜鍾駿所料，藥到病除。杜鍾駿因此聲名大噪，而就像晚清許多醫生同道一樣，他開始踏足官場，為自己的行醫事業更添上一頂功名的帽子。

一九〇八年，他成為浙江巡撫馮汝騤幕中的節署文案，這是一個十分接近權力中心的位置，晚清許多督撫大員都是從幕賓文書起家一路直上的，但就在此時，他突然被馮汝騤保薦入京，為身罹重病的光緒皇帝治病。

從一開始，杜鍾駿就認為這是份苦差事，毫無為龍體把脈的榮耀感，反而更添了許多憂懼。為這樣的非普通病人診脈，要時時小心不要觸碰忌諱——「皇太后惡人說皇上肝鬱，皇上惡人說自己腎虧」。「肝鬱」和「腎虧」這兩種忌諱提起的病名，恰恰證明了早已流傳坊間的宮中祕聞：從一八九八年「戊戌政變」之後，皇帝就一直被皇太后幽禁，心境如囚徒，自然很容易患上「肝鬱」之病；而「腎虧」則暗示皇帝生殖能力有問題，不由得讓人聯想到宮內外一直謠諑紛紛的「廢帝另立」之說。

在宮中的三個月，對杜鍾駿來說，也許抵得上他行醫經歷的三十年。三十年前，他冒險使用大熱大補的猛藥救活了一個危在旦夕之人，而三十年後，面對同樣纏綿於生死之間的病人，杜鍾駿卻感到手足無措。他和他的醫生同道，唯一能指望的，只有「生脈散」的奇蹟發生。

瞎貓碰上死耗子，名醫就是這樣煉成的

就在杜鍾駿和他的醫生同道滿心想著如何脫離宮中苦海之際，一本名為《醫界鏡》的小說，在嘉興的一間名為「同源祥」的小書莊裡刊印發行。

書中提到一個和杜鍾駿一樣入宮為慈禧太后診病的外省名醫程蓉帆，然而與杜鍾駿時時處於驚慌之中不同，程蓉帆得益於他的同鄉——文名、醫術皆名滿天下的陸潤庠侍郎為他支招。陸潤庠向程蓉帆面授機宜，舉出前朝咸豐年間外省入宮名醫潘蔚的例子：潘蔚自恃醫術高明，所以預先沒有使費探聽皇太后的病情，結果遭到內監喝斥戲弄。唯一幸運的是，潘蔚開的藥還沒煎好，太后就晏駕了，「假使延遲數刻，服了潘公的方藥，太后方崩，其罪必加在潘公一人身上矣」。

得知其中玄機的程蓉帆自然照方抓藥：先到太醫院管領醫學大臣處，用了銀子，考取了一個御醫的銜名；然後又用了銀子，託人到內務府總管處探取老佛爺的病情，在外先擬好脈案方子。到了內廷、請過脈後，按照早就擬好的方案開了方子，「至於老佛爺服他的方藥或不服他的方藥，橫豎張王李趙去看的也不知多少，也記不清是哪一個開的方子，總之都算御醫便了」。當程蓉帆離開京城後，頭上就多了個給老佛爺診過病的大名，以及御

醫的虛銜。

程蓉帆當時有「醫國聖手」之稱，給慈禧、光緒都看過病。而《醫界鏡》的作者，化名「儒林醫隱」的郁聞堯，本身就是醫界中人。

這本小說最初在一九〇八年出版，印了一千冊，卻因為揭露了某名醫的內幕而被迫收回。《醫界鏡》算是中國醫界揭黑小說的鼻祖。

按照這本書的說法，這些「名醫」的煉成，往往都是無心插柳，或者說是「瞎貓碰上死耗子」，小說的主角貝仲英就是完全靠運氣發跡的典型代表。他發家的原因是治好了杭城富豪趙氏之子的疑難怪病。趙公子因為貪食文旦消化不良，患病日重一日。貝仲英給他開出的靈丹妙藥，其實是他「旬日未洗澡，臭垢層疊，一搔一條」的泥垢撚成的臭垢丸，卻被他吹成是用「參蘆、藜蘆、生山梔、豆豉，加些阿魏丸」製成的「二蘆梔豉丸」。因為病人需要催吐，所以沒有什麼比身上的臭垢更讓人噁心想吐的東西了，於是藥到病除，貝仲英也藉著趙富豪的鼓吹而一躍成為「名醫」。

這些靠運氣扶搖直上成為「名醫」的事蹟絕非個案，在有清一朝的筆記中比比皆是，吳熾昌就在《客窗閒話》中提過檇李郡的一個吳姓「名醫」。這個「名醫」剛出道不久，就把縣令愛女的感冒治成了不治之症，幸虧和衙役相熟，聞風而逃，等到縣令換任，他才回家復整舊業。

結果就在吳「名醫」慶祝重新開張歡宴之際，又出事故，他竟把一大瓶信石[14]末當痧子[15]藥給了都督營下的一個大將。酒醒後的吳「名醫」第一個念頭是再次逃亡，但沒想到大將所生的病恰好只有信石能治，於是吳「名醫」便成了大將的座上客，而他本來不佳的醫術也靠著大將的威勢掩蓋了下來。結果就靠著這點運氣，吳「名醫」沒過數年，便築起大宅，富甲一方了。

揭開晚清「名醫」的遮羞布

運氣乃是成就一代「名醫」的不二法門，但如果對這些「名醫」的出身追根溯源，就會發現，「英雄莫問出身低」這句耳熟能詳的俗諺，對某些「名醫」來說，更是一塊遮羞布。

14 砒霜。
15 麻疹。

「那四只高高頂到山牆橫梁的中藥櫥，是我們家的；那只長一丈二尺的藥案，是我們家的；那只紅木做成的診案，是我們家的；還有那些青花藥瓶、黑鐵碾草、紫銅藥臼，也都是我們家的。所有這些，都經過我祖父幾十年的手澤。」一代名醫費振鍾對自己年幼時祖父醫室的回憶，特別能滿足一般大眾對名醫的想像。實際上，真正出自家傳的名醫少之又少，更多的名醫是半路出家。

後來成為名醫的李澤清，剛剛投師陳文卿時，抱持的就是「求不到官有秀才在」的試一試想法，「穿的是一件土布做的雙排扣的漢褂，腰間繫著一根麻布腰帶，還背著糞筦子」，就去拜師了。

而他「考醫學院」的過程則是陳文卿拿出一本《本草備要》讓他句讀圈點。李澤清憑著自己十年私塾的功底，圈點過了，老先生看了圈點，一句「孺子可教，孺子可入醫道」，就算是把李澤清引進了行。

以上這兩類人，至少在真正行醫之前，還經過一番必要的專業訓練。他們身上往往背負著家族和師輩的名譽，一般也有真才實學，同時也會小心翼翼，以免辱沒父祖師門。

但另一類醫生，也就是小說《醫界鏡》中提到的貝仲英那類的「名醫」，他們往往原先是讀書人，因為屢考不中，所以乾脆轉入醫道。「自學成才」這四個字對文人或其他職業的人而言，應當是不小的讚譽，但對醫生這一職業來說，恐怕就多少讓人心存疑慮了。

《醫界鏡》裡，程汝舟掛牌行醫的開端就是一個典型，他先是看世上俗醫「一樣都賺得好銀錢」眼紅不已，所以看了幾本「王叔和、李瀕湖等脈訣」，最後經不住妻子催促，一激之下「要掛就掛，當揀一黃道日子」，然後翻開皇曆，選了「六月二十日天醫吉日」，「買些紙馬三牲，燒了一個發財路頭。供獻已畢，爆竹聲中，門口豎起一塊金字招牌，寫著：程荷甫內科男婦方脈。又寫了許多招子，四面八方，各處黏貼」，醫生的買賣就算做起來了。

賠你一條命？古代醫療糾紛怎解

運氣之所以稱為運氣，是因為它就像氣飄搖不定，早晚有離開的時候。《醫界鏡》裡的貝祖蔭，經過豪門子弟和報刊主筆的反覆鼓吹，以及那次拜醫王的大典後，聲名「為上海第一等」，但他的好運卻很快到了盡頭，厄運也隨之而至。

一個叫丁祖良的老貢生，因為十九歲的女兒兩三個月經期未轉，請貝祖蔭去診病，但請的人卻說成是為少奶奶看病，結果貝祖蔭竟然給一個未出閣的黃花閨女診出了懷孕三個月的喜脈。發現誤診的丁家怒不可遏，令家人將這個昔日的「醫王」拖翻，用繩子捆綁起來，然後丁祖良拿了一把剃刀，親自動手，把貝祖蔭的眉毛全部剃去，又把兩邊鬍子剃去一邊，將他趕出門，在光天化日之下示眾。

儘管如此丟人落魄，在這本《醫界鏡》中，貝祖蔭誤診的下場算是不錯了。更多的結局是「名醫」誤診，害人害己，名聲掃地。

小說裡提到一個叫周藥師的醫生，本來只是貝仲英家的書僮，因為行為不端被貝氏逐出家門，卻靠偷出的兩本方子在江陰行醫撞騙，「要講他做郎中的樣子，齷齪下流，也描摹不出是哪一種」，卻因為碰巧有一張婦科名家張大金的方子，所以成了當地時興的「婦女之友」，「靠這歪運，行了二三十年，家資很大」，但最終還是栽在他發家的婦科上。

一戶張姓人家請他給媳婦看病，竟被他治死。張家不依不饒，最終周藥師沒有辦法，只好請人說情，「說他死了一個媳婦，我拿女兒配他的兒子是了」。不料又過了兩個月，他又把李大郎家懷有四個月身孕的媳婦治死了，「藥師磕頭如搗蒜，情願將第二個女兒賠償與他做媳婦，才能完結」。結果沒過幾天，又有人來請他為周小三娘子難產診病，嚇得周藥師對他媳婦說：「不好了，周小三又想到你了，快去回他，說不在家，不要開門。」

周藥師的故事聽起來像是個笑話，但在清朝筆記中，庸醫誤診、致人於死的故事往往有之。《大清律例》對庸醫治死人的量刑有著非常詳細的規定，最重的是斬監候。

處罰看起來不可謂不重，但卻鮮少真正執行，官方對庸醫致死的處罰往往是杖刑枷號，罰銀了事。清朝用以實際量刑的官方參考書《刑案滙覽》中僅收錄了十則庸醫致命的案例，而且處罰都相當輕，例如一七八九年四川庸醫李秀玉誤用川烏藥末致吳貴祥身死一案，最終的判決只是倍追贖銀，從重杖一百，加枷號三個月。

一如晚清一篇名為〈中西醫學淺說〉的文章所總結的：「中國向視醫學為小道，待之不重，責之亦不甚嚴，苟且從事，為例所不禁，即有錯誤，罪止枷杖，且准收贖，故若輩坦然為之，無所顧忌。」

歷史就是少了一根針筒

清末民初，西醫隨著洋人進入中國，中醫面臨前所未有的挑戰。中醫除了用傳統思維去解釋西方理論不適合中國本土之外，還從旁窺視偵察西醫有沒有在治療上犯下致命錯誤，一旦抓住把柄，中醫就像被醫死人的病患家屬一樣，對西醫進行嚴厲攻擊。儘管每年死於中醫之手的病人成百上千，可西醫一旦醫死了一個病人，就會成為眾矢之的。

非常不幸的是，晚清大名鼎鼎的外交家、曾國藩之子曾紀澤，就被認定死於西醫之手，更重要的是，他還與力斥中醫的英國醫生德貞（John Dudgeon）是至交，所以曾紀澤的死亡很快被加到西醫頭上，成為一大罪狀。像《醫界鏡》這樣的中醫揭黑小說，也特意在書中單列一回〈賢侯誤喪柱石身〉，來詳述曾紀澤如何因為「酷信西醫」而死。末了還不忘發表一番憂國憂民的宣言：「以後辦國際交涉繼起，遂乏其人，以致強鄰眈其虎視，肆其鯨吞，馴至今日門戶全撤，堂室將傾。」意思是，這些亡國滅種之禍，全是「偏信西藥者階之厲也」。

從某種意義上來說，愛國主義恐怕也是中醫在面對西醫時的唯一法寶。這種風潮甚至吹進了宮廷之中，在杜鍾駿等名醫為光緒皇帝治病時，一名叫屈桂庭的西醫也替皇帝診過病。他發現皇帝病勢猝然轉危，當時殿中「中醫俱去」，沒有一個人發現皇帝之病猝發得如此蹊蹺，而這也是他最後一次進宮。

三天後，杜鍾駿捏著「生脈散」的藥方焦急地等待奇蹟發生。奇蹟確實發生了，但卻不是起死回生，而是皇帝在用藥前突然死亡，打破了所有僵局。

杜鍾駿絕對想不到的是，他在皇帝臨終前開出的那味「生脈散」也許真的能救皇帝於死亡。根據新的臨床試驗結果，使用生脈散急救休克患者，死亡率僅有百分之二五，比使用西醫升壓劑的百分之五二的死亡率低了一半多。

但問題是，用藥的方法不是杜鍾駿這些中醫習慣的灌藥法，而是西醫的注射法。倘使在一九〇八年十一月十四日那天，杜鍾駿或者其他醫生隨身帶了一根注射針筒，也許歷史就會改寫。

但，歷史就是少了一根針筒。

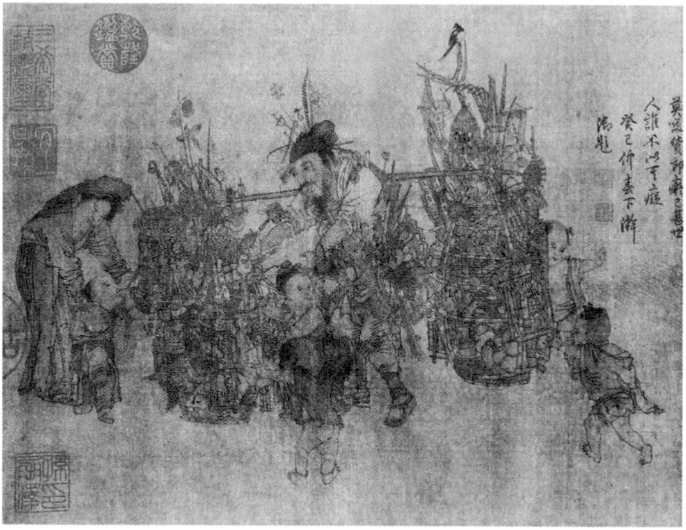

圖③　南宋李嵩的〈貨郎圖〉(局部)

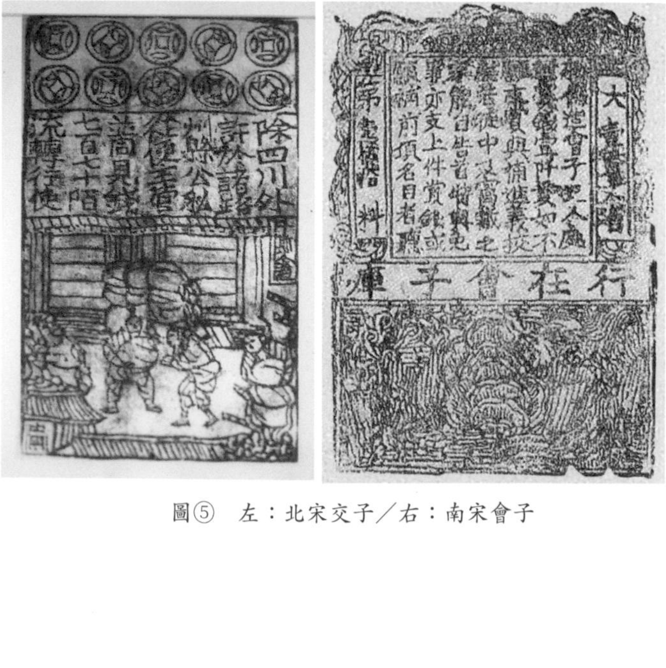

圖⑤　左：北宋交子／右：南宋會子

圖④　南宋〈歌樂圖卷〉（局部／佚名）

圖② 北宋張擇端的〈清明上河圖〉(局部)

圖⑥　北宋張擇端〈清明上河圖〉(局部)

圖⑪　清朝郎世寧〈雍正祭先農壇圖〉(局部)

第二部

從演義小說，到野史雜錄，古人沒說清楚的那些事

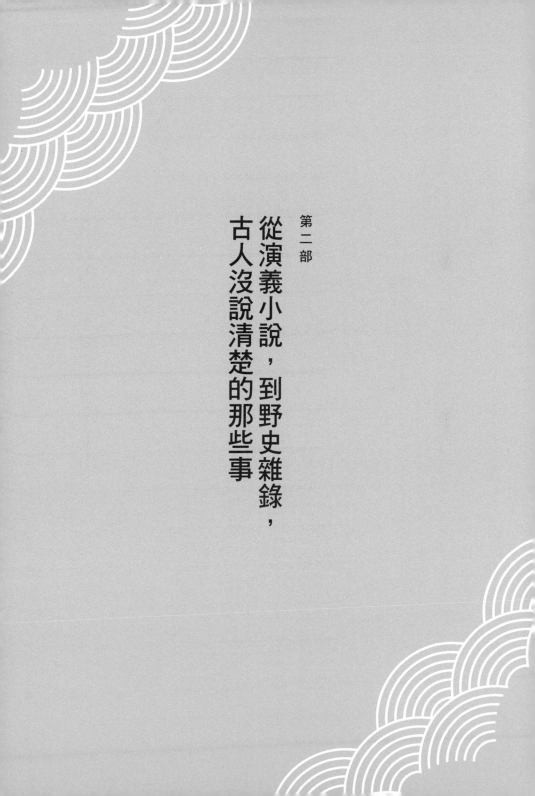

梁山好漢上館子絕對不會點牛肉

文／楊津濤

話說隋煬帝即位，大赦天下。這一赦在山東放出了一條好漢，此人乃私鹽販子程咬金是也。既遇大赦，別的犯人一哄而散，可程咬金卻賴著不走，獄吏只好沽來水酒牛肉，伺候他飽餐一頓，老程才出獄而去。但他出獄後，家中沒錢，便拿一條舊裙當了一兩銀子，做起柴扒[16]買賣。隨後，老程又在夢裡學了三路大斧，從此走上反隋的道路。

這是《說唐演義》第二十、二十一章的情節，但就這短短兩章，錯誤的歷史知識便層出不窮。首先，隋唐時期官府禁止殺牛，牛肉不是普通百姓隨便吃得到的；其次，那時人

16 裝柴草的竹簍。

們花的是銅錢而非銀子；最後，程咬金在真實歷史中是將門之後，並非私鹽販子出身，而且他的兵器乃是將領慣用的馬槊，絕非什麼大斧。然而，對於中國人而言，歷史認知通常是從《說唐演義》之類的演義小說開始的。那些演義小說中的「歷史」在人們腦子裡存在了很多年，謬誤卻比比皆是。因此演義小說只能是茶餘飯後的休閒娛樂讀物，若把它當成真實歷史，難免貽笑大方。

魯智深其實從來沒用過白銀

在《水滸傳》裡，我們時常能看到好漢拿銀子結帳或打賞。魯智深還沒出家時，碰上金老漢父女，就是自己掏五兩銀子，再找史進要十兩銀子，接濟了他們。武松上景陽岡打虎前，找酒家買酒買肉，用的也是碎銀子。事實上，在《水滸傳》故事發生的北宋末年，白銀還沒有成為流通貨幣。

中國歷來是貴金屬匱乏的國家，社會上流通的白銀少、價值高。在宋朝，只有皇帝賞賜大臣或向遼、金、西夏繳納「歲幣」才會使用，普通老百姓買東西花的是一枚枚的銅錢。

直到明朝，中國在國際貿易中長期順差，西歐各國從美洲掠奪的大量白銀，很多都用來購買中國的瓷器、絲綢和香料，才使中國市面上的白銀逐漸多了起來。到了明朝後期，張居正推行「一條鞭法」，將老百姓的田賦、徭役等合而為一，統一徵收白銀。此後，不管是朝廷給官員的俸祿，或是民間買賣、借貸，才開始都採用白銀結算。

《水滸傳》、《金瓶梅》等北宋題材的小說，大都成書於明朝以後，所以在敘事時常常代入作者所處時代的特點：白銀貨幣化。

佘賽花的龍頭拐杖只是一種情懷

小說裡的皇帝大都昏庸無道，比如《楊家將演義》裡的宋太宗（圖⑭）只知道任用老丈人潘仁美，陷害忠臣楊家將。對於這樣的昏君，老百姓敢怒不敢言，於是為了滿足民間訴求，小說家或說書的，便發明了「上打昏君、下打奸臣」的利器。

最著名的利器自然是八賢王趙德芳的「打王金鐧」和楊家老太君佘賽花的龍頭拐

圖⑭　宋太宗畫像

杖。此外，《說唐演義》裡的程咬金、尉遲恭，《楊家將演義》裡的高懷德，京劇《大保國》裡的徐延昭，他們使用的兵器鞭、鐧、錘等，也具有「上打昏君、下打奸臣」的功能。

無論是金鐧還是龍頭拐杖，看上去是很威風，可實際情況怎樣呢？小說裡，這些利器不是上一代皇帝的賞賜，就是當朝天子的恩典。但是，哪個皇帝會賜給臣下一件能把自己打死的利器？這不是吃飽了撐著嗎？

所以，誰也沒見過這些利器發揮過威力，否則八賢王一鐧斃了潘仁美，大宋天下不就太平了？奸臣尚且打不得，更何況昏君？現實中的皇帝都是想方設法加強皇權，豈有給自己找麻煩之理？

有個例子足以說明皇家對這類利器的看

法。慈禧是有名的戲迷，但她禁止在宮裡演《大保國》、《打龍袍》、《鎖五龍》。或許是因為這些戲演的都是忠臣為國事，手拿「神器」冒犯太后、皇帝的故事。估計在老佛爺心裡，這全屬大逆不道，讓宮女太監們看了難免想入非非。

包青天的「虎頭鍘伺候」純屬虛構

讀《包公案》，大家最期待也最激動的場景是什麼？毫無疑問，就是包青天請出「龍、虎、狗」三口鍘刀，一聲令下，讓惡人身首異處。這一情節看起來確實很爽，但包大人要是敢這麼辦，估計很快就要被撤職查辦。在真正的歷史裡，無論鍘刀，還是立刻執行死刑，都是子虛烏有的事。

中國在秦漢時期就有死刑覆核制度萌芽，到了包拯所處的北宋年間，已經發展出一套完善的死刑覆核機制。在宋朝，死刑判決大都要上報提刑司、刑部或審刑院核准，然後才能執行。而且即使一個犯人被核准了死刑，也不能立即執行。唐宋時期，死刑不在朔望、上下弦、二十四節氣等日子執行。不僅如此，電視上常見「午時三刻處斬」的橋段，也與歷史不合，唐宋處決犯人通常是在黃昏時分。

現代人講程序正義，古人又何嘗不是？包青天再英明神武，也難免會有一時糊塗辨錯案子的時候。要是沒有一個覆核程序，或讓犯人鳴冤的機會，即使是包青天，怕也免不了製造出幾起冤案。

馬槊才是古代兵家心目中的「高富帥」

無論《三國演義》還是《隋唐演義》，武將手中的兵器，如關羽的青龍偃月刀、趙雲的龍膽亮銀槍，或是羅成的五鉤神飛槍等，總是那麼光彩奪目。可其實刀也好，槍也罷，在古代相當長的一段時間裡都是普通士兵才用的武器。

相比於刀槍，真正的兵器貴族是馬槊。遙想曹孟德在長江上「橫槊賦詩」，睥睨天下，是何等威風。還有趙雲在曹軍中單騎救主，「砍倒大旗兩面，奪槊三條」，注意，奪的不是刀，不是槍，而是槊。這些細節，充分說明了馬槊在兵器中高大上的地位——非大將不能用。

馬槊看上去與矛類似，但槊鋒長，刃寬，能刺，能劈砍，殺傷力強大。大將用的馬槊打造工藝繁複，如製作木桿，要取上等韌木的主幹，剝成粗細均勻的篾，再將細篾用油反覆浸泡，泡到不再變形開裂為止。最後把細篾與葛布層層膠合，再經過桐油浸泡等工序，才能做出馬槊的桿。由此而成的槊桿，堅韌受力，刀砍不斷。

打造一枝馬槊要耗時三年，且成功率僅有四成，因此造價高得驚人，豈是普通小兵可用？漢唐以來，馬槊一直是世家出身將領的標誌。

小說中使槊名人，首推單雄信。他手中一根金釘棗陽槊，重一百二十斤。相傳單雄信祖上乃北周名將，雖然家道沒落，但仍是能建起莊園的一方土豪，自然用得起槊。

至於呂布的方天畫戟、張飛的丈八蛇矛都是槊的變種。相較之下，張三爺的丈八蛇矛，就比關二爺的青龍偃月刀高檔得多。這是自然，張飛家是土豪，二爺不過是小商販，用不起槊啊！但是，非要計較的話，青龍偃月刀也是杜撰的，這兵器最早是出現在宋朝的《武經總要》裡。

真實歷史中，關二爺使用什麼兵器呢？《三國志》記述了「斬顏良」的片段：「羽望見良麾蓋，策馬刺良於萬眾之中，斬其首還」。既然是將顏良「刺」於馬下，關二爺用的多半也是馬槊之類的刺殺兵器。

好漢們，本飯館不賣牛肉

《水滸傳》裡，好漢們上館子，從來不看菜單，張口就是篩幾碗酒，再切幾斤熟牛肉。林沖看守草料場時，外出沽酒，「店家切一盤熟牛肉，燙一壺熱酒，請林沖吃」。還有武松景陽岡打老虎之前，也是點了熟牛肉下酒。讀者看了這些情節，不免以為在宋朝，牛肉是隨處可見的普通食物。

事實上，牛肉在當時相當昂貴，原因很簡單——官府不許殺牛。在農耕社會，耕牛是最重要的生產工具，西周時期就有「諸侯無故不殺牛」的規定。中國古代政府給予耕牛的特殊保護，怕是今天的印度人也望塵莫及。比如，在漢朝，殺牛是要償命的，即使你是牛的主人。

漢以後，對殺牛的懲罰不再那麼嚴厲，牛主人擅自殺牛，在唐朝判徒刑一年，在元朝則杖責一百。殺自己的牛尚且如此，要是殺了別人家的牛，刑罰當然會更重。在梁山好漢們所處的宋朝，非正當防衛的情況下，殺死他人的牛，要處以「脊杖二十，隨處配役一年」。

唐宋時期，不管這牛是老得拉不動犁了，還是意外瘸了腿，都不能殺，只能等牛自然死亡。即使有人偷偷殺牛嘗鮮，也不可能像《水滸傳》裡的那些酒家，有如此充足的牛肉供應。

所以說，好漢們上館子最可能吆喝小二的是「切兩斤羊肉」。北宋以羊肉為主要肉食，《清波雜誌》記載北宋時期皇宮「御廚只用羊肉」；蘇東坡也有「十年京國厭肥羜」的詩句。這位美食家連出生五個月的羊羔都吃膩了，於是發明了「東坡肉」。當然，在宋朝城市裡，豬肉的消費量也不小。

將門之後變私鹽販子，演義小說裡的福將人設

所謂福將，顧名思義就是在戰場上福星高照，總能化險為夷的大將。這種人常以喜劇形象出現，他們雖非主角，卻能給讀者留下深刻的印象。福將的代表性人物是程咬金、牛皋、孟良和焦贊。

仔細分析，幾乎每部小說都有福將存在。福將們所處的時代不同，形貌卻是「千人一面」，個個都是身材高大，相貌醜陋，膽大心細，還有一身忠肝義膽。而且不同小說的

福將還有互相抄襲之嫌，比如《明英烈》裡的胡大海和程咬金何其相似。

福將能有今時今日的面目，其實經過相當長時間的歷史演變。以大名鼎鼎的程咬金為例，他出身世家大族，自曾祖起，歷代都在北齊為官，所以歷史上程咬金的兵器就是前文說過的高檔兵器馬槊。然而到了《說唐演義》裡，程咬金雖然是世家出身，但家道沒落，成了和寡母相依為命的私鹽販子。

程咬金被改變身分是在明末清初，於晚明的《隋史遺文》、康熙年間的《隋唐演義》裡，程咬金開始改頭換面。民間藝人包裝出一個混世魔王程咬金。於是乎，「半路殺出程咬金」、「程咬金的三板斧」成了現代中國人的常用俗語。

牛皋的身分變遷也是如此。真實歷史中，他是岳飛手下的中軍統領。等到《說岳全傳》問世，錢彩筆下率真、勇猛的牛皋形象才深入人心。歷史上的牛皋因為反對議和而被秦檜殺害，小說則給了牛皋一個真正的喜劇結尾，上演了一齣「氣死兀朮，笑煞牛皋」的傳奇。

單挑乃匹夫之勇，陷陣營才是真英雄

網上有一批「武評」愛好者，就是依據小說中武將單挑的情節，為關羽、呂布，與呼延灼、魯智深的武力分個高下。小說裡的武將單挑，我們耳熟能詳：長沙城下，老將黃忠大戰關雲長；潼關陣前，許褚裸衣戰馬超。讀來讓人心潮澎湃。

但仔細一想，兩軍對壘，軍隊的人數、裝備、士氣，以及將領的指揮，無一不影響著戰場勝敗。戰爭沒有理由會被兩個逞匹夫之勇的將軍左右，否則腳有殘疾、坐輪椅指揮的孫臏，也不可能讓孔武有力的龐涓死於亂箭之下。

歷史上，著名武將單挑極其罕見。關羽斬顏良算是一例，還有就是孫策和太史慈那場惡戰。太史慈曾帶一名隨從在野外與孫策一行偶然相遇，遂上前迎戰。當時「策刺慈馬，而攬得慈項上手戟，慈亦得策兜鍪，會兩家兵騎並各來赴，於是解散」，兩人打了個平手。

從上述的案例來看，古代武將不到保命的關鍵時刻，斷不會赤膊上陣，與敵將拚個死活。

所謂為將之勇，並不是單挑，而是率軍突營陷陣。如《三國志》中呂布手下大將高順，此君常率精銳「陷陣營」，突襲敵陣，攻無不克；還有就是奪了姪子江山的明成祖朱棣，他時常率騎兵突襲軍陣，屢屢得手。不過，朱棣的勇武另有乾坤，皆因姪子建文皇帝下了旨意，要抓活的，導致討逆軍上下綁手綁腳，才讓朱棣有恃無恐，不然明槍暗箭之下焉有活路？

「一字並肩王」是假，「平肩王」才是真？

在小說中，很少有誰被封侯，大都是皇帝一高興，當場就封王了。薛仁貴在歷史上的最高爵位是平陽郡公，到了小說裡竟成了平遼王。異姓封王在唐朝還比較常見，或者是賞賜功臣，或者是安撫割據勢力，著名的有汾陽王郭子儀、燕郡王羅藝。所以在唐朝故事中編個「平遼王」的爵位，尚且在歷史框架之內。

然而，以宋朝為背景的小說中，滿天飛的異姓王爺就有點扯了。在這些子虛烏有的王爺中，最神奇的要數呼延贊之子呼延丕顯，他同時被封為靠山王、敬山王，是為「雙王」。

歷史上，宋朝給功臣封王，幾乎都是追封，如曹彬為濟陽郡王、岳飛為鄂王。值得一提的是，《水滸傳》裡與蔡京、高俅狼狽為奸的童貫，這廝作為宦官，生前就被封為廣陽郡王，當真是風光一時。

小說裡封王的極致是所謂「一字並肩王」，就是地位與皇帝比肩的王爵。程咬金被李密封為一字並肩王；裴元慶又被程咬金封為一字並肩王。

然而，真實歷史中，一字王大都封給皇帝的子弟，如明朝的燕王朱棣、遼王朱植等。直到南明，處境岌岌可危的永曆小朝廷才封了李定國為晉王，但這不過是特殊環境下的特殊舉措而已。

一字並肩王看似荒誕，但演義小說影響所及，也盡人皆知。民國張勳復辟後，得了個忠勇親王的爵位。張勳當了王爺自然很高興，在家裡得意揚揚。夫人曹氏一直都不贊成復辟，對丈夫說：「今茲封忠勇親王，吾恐汝他日將為平肩王矣。」

張勳問為什麼，曹氏大聲道：「汝將來首領必不保，一刀將爾頭砍後，汝之頸不與兩肩一字平嗎？」

寄託於虛構世界裡的真實理想

演義小說通常有一個相對真實的背景，如《三國演義》的漢末逐鹿、《說唐演義》的隋末大亂，不同作品的差別在於史實和虛構的比例。在一些民間作品中，甚至會出現憑空捏造的情節。如薛丁山之子薛剛起兵反唐，討伐武則天；又如《說岳全傳》裡岳飛次子岳雷掛帥北伐，大敗金國，收復失地。其中虛構最過分的要屬《反三國演義》，硬是讓蜀國統一了天下，不正是如今盛行的穿越小說鼻祖嗎？

這種藝術創作一方面寄寓了文人的政治理想，另一方面也符合讀者的心理需求。在真實歷史中宋人打不過契丹人，後人就讓楊家將、梁山好漢在小說中出場，幫老祖宗把壞人打得落花流水。

除了抗擊外族，忠奸鬥也是明清小說虛構的重點。歷朝歷代皇帝身邊都有奸臣當道，也有忠臣護國，比如明朝後期東林黨和魏忠賢的鬥爭。鬥爭中得勢的常常是奸臣一方，文人在現實中被打壓，於是就在小說中將禍國奸臣繩之以法。為了達到這個目的，抗遼名將潘美成了大惡人潘仁美；立下赫赫戰功的蘇定方，也成為陷害羅成、羅通父子的宵小之輩。

重農抑商是天大誤解，細說明清商人的權與勢

文／鐘瑜婷、葉曙明、孫雅蘭

古代官商的模式很簡單，政府壟斷鹽鐵、礦山、海貿等暴利行業，或授予商人經營，或直接由官員占有。這樣的模式製造了無數的財富神話，諸如漢朝桑弘羊、宋朝淮揚鹽商、明朝崛起的晉商、清朝十三行的伍秉鑒，皆是其中的佼佼者。

史學家錢穆總結中國古代政治，有兩個關鍵字：「集權」和「抑商」。布羅代爾（Fernand Braudel）則認為，中國古代政府權力過大，其隨意徵收讓富有的非統治者終日恐懼。他們的財富總是因官而起，又因官而敗。

官商勾結挖牆腳，大明朝窮得只剩下滅亡

嘉靖二十六年（一五四七年），朱紈為提督浙閩海防軍務，巡撫浙江。位列封疆大吏，這是他人生最輝煌的時刻。嘉靖皇帝賜他「王命旗牌」，希望他能夠平定肆虐東南沿海多年的倭寇之亂。

《明史紀事本末》記載，朱紈上任後，從斷絕倭寇與大陸的走私入手，革渡船，嚴保甲，搜捕通倭奸民，整頓海防，嚴禁商民下海。如此手段對於制止沿海通倭有很好的效果。朱紈意氣風發，正準備大幹一場，但他沒有料到，陰謀正在醞釀，危險就在不遠處。

禁海之策觸犯了與倭寇有著密切貿易關係的地方官員士紳，以及從海外貿易中獲得利益的朝中大員（倭寇們不惜花費重金收買官員，維持海貿關係）。因此，在大量金錢面前，眾多官員上下勾連，對倭寇出入睜一隻眼閉一隻眼。

然而，最可怕的敵人其實來自朝堂之上。例如言官周亮，他是署府事推官張德熹的鄉友，因朱紈在執法過程中斬了張德熹，周亮就利用自己御史的權力，竭力彈劾朱紈。而朱紈的支持者夏言在與嚴嵩的政治鬥爭中落敗，嚴嵩想盡招數削弱朱紈的權力。御史陳九德又借朱紈在走馬溪擒殺李光頭等九十六人一事，彈劾他「擅專刑戮」，迫使朝廷將他免

職待查。

眾口鑠金，朱紈最後免官回籍，憤而自殺，死前悲嘆：就算皇上不殺，閩浙人也不會給自己活路。

「朱紈案」是國家與商人之間的利益衝突激化到極點的典型案例，但在大明朝，官商挖朝廷牆腳的事層出不窮。誰能想到，有著上億人口，貿易量巨大的明朝，每年只收區區三百餘萬兩銀子的商稅？窮了朝廷，富了商人，結果卻是大明朝窮得只剩滅亡一途。

史學界常說：重農抑商是明朝末年經濟危機的原因之一。但如果仔細研究明朝的歷史，你會發現，這真是天大的誤解。

事實上，到了明朝中後期，各地著名商幫迅速崛起，商人勢力占領朝野，而朝廷對這些利益緊密勾結在一起的官商集團毫無辦法。《白銀帝國》一書提到，萬曆年間幾乎到了「無官不商」的地步。東林黨主要成員大多為中小商人家庭出身，不僅如此，四分之三的進士、舉人家族中亦有從商的背景。

最出名的晉商張、王兩大戶皆是亦官亦商。王家第二代王崇古在嘉靖二十年（一五四一年）歷任兵部右侍郎等職；而張家創業的第一代是張允齡，第二代張四維即擔任萬曆時期的內閣首輔，其弟張四教也是大鹽商。張家、王家聯姻的同時，還與陝西人大學士馬自強家聯姻，馬自強的兄弟馬自修也是大商人。在這張巨大的關係網中，張、王、馬三家幾乎壟斷了北部邊疆以鹽業為主的貿易，以至於御史永郜憤怒地說：鹽法之所以敗壞，就是被權勢之家壟斷所致。

除了壟斷，朝廷文官還透過詆毀商稅徵收，將稅費控制在極低的標準，以冠冕堂皇的理由挖朝廷的牆腳。

針對明朝稅率過高導致人民憤而起義的老套說法，史學家黃仁宇在其著作中駁斥道，明朝的稅收存在過低而非過高的問題。他指出，明朝除了運河沿岸及北京、南京附近，其他地區幾乎沒有商業稅。在明朝大多數時候，全部工商雜稅收加起來，歲入也就三百多萬兩白銀，其中市舶稅不到十萬兩。

對比宋朝，據《文獻通考》記載，神宗熙寧年間賦稅總收入七千零七十萬貫[17]，農業稅以外的工商市舶等雜稅為四千九百一十一萬貫，約占百分之七十。至於市舶稅，宋高宗趙構曾說：「市舶之利最厚，若措置合宜，所得動以百萬計。」

明朝後期的一個「怪現象」是，政府不能加徵農稅以外的稅收，否則必然會遭商人在朝堂的利益代言人東林黨堅決抵制，而且這樣的抵制活動，幾乎百分之百會成功。

萬曆年間，在反礦監稅使的鬥爭中，東林黨人表現尤為突出，各級官員上書不斷。

17 一貫銅錢約值銀一兩。

其中，以李三才所上《請停礦稅疏》最為尖銳，他直接向皇帝喊話：「皇上愛珠玉，人亦愛溫飽。」

而東林黨二號人物葉向高，入閣前就上書要求神宗撤回礦監稅使。「不言利，只言義」、「不與民爭利，藏富於民」，所謂微言大義，這兩句話成了秒殺一切加稅「謬論」的超級武器。

可憐明朝政府口袋裡的錢本就不多，還要遭受逃稅漏稅的打擊。明朝中後期，逃稅漏稅行為甚至得到官員鼓勵，他們認為，只要徵點東西可以交差就行了。

據黃仁宇記述，何遜於一五一〇年起，長達十年管理沙市稅課使司，一旦完成定額，他就減少對木商抽稅；到了一五二〇年代，邵經邦接手主管沙市稅課使司，進一步採取了更為驚人的改革：三個月完成定額後，本年度餘下時間內撤關任木商往來；而至一五六〇年，楊時喬榷稅杭州，又建立了一個令人瞠目的制度：令木商自己寫下收入，愛繳多少是多少。當時商業活動興盛的浙江金華縣，一年的商稅不超過七兩銀子，簡直就是笑話。

英國東印度公司的最大債權人：十三行總商伍秉鑒

在所有介紹清朝廣州十三行（圖⑮）的書中，幾乎都充滿了「金山珠海」、「天子南庫」、「輝煌巔峰」、「黃金時代」之類的稱頌之詞；十三行商人伍秉鑒甚至被《華爾街日報》（*The Wall Street Journal*）列為近一千年世界上最富有的五十人之一，亦被今人引以為豪。

其實，十三行之所以能輝煌於一個時代，固然有廣東地理環境、人文環境、悠久的通商歷史以及粵商個人品行等各方面的因素，但朝廷賦予十三行壟斷經營的權力，更是不可或缺的條件。

廣州開海貿易初期，十三行全部由官府指定，專替外商處理貨物交易事宜，代為支出收納進出口稅。這些牙行稱為「官行」或「官牙」，其中有託庇於藩府的「藩商」，有受總督任命的「總督商人」，也有受將軍任命的「將軍商人」，或是受巡撫任命的「撫院商人」，號稱「四大官商」。後來還冒出一種自稱得到皇太子撐腰的「皇商」，把持全部對外貿易。

隨著貿易日益興旺，不斷有新的行商加入，競爭也更加激烈，出現了為爭攬生意而互相壓價、貴買賤賣打「價格戰」的情形，擾亂了市場。於是一七二〇年，十六家行商在神靈面前宰雞歃血，結盟起誓，組成公行，制定共同遵守的行規。

而沒有加入公行的散商，則不准與外商接觸，以此確保公行的壟斷地位。不難想像，那些被排斥在公行之外的散商，說起十三行自然是一肚子憤憤不平。公行組織存在的時間雖然不長，但其壟斷地位卻一直延續了下來。

伍秉鑒的先祖原在福建種茶，康熙年間，朝廷開海貿易，伍氏家族馬上嗅到發財的氣息，舉家遷入廣東。但伍家的發財夢起初並不美滿，伍秉鑒的父親伍國瑩做帳房還曾一度因欠債而逃匿，轉做鹽商又賠了大本。後來在廣州城西開了間從事外貿的元順行（怡和行的前身），才慢慢爬升到二十家行商中的第六位，但又因為拖欠關餉，不得不東躲西藏了幾年。

一八〇一年，伍秉鑒接手怡和行，外國人都叫他「浩官」。伍秉鑒的性格似乎不太適合交際應酬，他沉默寡言，沒有幽默感，洋人覺得他「天生有懦弱的性格」，「一輩子只講過一句笑話」。

可伍秉鑒不會說笑話，卻很會做生意。怡和行在他手裡，第二年便躍居行商第三位，五年後已坐二望一。

一八一三年，官府決定從行商中挑選兩人充任總商，一切評訂貨價和對外通商事宜，統由總商負責，其他商人不得過問。伍秉鑒眾望所歸，成為兩位總商之一，口含官憲，手握議價權，真是如日中天，不可一世。

伍秉鑒在其巔峰時期，擁資超過兩千六百萬銀元，相當於國庫年收入的一半，創造了一個驚世駭俗的金錢神話，為天下所豔羨。僅看他在廣州河南的別墅庭園，便讓人嘆為觀止，其規模可與《紅樓夢》中的大觀園媲美，中央大廳擺得下數十桌筵席，能容上千名和尚誦經禮佛。根據去他家做過客的洋人描述，登上他家的高臺，「廣州全城景色及城外江河舟楫俱在眼前」。可惜，如今的伍家花園只剩下一條伍家祠道以及一小段紅砂牆基，供人憑弔。

壟斷企業往往是腐敗的淵藪，壟斷程度越高，腐敗越烈。因為這個壟斷是靠官府賜予的，官府要得到回報，於是便導致權力尋租。

在一八〇一～一八四三年間，伍秉鑒向官府行賄、捐輸、報效的錢，多達一千六百餘萬兩，買回了一大堆金光閃閃的官銜、封蔭和官職，成了廣東首屈一指的紅頂商人，連皇帝都知道廣州有個叫伍秉鑒的富翁，錢多得不得了。

到了十九世紀中期，伍秉鑒不但在國內擁有數量驚人的地產、房產、茶山、店鋪和千萬家財，還在美國投資鐵路，從事證券交易和保險業務，同時也是英國東印度公司的最大債權人。

當年廣州有一首民謠：「潘盧伍葉，譚左徐楊，虎豹龍鳳，江淮河漢。」前面八個字，代表了十三行裡八位著名行商，其中「伍」即伍秉鑒的怡和行；後面八個字，形容他們財雄勢大，傲視天下。

伍秉鑒在商場上之所以能獲得巨大的成功，除了憑藉官府規定十三行的壟斷地位之外，他個人的性格品行，也是重要原因。洋人公認他「誠實、親切、細心、慷慨」，也許這就是他做生意的另一種本錢，是他獨有的成功之道。

有一名美國商人和伍秉鑒合夥做生意虧了，欠了伍秉鑒七．二萬銀元。他很信守合約，因債務在身，便老老實實待在廣州，雖然望盡天涯路，卻不敢歸故鄉。伍秉鑒知道後，心生憐憫，當著這個商人的面，把債據取出，三兩下撕成碎片，然後對這名美國商人說：「你是我最好的朋友，你是最誠實的人，只是運氣不好而已。現在我們之間的帳目已結清，你可以隨時離開廣州回國了。」

七．二萬銀元在當時是個巨大的數額，這樣一筆巨債卻被伍秉鑒隨手一撕，一筆勾銷。

還有一名美國商人替伍秉鑒承銷生絲，伍秉鑒要求他把賺到的錢兌換成東印度公司的期票。不料這名商人急於賺快錢，自作主張，把賺到的錢買了一批英國毛織品，結果市場滯銷，虧了幾千銀元。這名美國商人愧疚不已，主動向伍秉鑒認錯，表示願意賠償。但伍秉鑒只淡淡說了一句：「以後要多加小心。」並不要他賠錢，而是自己承擔了損失。

阮元任兩廣總督時，對行商以嚴厲著稱，有美國水手在廣州打死民婦，阮元連十三行的保商黎光遠也一併收監，最後判黎光遠流放伊犁。黎光遠還因此破產，於是伍秉鑒和幾個洋商一起籌款，送給黎光遠作為流放伊犁的生活費。

這些帶有濃濃人情味的逸聞，顯示伍秉鑒並不是一個錙銖必較的「孤寒財主」，他做生意頗能為別人著想，令中外商人對他都讚譽有加，雖然怡和行的收費比其他行高，但洋商仍然樂於與他做生意。

十三行因為有官府的支持，才獲得外貿的壟斷地位，所以行商與官府之間，多少都有金錢關係。但阮元為官清廉，對商人的監督也格外嚴格。當時行商實行聯名具保的制度，一家行商倒閉，其欠債要由聯保的其他幾家行商償還，因而經常發生一家破產，便連累幾家倒閉的情形。

當時坊間流傳著一個故事，說阮元任兩廣總督期間，因為有行商倒閉，拖累了怡和行，伍秉鑒去見阮元，阮元問他欠餉的情況，他說：「不是我有意欠餉，實在是因為市道疲軟，官府催餉又急，我吃不消了。這樣下去，官商兩敗俱傷。」

阮元揮揮衣袖說：「既然如此，我免你家數年餉，好自為之。」

這個故事的真實性後來受到質疑，阮元任兩廣總督時，正是伍家生意鼎盛時期，何至於上門求官府免餉？阮元也不是個不負責的官員，怎會隨便就免一個行商幾年的餉？事實上，阮元鐵面無私，對所有人一視同仁，一八二一年，因為伍秉鑒對外船夾帶鴉片知情不報，阮元便奏准摘去他的頂戴，以示懲戒。

另一個對行商非常嚴厲的官員是林則徐。一八三九年，林則徐在廣東禁煙，曾召見伍秉鑒之子伍崇曜，對行商濫保夾帶鴉片的洋船，嚴加痛斥：「本大臣奉旨來粵，首辦漢奸，該商等未必非其人也。」勒令他們父子改邪歸正，並要洋商繳煙具結。

伍秉鑒說服洋商，向官府繳出了一批鴉片，但林則徐認為這只是九牛一毛，做做樣子想蒙混過關，勃然大怒，便下令把伍崇曜革去職銜，投入大牢，並將七十歲高齡的伍秉鑒摘去頂戴，套上枷鎖，遊街示眾。從衙門遊到十三行，任沿途民眾圍觀，直到英國人繳出兩萬箱鴉片才放人。這批鴉片的錢，最後由行商公所從行傭基金中償還給英商。所謂行傭基金，是從進出口貨物交易中抽取，專門用來打點朝廷和官府上下關係的款項。

對於一個世界首富來說，戴枷遊街，亦算得上是奇恥大辱。官府對十三行商，沒事時當他們是搖錢樹，任意敲詐勒索，一旦與洋人有交涉，就拿他們殺雞儆猴，嚇唬洋人，再不然就是要行商出面斡旋做擋箭牌，如果斡旋不成打起來，商人的命運更糟糕。當時的清政府十之八九是吃敗仗的，商館店鋪被毀不說，敗了以後官府要賠錢，還是從商人口袋裡掏。

一八四一年，英軍圍攻廣州，靖逆將軍奕山與英國締結城下之盟，賠款六百萬元，其中兩百萬元由行商先付，其餘四百萬元由官府墊支，行商分年攤賠歸補。

官府打了敗仗的六百萬元賠款，全部由商人埋單。當時廣州有民謠唱道：「四方砲臺打爛，伍紫垣（崇曜）頂上，六百萬講和，七錢銀兌足。」彷彿賠錢講和，都是行商的錯，其實，伍秉鑒父子不過是代官府受過，出了錢還落個罵名。

鴉片戰爭失敗後中英簽訂《南京條約》，十三行的壟斷地位不復存在，朝廷勒令舊行商償還《南京條約》規定的外商債務三百萬元，伍家獨認一百萬，一時未能交清，官府天天派人上門催繳。伍秉鑒再也受不了了，一病不起，在廣州去世。

十三行這種公行制度，短期內雖然可以讓朝廷撈足油水，也製造了一批超級富豪，但長遠來說，卻是中外貿易健康發展的絆腳石。

十三行在鴉片戰爭前已趨於衰落，商人們揮霍無度的奢侈生活固然是原因之一，但更主要的是官府以報效、捐輸、攤派等各種名義，沒完沒了地苛斂勒索，令行商們疲於應付。結果，有些行商開始與洋人勾結，從事鴉片走私；有些行商受到官府勒索，轉頭又去勒索外商，以轉嫁損失，形成惡性循環。

一八五六年，英軍攻破廣州外城，憤怒的廣州人民縱火焚燒十三行。這場大火燒得天愁地慘，天子南庫、錦繡乾坤，霎時間都灰飛煙滅，化作廢墟。至此，十三行結束了長達一百多年壟斷中國對外貿易的顯赫歷史。

包括伍家在內的富家大族在西關、海珠精心修築的庭園別墅、瑤臺畫舫，也在歲月更迭之間，消失在煙水茫然處。

名為公司的政府，英國東印度公司的蛻變史

一七二一年的某天，一艘英國帆船駛入黃埔港口，卻被粵海關通知不得與非公行（廣州十三行）商人貿易。

在這次中西貿易交鋒中，英船以停止貿易相要脅，雙方僵持的結果是公行做出讓步。這艘財大氣粗、底氣硬的英船屬於英國東印度公司，是來自萬里之外的英國的一家海貿壟斷公司。

倫敦大學經濟史教授湯姆．湯姆林森（Tom Tomlinson）在央視紀錄片《公司的力量》裡，如此形容英國東印度公司：「更像是一個政府，而不是一個公司，一八一三年之後，它已經全然不再是我們理解中的公司了，儘管它還叫公司，但實際上就是一個政府。」

從一開始獲得英王特許的官商，到後來成為印度實際統治者，英國東印度公司把官商一體發揮到極致。但正是這種極致，印證了一條鐵律：無論曾經怎樣輝煌，商業運作一旦沉湎於壟斷權力，最終必然無法擺脫腐敗、衰敗的宿命。即使是來自現代民主與自由貿易先驅的國度也無可避免。

一七八八年二月八日，英國議會通過了對印度總督沃倫・哈斯汀（Warren Hastings）的彈劾案，這個曾經不可一世的全印總督，面臨多達二十二項指控，包括殖民機構對印度掠奪式的統治，迫使印度農民以低價出售產品和耕牛，或是以百分之六百的高利息借款以支付稅金。甚至為了迫使農民借款，英國東印度公司不惜燒掉他們的茅屋。國會議員伯克（Edmund Burke）控訴道：「他踐踏了印度的法律、權利和自由。」

除此之外，還有對哈斯汀私人貪腐奢侈的指控，包括中飽私囊，挪用公款給妻子享樂等等。這個曾經的印度「皇帝」，為這場曠日持久的官司付出了八年光陰以及全部家產。

印度總督身上的罪名，某種程度上就是英國東印度公司的罪名，人們驚訝地發現在成立近兩百年後，這家曾經為英國開疆拓土、賺取鉅額財富的官商組織，竟全面蛻變為一個殘暴、貪婪、腐敗的「極權政府」。

英國東印度公司從成立那天起，就具有深深的政府印記。十六世紀末，倫敦胡椒價格飛漲，英國人要求打破荷蘭與葡萄牙對東印度群島胡椒貿易的壟斷，於是一家代替政府出面爭奪遠東海貿權的公司應運而生。一六〇〇年，獲得壟斷東方貿易十五年特許狀的英國東印度公司正式成立。

在前一百年的發展歷程中，商人逐利的天性讓英國東印度公司無比高效，並逐漸成為英國殖民地擴張的急先鋒。英國政府則靠著向英國東印度公司徵稅，獲取豐厚的利益。

英國東印度公司藉由向印度人民勒索「國內開支」、利用田賦「投資」、發行「公債」等方式，將英國征服阿富汗、緬甸等國的軍費，甚至鎮壓印度人民起義的開支，全部轉嫁到印度人民頭上。

漸漸地，勢如破竹的英國東印度公司性質開始轉變，由官商變成商官。十八世紀中葉，駐印英軍總司令羅伯特．克萊夫（Robert Clive）以其出眾的軍事能力平定印度人的抵抗，從此確立了英國東印度公司在印度的殖民統治地位。

英國東印度公司蛻變成商官的標誌就是攫取印度的賦稅，一七六五年，英國東印度公司獲得孟加拉等三個地區的行政與稅收權，此後六年間，他們從稅收中賺取了四百萬英鎊。在侵吞印度的過程中，還誕生了一系列的國家機器，如法庭、稅務局，甚至軍隊。

在獲得印度統治權之後的半個世紀裡，英國東印度公司在此掠奪的財富高達十億英鎊，這些財富被視為英國累積資本、支撐工業革命的基石。

但世界上終究沒有日不落的帝國，英國東印度公司創辦近兩百年後，由最初透過激發商人逐利天性的朝陽產業，變成了嚴重阻礙自由貿易發展的商官機構。

英國東印度公司職員回國時大都變成富翁，他們大量購買地產，並利用在印度掠奪的不義之財賄買議會席位，繼續鞏固英國東印度公司的地位。

與此同時，英國東印度公司高層頻爆醜聞，除了前面提過的哈斯汀，還有奠定公司在印度統治基礎的克萊夫，也因為收入來源和戰爭行為受到英國政府調查。克萊夫毫不隱諱地談論自己的所作所為：「我從不打算隱瞞這件事。……我為了公司職務常冒生命危險，公司沒有任何藉口要我放棄空前未有的發財機會。」

經濟學家亞當．斯密（Adam Smith）認為，英國東印度公司壟斷性的貿易特權，必然會導致公司職員破壞自由競爭，並以損害國家的方式維護自己的利益。

在《國富論》（*The wealth of nations*）發表前三年，英國東印度公司龐大腐敗的行政制度，以及職員貪汙自肥導致財政入不敷出，讓國會不勝其煩，終於在一七七三年出臺《管理法案》（Regulating Act of 1773），規定由英國政府控制在印度所占土地，並於印度設立總督、參議院和最高法院。這是英國內閣第一次獲得控制英國東印度公司內部事務的權力。

一八一三年，《管理法案》修改了英國東印度公司的「護身符」特許狀，打破了英國東印度公司對東方貿易的獨占權，公司財政進一步受政府官員組成的監察部監督。一八三三年修訂的《管理法案》又規定公司董事會完全聽命於監督委員會。至此，存在了兩百多年的英國東印度公司名存實亡。

從一七九二～一八三七年的四十六年中，英國東印度公司有十四年虧損，淨利潤三千兩百萬英鎊；一八三七～一八五八年的二十二年中，只有六年有盈利，總虧損兩千八百一十五萬英鎊。官僚主義盛行、腐敗叢生、虧損嚴重的英國東印度公司行將落幕。

一八五八年，維多利亞女王發表《告印度人民書》（Princes, Chiefs, and People of India），標誌著印度的統治權從英國東印度公司轉移到英王手裡。一八七四年，英國東印度公司正式宣布解散。

公使錢合不合法？從古代官場愛開趴說起

文／葉克飛

「所有尖宿公館，只用家常飯菜，不必備辦整桌酒席，尤不得用燕窩燒烤，以節靡費。此非客氣，切勿故違。至隨身丁弁人夫，不許暗受分毫站規、門包等項。需索者即須扭稟，私送者定行特參。」

這是清道光十八年（一八三九年），林則徐被任命為欽差大臣，前往廣東禁煙時發布的第一道公文。整篇公文與禁煙無關，而是針對公款吃喝。據載，林則徐此行不但拒絕了一切接待餽贈，還輕車簡從，隨從「惟頂馬一弁、跟丁六名、廚丁小夫共三名」。相比利用手中權力一路索取好處的官員，林則徐可算是高風亮節。但此舉也從側面說明了晚清官場吃喝風氣之盛，一般官員即使心有抗拒，也幾難免俗，若一定要像林則徐這般強硬，恐怕還會得罪人。

來開趴吧！傳承千年的官場吃喝文化

這種官場風氣並非晚清獨有，古代為官者，吃喝應酬是常態，幾成官場規則，有時甚至不吃喝不應酬，就做不了官、掌不了權。同樣的，歷代農民起義雖常有「均貧富」之類的口號，但若真想達到煽動性效果，還是得拿大魚大肉和女人來說事。

宮廷宴會自古便有，早在周朝，《周禮・天官》中就有記載：「凡王之饋，食用六穀，膳用六牲，飲用六清，饈用百有二十品，珍用八物，醬用百有二十甕。」

這種宮廷宴會在後世因為物質豐富而越發繁複，最盛大的當屬每年大年初一大朝會之後的宴飲，百官均要參加，還可以攜眷。這個古代最高規格的官場應酬活動從周朝便已開始，直至清亡。其他例行的還有新皇登基時的元會宴、改元建號時的定鼎宴、祝壽時的萬壽宴等（圖⑯、⑰）。

在皇權社會裡，宮廷宴會屬於「絕對權力導致的特權特供」，本不屬本文探討之列，

圖⑯　清朝版畫〈唐明皇宴京師侍老圖〉

但這種風氣確實影響了官場生態，官員們上行下效，將宴會變成了一種固有流程，從升遷、到任到離職，還有壽辰、婚嫁等，宴會貫穿整個官場生涯。至於日常應酬更是生活的一部分，退朝了、下班了還要三三兩兩喝個酒、聊個天，是很多官員維護關係的必要手段。

如果官場動盪，官員調動頻繁，這種宴會也會跟著頻密，如《漢書》中描述，西漢後期就有「吏或居官數月而退，送故迎新，交錯道路」的混亂局面。到了《後漢書》，又有「自是選代交互，令長月易，迎新送舊，勞擾無已，或官寺空曠，無人案事」的記載，可見迎來送往、吃喝應酬，已導致行政效率嚴重低下（圖⑱）。

有時，官場應酬還會引發血案。兩漢時期最著名的因吃喝引發的血案，出現在演義小說裡。《三國演義》開篇不久，倒楣的督郵就索賄未遂，還被暴打一頓。

到了魏晉南北朝時期，此風仍盛，南朝設「迎新送故之法」，地方官上任和離任都得送禮，一般送故以三年為期，即離任後三年內，原任職所在地每年都得去送禮。各州郡甚至設置了「送故主簿」這一崗位，專職迎來送往。這一制度並無財政撥款，「餉饋皆百姓出」。

范仲淹背書：用公款開趴是必要的

有人以為越是皇帝昏庸、吏治混亂的黑暗年代，官員越熱衷吃喝，其實不然。官員應酬之風，與政治是否清明基本上無關，有時盛世反而更為流行。比如中國歷史上經濟最為繁榮的宋朝，就是官員應酬最盛行的朝代。《宋史》記載，宋朝有「旬設」之制，每旬都有一次宴犒，各衙門動用公款宴請都有公開帳本，名為「公使苞苴」，這種用於公務接待的公款即稱「公使錢」。

名臣范仲淹曾解釋過公使錢存在的合理性：「竊以國家逐處置公使錢者，蓋為士大夫出入及使命往還，有行役之勞。故令郡國饋以酒食，或加宴勞，蓋養賢之禮，不可廢也。」

范仲淹認為這一切都是基於公務，讓來往公務人員能夠安心工作。

然而這些制度使得官員動用公款吃喝成為常態，宋孝宗時期的平江知府王希呂與祠官范成大、胡元質常用公款請客，「一飲之費，率至千餘緡」。北宋的尹洙曾在《分析公使錢狀》中寫到，慶曆三年（一〇四三年），僅渭州官府官員，每月便有五次公款吃喝的宴會。根據《朝野雜記》記載，南宋時期東南諸郡公使「帥臣監司到署，號為上下馬，鄰路皆有饋，計其所得，動輒萬緡」，也就是說，官員不但有得吃，吃完還可以拿禮物。

吃喝還通常伴隨著送禮行賄，僅揚州一地，每年用於饋贈的小禮品就花費十二萬緡，一緡等於一千個銅錢。

北宋時期，杭州已極為繁華，朝廷派赴該路的監司大多在城內設立辦事處，杭州當地還得專門安排一名官員負責接待，大名鼎鼎的蘇軾擔任杭州通判時，就疲於應付接待任務，甚至稱這裡是「酒食地獄」。

時人曾這樣描繪宋朝的公務接待：「送故迎新，交錯道路。受迎者，惟恐船馬之不多見；送者，惟恨吏卒之常少。窮奢竭費，謂之忠義；省煩從簡，呼為薄俗，轉相仿效，流而不返。」

此外，宋朝還曾有「凡點檢或商議公事、出郊勸農等，皆准公筵」的規定，即官員下鄉工作期間也可以公款吃喝。

另一盛世唐朝也將公款吃喝列入國家制度。中央到地方的各級行政機構都設有食堂與公廚，官員巡視時，地方也會接待。唐朝設有「公廨錢」，本意是補充辦公經費，但基本上是用於官員補貼和吃喝。

有一個「雞舌」的典故，與唐朝官員李紳有關，指他生活豪奢，尤其愛吃雞舌。李紳曾任御史中丞、戶部侍郎、節度使和尚書右僕射門下侍郎等要職，拜趙國公。但真正使他名垂千古的還是那首小孩也會背的〈憫農〉，「誰知盤中餐，粒粒皆辛苦」早已是千古名句，提醒大家要愛惜糧食。也正因為〈憫農〉與雞舌的巨大反差，一時成為網路熱門話題。不過他與雞舌的故事並未見諸史料，估計只是以訛傳訛，但以其地位和唐朝風氣，生活豪奢倒不會假。

堪稱明朝第一名相的張居正也同樣豪奢，他有一次返鄉奔喪，各地官員紛紛巴結，對這位美食家投其所好，每餐菜肴多達上百道。但即使如此，張居正仍然覺得不值得動筷子。真定知府錢普平時燒得一手好菜，於是他親自上陣，終於讓張居正大快朵頤，發出「總算吃了頓飽飯」的感嘆。

公款吃喝必要但不鼓勵？可以做但要隱密？

對於公款吃喝，大多數朝代都將之視為嚴重的作風問題，並曾出臺各種制度予以限制。如漢景帝就曾立法，要求官員到任、離任及外出巡視時，若接受宴請，必須自己掏錢埋單，否則將免官。最嚴苛的要算是北魏獻文帝，他規定若官員在地方巡視時吃掉一隻羊、喝掉一斛酒，就「罪至大辟」，也就是判處死刑，同席吃喝者也有脅從罪名。

唐玄宗曾安於逸樂，胖子安祿山常去宮中混吃混喝，還演繹出不少桃色傳說。可他享受了這麼多的優厚待遇，居然還起兵造反，一場安史之亂直接將盛唐打至低谷，實在令後世李姓子孫火冒三丈。於是晚唐又有規定，各地節度使來朝廷覲見皇帝以表忠心時，都得拿出點實際行動，也就是自己掏腰包在皇宮裡擺酒席，邀請皇帝與朝中官員出席，名為「買宴」。

買宴表面上是將公款吃喝的花銷轉嫁給了官員，在一定程度上節省了國庫開支，但熟悉官場運作的人都清楚，官員有各種辦法可以將之再度轉嫁，比如向所屬部門報銷，或者轉給下級埋單，即使真的自掏腰包，也可以透過橫徵暴斂或者索賄將之討回。

就算是在吃喝風氣最盛，甚至將之制度化，變成官員福利的宋朝，也曾立法整頓吃喝風，而且堪稱歷朝歷代中立法最為詳細的。如《慶元條法事類》記載，「諸道守任臣僚，無得非時聚會飲燕，以妨公務」，各州縣官「非遇聖節及赴本州公筵若假日，而用伎樂宴會者，杖八十」；《職制敕》則規定各官「預伎樂宴會者各徒二年，不應赴酒食而輒赴各杖一百」。

從這點來看，前述的「旬設」制度其實有點「高薪養廉」的意味，希望藉由公款吃喝的制度化，規定時間與規格，以此限制公款吃喝的次數。

湖州知州劉藻在任上「專事筵宴，庫帑告竭」，被降職罷官，前文提到的「一飲之費，率至千餘緡」的王希呂、范成大與胡元質等人，也被宋孝宗「怒而詘之」。

宋朝文學家蘇舜欽也因公款吃喝落馬。他曾擔任集賢校理、監進奏院[18]，而且還有後臺，老丈人杜衍時任宰相。有一回，他將公家的廢紙賣掉，用所得買酒設宴，還招來樂伎助興。結果被老丈人的政敵得知，立即指使御史彈劾，最後蘇舜欽以「自盜」罪名被免職，並被趕出京城。

這些制度雖然對公款吃喝產生了一定的約束作用，卻無助於改變整個官場風氣，大吃大喝之風貫穿兩宋，直至南宋滅亡。

明朝從一開始就對公款吃喝予以極大約束，但公款吃喝乃至迎來送往的氾濫卻不亞於宋朝。明朝開國皇帝朱元璋出身低微，因此對官員腐敗深惡痛絕，甚至到了矯枉過正的程度。他的制度建設直接影響了明朝的官場生態，但遺憾的是，其影響基本上是負面的。

明朝官秩分為九品十八級，俸祿分為十八等。正一品每年祿米一千石，俸鈔三百貫，從九品祿米六十石，俸鈔三十貫，這個俸祿其實只夠官員勉強糊口，維持家庭基本開支，若是多養幾個僕人丫鬟，立刻就會無米可炊。如七品縣官年俸只有九十石米，僅僅

18 進奏院即藩鎮節度使的駐京辦事處。

夠二三十人吃一年，但縣官除了家人外，還要養吏，老婆、孩子、辦事人員都靠這九十石米，連吃飽都不可能，更別說生活了。如果沒有其他收入，地方官根本活不下去。

迎來送往是明朝官員不可避免的官場規則。文學家袁宏道在萬曆年間當過吳縣知縣，上任幾個月，就致信向朋友大吐苦水，說人人都覺得做官好，其實做官真辛苦，做知縣尤其苦，因為「上官如雲，過客如雨」，每天從早到晚都在接待。

應酬接待背後的龐大利益鏈

公款吃喝乃至迎來送往，之所以成為歷朝歷代都無法遏止的風氣，與官場生態息息相關。

宗承灝曾在《灰色生存》中寫道：「中國古代官場是一個熟人社會，很多事玩來轉去最終都要糾結在『人情』二字上面。……熟人社會的最大特點就是讓人與人之間形成一種私人利益的對接管道，並透過這種管道把人與人聯繫起來，將各個點連成一條線，最後構成一張張無所不在的關係網。而灰色收入正是這一張張關係網捕進去的魚和蝦，網越大，捕進去大魚大蝦的機率就越高。關係網越織越密，灰色收入也就越演越烈，並進而成為深度扭曲的人際關係的一種潤滑劑。」

在熟人社會裡，人情大過天，官員無論是想升遷還是想自保，都必須付出大量交際成本來維繫人情。然而，歷朝歷代官員的俸祿大多不高，要維繫這種「灰色生存」，就需要更多灰色收入，這些灰色收入的重要來源就是公款。比如明朝，地方官的主要收入其實是地方財政收入的截留，即俗稱的「火耗」；京官的主要收入則來自地方官的饋贈。

清朝曾以明朝為鑑，試圖整頓風氣，明令京官去地方，上級主管到下屬單位，出差費用一律自理，地方和下屬單位也不能宴請饋贈。可是清朝沿襲了明朝的低俸祿，京官待遇尤其低，外放或出差才有發家致富的機會。

而地方官為了升遷，也會尊重京官的「發言權」，常年孝敬。兩者相互作用，便形成了在皇權體制下根本無法動搖的利益鏈。在這種大背景下，動用公款吃喝簡直就是「小兒科」的行為。

清朝道光年間的進士張集馨所寫的《道咸宦海見聞錄》一書，是後世研究官員灰色收入的重要資料。他曾在翰林院待了六年，然後開始外調，宦海浮沉，歷任山西朔平府知府、陝西督糧道、四川按察使、直隸布政使、河南布政使和福建布政使等職。他對自己的總結是：「應酬不可謂不厚矣！」

他在福建當汀漳龍道臺時，閩浙總督顏伯燾被革職，帶著家眷、兵役、隨從等三千多人回鄉，途經漳城。當地備酒席、請戲班，還送上「程敬」（以路費名義送出的禮金），共花了一萬兩銀子。地方官員顯然是看重這名被革職官員背後仍然存在的官場人脈。

如果是欽差出巡過境，地方政府會先從財政裡借出一筆鉅款開銷，最後由各州縣和部門分攤，「大約每次攤派俱在三五萬金」，用於吃喝接待和饋贈禮金。欽差往往故作姿態不肯接受禮金，地方官還得派人將禮金送往其京城私宅。如此到位的服務，只因欽差能在皇帝面前說上話。

在《道咸宧海見聞錄》中，當然少不了關於吃喝的紀錄。張集馨擔任陝西督糧道這一肥差時，終日迎來送往，從西安過路的官員，包含將軍、巡撫都要請客，便由他承辦。首先寫請帖，他要把各官員姓名打聽清楚，然後把帖子送到各官署驗明，沒錯了，才發給過路官員，然後張燈結綵，準備宴席。

每場宴會有兩個戲班唱戲，上席有五，中席十四。「上席必燕窩燒烤，中席亦魚翅海參」，此外，西安難得有活魚，所以上席每桌都要上條活魚才夠氣派。如果檔次不夠，客人就會責怪督糧道吝嗇。酒席到深夜才會結束，第二天還得為過客送行，贈送盤纏，厚薄則以官職尊卑而定，少則一二十兩，多則三五百兩。「每次宴會，連戲價、備賞、酒支雜支，總在二百餘金。」

西安處於內地，吃喝還算便宜，張集馨在福建上任時擺酒，一桌菜要銀元一千六百元，折合上千兩白銀。這種天價宴席，就算官府也吃不起，他只能將宴席規模從三桌降為一桌。

本地官員之間也少不了各種宴會，以聯絡感情。「官員終日送往迎來，聽戲宴會；人宴會每月都有，小應酬則日日不斷。」尤其是張集馨身為督糧道，更不能占著肥缺不會做人，到了年節，不僅要請將軍、巡撫宴會，還要赴外道府縣進省者的宴請。這位老兄等於一整年下來，都是在胡吃海塞、行賄受賄中度過。

清朝汪輝祖在《學治續說》一書中，曾大談接待的重要性：這事處理不好，別說升遷了，恐怕連官位都保不住。他還認為，「凡有陋規之處，必多應酬。取之於民，用之於官，諺所謂『以公濟公，非實宦橐也』，歷久相沿，已成常例」。

講和才划算！澶淵之盟其實是宋朝賺到了

文／柳展雄

在漫長的中國歷史中，戰爭似乎是唱主角的。據統計，從西元前三二〇〇～一九六四年的五千多年間，世界上共發生戰爭一萬四千五百一十三次，只有三百二十九年是和平的。

「犯強漢者，雖遠必誅。」何等慷慨激昂，何等痛快淋漓，但當敵我實力懸殊時，是否非要進行一場你死我活的賭國運之戰呢？

「戰」的反面就是「和」。「和」通常是一種妥協的藝術，或給錢，或割地，總而言之，就是透過一定的利益支付達到息兵止戈的目的。

講和在人類歷史上早已有之，無論西方埃及豔后的政治聯姻，還是中國兩漢時期的和親政策，無不是以和為貴。在力量不如對手的時候，以低成本使國家暫時獲得安全保障。

經過幾千年的演變，講和已經成為國與國之間經常使用的外交手段，相比過去動輒開戰的做法，這不僅減少了生靈塗炭，還讓世界進入現代秩序之中，使國家的運營成本更加合理。

宋真宗其實很會算，光靠邊境貿易就能賺回歲幣

宋朝的「澶淵之盟」，無論從成本還是效果來看，都是講和的典範，它使宋、遼之間保持了百年的和平。

民間演義把宋真宗（圖⑲）塑造成宋高宗的形象。事實上，宋真宗趙恆從小就喜歡排兵布陣的打仗遊戲，並不是怯懦之輩。九九九年九月，契丹犯邊，宋真宗御駕親征，打贏裴村之戰，擊退遼軍。一〇〇四年，遼軍再度入侵，深入宋朝境內，真宗第二次親征，至澶州督戰，也不是寇準逼的。

在人們的印象中，宋朝總是積貧積弱。其實，宋軍一點也不弱，遼國南侵的途中，

圖⑲ 宋真宗畫像

打了三次敗仗，損失最大的瀛州之戰，傷亡三萬多人。抵達澶州後，統軍蕭撻凜自恃勇武，率數十輕騎在城下巡視，結果被伏弩射殺，頭部中箭，墜馬而亡，遼軍士氣受挫。在腹背受敵的情況下，蕭太后只得罷兵議和，是為「澶淵之盟」。

「澶淵之盟」的性質，和後來秦檜、賈似道簽訂的恥辱合約完全不同。南宋先後對金、元稱臣，但在「澶淵之盟」中，宋、遼約為兄弟之國，地位平等，而且從輩分上講，宋朝還占了便宜——遼聖宗年幼，管宋真宗叫大哥。《遼史》諱言自家皇帝當了小弟，便委婉地稱蕭太后當了人家叔母。在領土問題上，宋朝也是寸土不讓。蕭太后開戰的藉口是，後周從遼手中占據了關南十縣地，契丹人要討回來，但宋真宗的態度是給錢可以，堅決不能給地。

宋朝談判代表曹利用出使之前，真宗出價的底線是一百萬兩白銀，而寇準則出價更少，只給三十萬兩。

契丹總共不過百萬人口，天天打獵游牧，哪裡懂得富豪的世界？遂提出了一個在契丹人看來數目極大的開價——三十萬兩。面對如此開價，曹利用真是做夢都會笑出聲來，於是買賣很順利地談下了。

曹利用歸國請見時，皇帝正在吃飯，侍者就問曹利用許給契丹多少銀兩。曹利用沒有說話，只是伸出三個手指放在額頭上，意思是三十萬兩。

侍者誤以為是三百萬兩，真宗得知後大驚：「太多了，太多了。」便召見他親自詢問。

曹利用戰戰兢兢地答道：「三十萬兩。」

趙恆聽完嘀咕一聲：「才三十萬，這麼少。」

三十萬確實是個很小的數字，相當於一個經濟發達州府一年的財政收入；但對於契丹國而言，卻是一筆鉅款。宋每年輸遼銀十萬兩、絹二十萬匹的歲幣，表面上看似吃虧，可如果打一場大規模戰爭，軍費要三千萬兩，成本遠高於歲幣。再考量到兩國的邊境貿易狀況，先進的宋朝占優勢，僅茶葉一項的入超就能彌補歲幣。

這應該是中國歷史上最划算的一筆講和買賣，創造了雙贏的結局，貧窮的契丹獲得一份穩定的收入，北宋則解決了最大的邊患，為仁宗朝的文治巔峰創造了條件。

邊境自此「生育繁息，牛羊被野，戴白之人，不識干戈」，在接下來一百多年的宋遼和平時期，宋朝創造了後人再難比肩的燦爛文明。

由此看來，宋朝真的是喪權辱國嗎？黃仁宇說了句公道話：「澶淵之盟是地緣政治的產物，表示兩種帶競爭性的體制在地域上一度保持力量的平衡。」

宋朝也不是不思進取，宋神宗留下遺訓，恢復燕雲者封王。因此可以說宋朝初年的隱忍，只是力量不足時的權宜之計。到了北宋末年，他們趁遼國虛弱時也與金國訂下了「海上之盟」，謀奪回燕雲十六州，但那是另一個故事了。

諸臣誤我！差一步就能拯救大明的崇禎皇帝

民間流傳一種看法：大明朝是「不和親，不割地，不輸款，天子守國門」。這等豪言壯語雖無確實根據，但大明兩百七十餘年的歷史中，好像的確是這麼做的，只是到頭來，

圖⑳　崇禎皇帝畫像

強硬反被強硬誤。

大明朝的強硬一直持續到十七世紀崇禎皇帝（圖⑳）當朝，只是這時的大明早已外強中乾，連年天災，斷絕了國家的稅收，導致大批百姓造反起義，而外部也出現強大的敵人——後金崛起。大明朝進入了生死存亡之際。

陳新甲，時任兵部尚書，主持明朝最後一次對後金的和談。當時，松錦之戰即將結束，明朝失去對東北的控制權，而南方的李自成、張獻忠橫掃中原，官軍兩線作戰，左支右絀，疲於奔命。

即使強硬如大明，也不會在這樣的局勢下死心眼到底。陳新甲主張與後金暫時達成和議，緩解危機。但憤怒慣了的大明朝野很難改掉牛脾氣，此前大明朝曾兩次議和，結果袁崇煥以「謀款通敵」之罪被磔，支持他的內閣大臣錢龍錫被發配邊疆；楊嗣昌主持議和，弄得舉朝譁然，被迫辭職。

有了前車之鑑，這次和談不得不私下進行。陳新甲派遣手下馬紹愉潛入瀋陽，攜帶崇禎敕書，與皇太極議和。雖然皇太極認為和談「真偽不得而知」，但他還是本著和平友好共處的原則回覆，並派人保護信使回國。

馬紹愉返回京師後，將情況寫成書面資料，呈送上來，陳新甲趕著上朝議事，就將信件隨手放在一邊。

接下來，歷史給大明開了一個大玩笑。祕書把辦公桌上的密件誤以為是公開報告，未請示主管就先行抄傳，拿到邸報[19]上發表了。這下子可惹出大禍了，本來保密的議和過程，頓時被群臣百官覽閱，朝野為之譁然，很多大臣上書彈劾。

即使強勢如崇禎皇帝也壓制不住憤怒的文官，朝野上下一致堅定地認為大明與後金勢不兩立，主和之人無一不身負惡名。

陳新甲也有錯，他身為國防部的最高長官，沒有絲毫保密意識，以致機密文件外流。最終，崇禎只得將陳新甲拋出去平息輿論，可憐這位國防部長被斬首棄市，明朝也失

19 當時的政府機關報。

去了起死回生的最後機會。

兩年後崇禎上吊煤山，死前遺言中有一句「諸臣誤我」，真不知道他說的是陳新甲，還是那些反對議和的「滿朝忠正」。

英法聯軍其實是清廷搞小動作違約在先？

現代人經常拿近代史上的中國和日本對比，在傳統的印象裡，清朝不懂近代國際秩序，而日本則是欺軟怕硬。實際上，清朝與其說是無知愚蠢，不如說是小聰明太多。

江戶幕府和普魯士建交，由於不了解德國「正在」統一的特殊情況，以為只和普魯士一國簽「不平等條約」，結果對方把參加德意志關稅同盟的各諸侯國統統算進去，日本全權代表堀利熙發現吃了大虧，為此憂憤自殺。

反觀清朝，耆英在修訂《南京條約》的時候，想的不是和戰大局，而是用人情籠絡英方公使璞鼎查（Henry Pottinger），不僅給璞鼎查的大兒子做乾爹，還互相交換老婆的照片。

簽訂《南京條約》是中國的奇恥大辱，可回到歷史現場，當時的清廷完全不把它當回事。《南京條約》簽訂後，簽約文本一直存放在兩廣總督衙門，從未頒行過。兩江總督何桂清曾向咸豐奏報，歷來辦理夷務的大臣，只知道有和約之名，卻未見其文，而大部分下級官員甚至根本不知道清廷簽過這一條約。

《南京條約》簽完後，西方列強相繼模仿英國，和清政府簽約，其中就有一項解禁基督教的條令。法國修士感謝天主的恩賜，興沖沖跑到內地去傳教，結果地方官員不知道朝廷下達了宗教弛禁令，把福音攔在門外。一八四五年八月，法國人向清政府抗議，強烈要求中方公布弛禁令，半年後，道光帝才不情願地下令：各地官吏不得查禁天主教。

條約體系建立後，原本的蠻夷與天朝平等相待，讓人有些不習慣。官府在戰場上打不過洋人，暗中慫恿民眾今天燒洋人的鋪子、明天砸使節的公館，原本繁華的廣州也日漸衰落。

其他的通商口岸更是如此：廈門所謂的貿易，更多的是勞工出口；寧波更不值一提，一八五〇年的海關收入只有一百一十餘兩；福州的情況更差，最先來到福州的是一艘美國船，停在港口一個月都沒人理睬，無奈只好減價，可是減價也沒生意，一八四六～一八四七年，再也沒有一艘外國船到福州做生意。清政府成功地維持了「閉關鎖國」的奇蹟。

英國人哀嘆，五口通商徒有虛名，要不是還有個上海，《南京條約》簡直成了一紙空文。

無奈之下，英國公使找清朝高層上訪，先找上兩江總督，但兩江總督告訴他們，只有兩廣總督能代理夷務；公使只得再找兩廣總督，而兩廣總督說，他雖是欽差，卻無便宜行事之權，外交事務都須皇帝恩准。

英國人最後來到天津，希望直隸總督替他們投書皇帝，直隸總督回覆：夷務全歸兩廣總督管，請南下回廣東。而兩廣總督早在給皇帝的密摺附件裡留了一手：夷人有什麼事，只管往地方推。

一八五七年，英國人受夠了清廷君臣互相「踢皮球」，操起洋槍洋砲，進入北京城討要說法。

英國人發動戰爭，還有個意外收穫，軍隊攻下廣州時，發現了耆英的奏摺，這廝當面認外國乾兒子，背地裡卻向皇帝解釋這是「馴獸」之道，對付「犬羊之性」的蠻夷要虛與委蛇。

英法聯軍打到天津後，清朝再次派耆英參與和談。雙方會面時，英國人拿出這份奏摺，當面朗誦耆英背後罵夷人的句子，然後向耆英表示，以後再也不想見到他。

鐵血宰相不鐵血！俾斯麥深諳見好就收的藝術

俾斯麥或許是被誤解最深的政治人物，世界名人語錄絕不會漏掉這句：「當代重大問題不是演說和多數的決議所能解決的，而必須用鐵和血來解決。」

這句格言讓許多青年熱血沸騰，但是俾斯麥講這句話的背景卻鮮為人知。

鐵血宰相不是向敵國喊話，而是議會否決了他的提案，俾斯麥才發飆抓狂。他針對的，可不是外部敵人。

如果僅僅靠強大的武力就能取勝，那麼德國早在腓特烈大帝（Friedrich II）的時代就該統一了。俾斯麥不是窮兵黷武的鷹派，而是靈活務實的外交官。在普法戰爭後，俾斯麥不主張割去洛林（Lorraine）與阿爾薩斯（Alsace），而是一直擺出法德和解的姿態。

面對龐大的俄國，俾斯麥安撫和好，從來不把他們當作劣等斯拉夫人。「沒有永恆的朋友，也沒有永恆的敵人，只有永恆的利益」，這才是俾斯麥的真正信條。

歷數統一德意志的進程，普奧戰爭最為反覆曲折。依照傳統，哈布斯堡家族（Hapsburg）是神聖羅馬帝國的正宗嫡傳，許多民族主義者希望由奧地利領導日爾曼人，是為「大德意志」方案。俾斯麥的算盤則是踢出奧地利，寧可要一個「小德意志」，也不要全體日爾曼的大一統。

戰爭開始前，歐洲觀察家普遍認為奧地利會獲勝，俾斯麥本人對於軍事勝利也無絕對把握，他是懷揣毒藥上的前線。在薩多瓦會戰（Battle of Königgrätz）中，依靠大膽的戰略、參謀本部的計畫，還有及時趕到的後備軍，普軍打了一場漂亮的戰役，但後面發生的事更為重要。

在大獲全勝的時刻，俾斯麥要求見好就收，及時撤退，用他自己的話說，這是「往國王和將軍手中的香檳酒裡潑冷水」。軍人們只想著光榮的勝利，長驅直入占領維也納，迫使對手締結城下之盟。然而俾斯麥卻毫不客氣地指出，這樣只會讓法國人漁翁得利，只怕普軍未入維也納，法軍已過萊茵河。

結果威廉一世（Wilhelm I）表態，普魯士的軍隊必須在維也納舉行凱旋儀式，奧地利必須受到割讓土地的懲罰。無計可施的俾斯麥斷然遞交了辭呈，然後發飆抓狂打碎瓷器，甚至萌生跳樓自殺的念頭。關鍵時刻，王儲出來調解，國王終於遵從俾斯麥的建議。

最後普奧簽訂了《布拉格條約》（The Treaty of Prague），德意志南部的諸侯與哈布斯堡王朝脫離臣屬關係，和普魯士結成聯邦。

對戰敗方奧地利來說，這算是一份寬大體面的和約，因而在接下來的普法戰爭中，奧地利並沒有想要復仇而支持法國。直到第一次世界大戰，哈布斯堡家族始終是德國忠心的跟隨者。

雍正到底篡位了沒？

文／楊津濤

一七二二年十二月二十日，後世譽為「千古一帝」的康熙已病入膏肓，他在彌留之際，召集了八阿哥胤禩等七位皇子和隆科多到龍榻前。注意，這裡沒有四阿哥胤禛。據官方消息指稱，康熙傳下口諭：「雍親王皇四子胤禛，人品貴重，深肖朕躬，必能克承大統，著繼朕登基，即皇帝位。」當天傍晚，康熙駕崩。

國不可一日無君，隨後趕來的四阿哥胤禛在兄弟、大臣們的哭求下，「勉為其難」地登上天子寶座，他就是雍正皇帝（圖㉑）。

以上是正史中記載的四爺胤禛入繼大統的版本。然而，這並非唯一的版本。

康熙朝的儲位之爭前後數十年，自皇太子胤礽第二次被廢黜後，兄弟們更是明槍暗箭

圖㉑　雍正皇帝畫像

地鬥了十年。到頭來，大家看著四爺君臨天下，心裡很不痛快，只能造點謠言，給新君找點晦氣。

於是民間有了另外的版本——四爺勾結大臣，將遺詔上原本的「傳位十四子」改為「傳位于[20]四子」。如此一來，四爺從先帝指定的真命天子，變成了篡改遺詔、搶奪皇位的亂臣賊子。

雍正篡位或許是古往今來關於皇帝繼位最著名、最具懸疑性、傳播最廣、影響最大的一則謠言。這一充滿離奇內容的傳說，如同長了翅膀，迅速傳播，雍正皇帝在位時已是街知巷聞，滿城風雨，以至於雍正皇帝要親自主編一部《大義覺迷

20 於。

錄》，一一批駁種種謠言。

但是謠言沒有止於「真相」，雍正公布了文章開頭的權威說法後，謠言反而傳播得更加厲害，以至家喻戶曉。即使今時今日，康熙遺詔正本已公開展出，仍舊無法消除這流傳幾百年的謠言。

雍正搬磚頭砸自己的腳？篡位說甚囂塵上的原因

美國社會學家納普（Robert Knapp）搜集並分析了一九四二年一千條戰爭謠言，得出了謠言的三個特性——資訊性、傳播性、未知性。美國學者奧爾波特（Gordon Allport）又在《謠言心理學》（*The psychology of rumor*）中總結出重要性、含糊性兩點。

如果我們將這兩項研究合併，就會發現未知性和含糊性其實是一樣的，都是指某些內容無法得到證實，以致資訊殘缺，充滿未知。

歸納起來，一條謠言的形成需要四個要素：資訊性、未知性、重要性、傳播性。這在雍正篡位謠言的案例中一一驗證了。法國學者尚．諾埃爾．凱費洛（Jean-Noël Kapferer）

寫了一本《謠言：世界最古老的傳媒》（*Rumors: Uses, Interpretations, & Images*），這個書名貼切詮釋了謠言的資訊性特質。關於帝位更替這種重要事件，雍正篡位正好是一種資訊，包含了神祕的皇權如何移交，雍正與康熙、十四阿哥胤禵、隆科多等人之間的恩怨關係等，都是人們喜聞樂見的政治八卦。

在資訊性的要素中，還有一個關鍵——資訊的某種真實性。凱費洛說，想讓人相信一個謠言，必須有一個「真實的核心」。也就是說，即使是謠言，包含的資訊也要有一部分是真的。

阿哥們挖空心思想出來的幾條篡位說法，都抓住了一點——康熙晚年看重十四阿哥胤禵，讓他在西北建功立業，就是為傳位做準備。這也解釋了為什麼當時關於胤禛篡位的謠言，都和十四阿哥有關了。

民間盛傳，康熙病重時，胤禵率兵在青海打仗。康熙為傳皇位，急召胤禵回京，但這份聖旨被隆科多扣留了下來。隆科多矯詔，讓外甥胤禛來到康熙榻前，成為皇位繼承者。

另外還有兩個謠言傳播甚廣，一是說康熙遺詔原本寫的是「傳位十四子」，被篡改成「傳位于四子」；二是說雍正端來一碗人參湯，康熙喝完後就駕崩了。隨後雍正將胤禵調回囚禁，太后要見兒子胤禵，雍正不讓，太后就在鐵柱上撞死了。

史丹佛大學的希思（Chip Heath）教授說：「大腦的構造機能決定了我們更容易記住具體、感性的資訊，而不是抽象的內容。」因此資訊越多的謠言，越容易被傳播。

至於謠言的「未知性」，奧爾波特分析了幾點原因：

首先，缺少新聞或新聞太粗略。清朝一沒有新聞媒體追蹤報導，二沒有政府的資訊公開。對新皇繼位這樣的重大事件，老百姓只能知道一個結果：老皇帝康熙龍馭歸天，四阿哥承繼大統。然後呢？沒了。

其次，對於百姓而言，他們得到的資訊絕對是矛盾的。康熙晚年看重十四子胤禵，封他做撫遠大將軍，使用親王規格的正黃旗纛，對外稱「大將軍王」，如御駕親征。在老百姓看來，讓胤禵在青海建功立業，無疑是康熙爺為傳位做準備，讓十四爺做了沒有名分的儲君。誰知最後當皇帝的不是十四爺，而是四爺。

再者，當年宮廷政治都屬於黑箱作業，不像現在的英國王室，一舉一動都攤在鎂光燈下。透過戲曲、小說了解歷史的人們，想像中的繼位故事一定是驚心動魄的，即使沒有隋煬帝那樣的弒父情節，怎麼也要有點宋太祖「斧聲燭影」的離奇，所以普通老百姓非常容易相信改詔篡位的傳說。

即使雍正發布了用來闢謠的《大義覺迷錄》，老百姓仍會憑生活經驗，下一個「解釋就是掩飾」的判斷。他們嘴上為皇帝鳴不平，心裡其實早就信了驚心動魄的篡位故事。

事實證明，雍正的闢謠舉措是失敗的。他不懂現代傳播學，無從知曉相信闢謠和相信謠言遵循的是相同邏輯，只有當闢謠者的身分絕對權威，事件有足夠的透明度，且人們都願意相信時，闢謠行為才會有效。清廷作為一個非民選政府，任何決策都是極其封閉的，因而即使雍正貴為皇帝，他的話同樣缺少公信力。

此外，某些緊張情緒也會使人們不相信事實。雍正對兄弟們不怎麼好是事實，一即位就召同母弟弟胤禵回京，先讓他去給先皇守陵，沒幾年就軟禁了。八爺黨下場更慘，八阿哥胤禩、九阿哥胤禟分別被改名為「阿其那」和「塞思黑」。這兩個滿語的確切含義已不得而知，大概是討厭的狗、令人厭惡的豬之類的。他們後來都被折磨至死。傳說中參與篡位密謀的年羹堯、隆科多也慘死獄中，被民間看作是殺人滅口。

美國社會學家希布塔尼（T. Shibutani）曾有一個解釋謠言的經典公式，即「謠言＝事件的重要性×事件的模糊性」。在當時的中國，一個最重要的事件碰上一個最模糊的狀況，得到的自然是一個最大的謠言。皇帝是天下之主，國家的一切運行都是以皇帝為核心，沒有什麼事情比最高統治權的更迭更重要。在沒有選舉的年代，老百姓只能期望出現一位仁慈的好皇帝，能輕徭薄賦，能勤儉節約，能不胡搞瞎搞。那時每逢新皇繼位，想必人們都會默默禱告，希望出一個唐太宗，而不是商紂王！

康熙當了六十一年的天子，一生中除鼇拜、平三藩、掃平準噶爾、大勝雅克薩，建立了前無古人的文治武功，他會選誰來當接班人呢？康熙的兒子又太多，成年的就有二十幾個，如果站成一排，肯定讓人眼花繚亂。

新皇繼位問題，不僅國內老百姓很關心，中國的友邦朝鮮也密切關注。根據《李朝實錄》記載，康熙病重時說道：「第四子雍親王胤禛最賢，我死後立為嗣皇。胤禛第二子有英雄氣象，必封為太子。」

藩屬關注宗主國沒啥問題，只是他們這句話讓另一個謠言又傳了好幾百年，那就是康熙屬意弘曆，所以才傳位胤禛。

民間也知道，康熙為立儲問題傷透了腦筋，兩次廢黜太子，皇子們各自結黨，皇長子黨、四爺黨和八爺黨在朝中各有勢力，互不相讓。最後胤禛完勝，官員與百姓顯然都急於想了解新皇繼位的內幕。

雍正篡位謠言有了以上幾點鋪陳，還怕缺少傳播性嗎？尤其是在雍正自己的推動下，掀起了《大義覺迷錄》的全民閱讀熱潮，原本少數人私底下說說的事情，讀書人一下子全知道了，很快的，連不識字的老百姓也從地方士紳那裡聽說了皇位繼承的各種疑點。

人有分享的欲望，很多時候，我們講政治八卦，不見得是因為相信，而是出於一種「我知道，你不知道」的炫耀心理。大家都想炫耀，於是一傳十、十傳百，雍正篡位謠言就成了老百姓茶餘飯後的必備話題。

雍正不管是作為皇子，還是皇帝，都算得上成功。如果要說他一生做過什麼蠢事的話，那就是讓《大義覺迷錄》成為暢銷書。本來大家說起來心驚膽顫的事，瞬間成了人人都能說的事。於是這條本屬皇家私密的謠言，得到了正當的傳播管道，便婦孺皆知了。

時移世易，連江湖俠客也來幫雍正改詔書

奧爾波特在《謠言心理學》中總結，謠言迎合了大眾的四種心理狀態：恐懼、獵奇、希望和仇恨。在雍正篡位的謠言中，比較明顯體現出來的是仇恨和獵奇。四爺黨取得了政治鬥爭的勝利，十三爺胤祥及田文鏡、張廷玉等一批大臣成了顯貴。原本八爺黨的成員，即使沒有革職查辦，也從此升遷無望，他們對雍正肯定心懷怨恨，知道了新皇帝的醜聞，也就不管真假，見人就說，使篡位謠言在京師官員圈子裡率先流傳開來，很快擴散到全國各地。

那些被發配到邊疆的八爺死黨，對新皇帝肯定恨得直咬牙，所以在所經之處，對任何人都大講雍正謀朝篡位的故事。老百姓相信謠言，一則出於獵奇的心理，二則出於對傳播

者身分的信服——宮中人的說法不會毫無根據。

老百姓雖然對誰繼位當皇帝這件事很關心，但畢竟不管誰當皇帝，自己都要種地、納稅。失意皇子們散布的雍正篡位謠言，到了老百姓耳裡，其實就是一個傳奇故事，如同戲臺上《狸貓換太子》的真實版。到了二十世紀初的《滿清十三朝宮闈祕史》裡，幫胤禛改詔書的就成了江湖俠客。

還有人參照秦始皇和呂不韋的傳說，認為隆科多和胤禛母親私通，生下胤禛。於是隆科多修改遺詔，讓私生子當上了皇帝。而雍正為了掩蓋醜聞，殺了本是親生父親的隆科多。這正好說明了，編謠言的人如果以現有傳說為藍本，更能增加謠言的可信度。

這些謠言傳到後來，已經和八阿哥、曾靜說的版本大不一樣了。流傳至今，則成了拍攝清宮影視劇的絕妙題材。

至於「康熙讓老四當皇帝，為的是以後讓弘曆接班」的謠言，僅就闢謠這一點來看，乾隆確實比他老爸雍正聰明多了。乾隆一上臺，就把流行多年的暢銷書《大義覺迷錄》給禁了——這種宣揚宮廷醜事的東西，本來就不該出版！被雍正寬恕的曾靜、張熙也和他們的「精神導師」呂留良一樣治罪，凌遲處死。

雍正篡位的謠言就此結束了嗎？當然沒有！民間很快又有了新的理解：看來雍正爺的辯解不能讓大家心服，所以乾隆爺乾脆不辯解了。

皇帝其實很八卦！掌握謠言就是掌握天下

文／王戡

美國學者孔飛力（Philip Alden Kuhn）的《叫魂》（*Soulstealers*）講述了一個謠言傳播的實例：清乾隆三十三年（一七六八年），浙江省德清縣城東側的水門和石橋塌了，石匠們打樁入河，重修門橋。這再平常不過的工程，卻因謠言引發一起波及半個中國的大事件。

謠言的最初版本是，石匠需要將活人的名字寫在紙上，貼在木樁頂部打入水中，「給大錘的撞擊添加某種精神的力量」，方能立住水門、架好石橋。名字被打入水底的人，會被竊去精氣，輕則生病，重則死亡，這種妖術稱為「叫魂」。最初，還真有人試圖行賄石匠照此行事，報復親友，結果被扭送官府，戴枷示眾。

然而，謠言在傳播途中很快變了形，先是打入水底的物件由名字變成了髮辮、衣襟，

圖㉒　乾隆皇帝畫像

繼而演變成剪人髮辮紮入紙人、紙馬，即可驅之取人錢財的傳言。直到後來各地都出現「叫魂者」以藥粉將人迷倒並剪走髮辮，被捕之後還宣稱是有人指使，此事終於驚動了乾隆皇帝（圖㉒）。

乾隆皇帝連下諭旨：窮追到底。可是地方大員卻發現「叫魂」不過是屈打成招後的胡言亂語，一切都來自小吏為勒索錢財編造的罪證，以及下級對來自上級、群臣對來自皇帝的壓力的順從。孔飛力總結道：「毫無疑問，在整個叫魂案中，首席原告自始至終就是皇帝本人。」

雖然如此，乾隆皇帝認定「叫魂」背後隱藏著巨大的力量，繼而對其窮追不捨的行徑，正顯示出帝王和官府對謠言的深惡痛絕。

「謠言」一詞，原本並無貶義。南朝字書《玉篇》對「謠」的解釋是「徒歌也」，也就是民間的歌謠。《孔叢子．巡狩篇》說「古者天子命史采歌謠，以觀民風」，《詩經》正是由此而來。漢朝的樂府也有「自孝武立樂府而采歌謠，於是有代、趙之謳，秦、楚之風，皆感於哀樂，緣事而發，亦可以觀風俗，知薄厚云」的來頭，將休閒娛樂與體察民風等量齊觀。

只不過，民間的歌謠多種多樣，既有「赫赫明明，王命卿士」的歌頌，也有「碩鼠碩鼠，無食我黍」的感嘆，還有「舉秀才，不知書。舉孝廉，父別居。寒素清白濁如泥，高第良將怯如雞」的赤裸裸諷刺，更有「歲在甲子，天下大吉」、「莫道石人一隻眼，此物一出天下反」等煽動造反的輿論。

在謠言進化的同時，官府的壓制手段也不斷更新。西周的厲王還只是「防民之口，甚於防川」，以預防手段壓制言論。到秦朝已經進化為「誹謗者族，偶語者棄市」的成文法則，民眾隨時可能因言喪命。可即使如此，也沒能阻止「楚雖三戶，亡秦必楚」的傳播和實現。

對謠言的壓制，只會越來越嚴，唐有來俊臣，明有錦衣衛，從「散布校尉，遠近偵伺」到羅織罪名，置之死地，已經形成彈壓謠言的一條龍操作。

當然，帝王對謠言也非一味壓制。在南北朝，皇帝甚至要「分遣內侍，周省四方，觀政聽謠，訪賢舉滯」，視之為體察民情的良方。很多時候，帝王還會利用謠言來懲治腐敗、平衡權鬥、綏靖群臣。

早在漢朝，皇帝便「令三公謠言奏事」，允許朝廷高級官員以民間言論上達天聽。這一制度載沉載浮，時斷時續。

南朝宋武帝劉裕在位期間，尚書僕射王弘彈劾世子左衛率謝靈運報復殺人，因無確鑿證據，在奏文中特別指出「內臺舊體，不得用風聲舉彈」，但「此事彰赫，曝之朝野」，自己身為監察官員，如果因循舊制，「則終莫之糾正」，所以才出聲奏彈，最後還稱「違舊之愆，伏須准裁」，請皇帝對自己的違制行為予以懲罰。

劉裕從善如流，下旨：「端右肅正風軌，誠副所期，豈拘常儀？自今為永制。」此後「風聞奏事」方為歷代所繼承，引為監察官員的重要權責。

到了唐朝，御史在彈劾官員時，即使有明確來源，也可以「略其姓名，皆云風聞訪知」。

到了宋朝，「風聞奏事」更形成制度，「不問其言所從來，又不責言之必實。若他人言不實，即得誣告及上書詐不實之罪。諫官、御史則雖失實，亦不加罪」。

宋史學者王曾瑜對此評論道：「事實證明，特別是許多埋藏很深的腐敗問題，是很難揭發的。如果以揭發不實處以誣告、誣衊等罪，就等於杜絕了諫諍和糾劾之路，必須允許所論的人和事與實際情況有出入，而實行言者無罪。」他還認為這項制度「時至今日，仍不失其借鑑意義」。

然而，缺乏限制的權力必然走向失控，風聞言事也很快成為群臣黨爭傾軋的工具。明朝雖然將御史「得以風聞言事，激濁揚清」寫入成文法典，卻也明定「風憲官挾私彈事，有不實者」，按誣告罪論處。

清朝又有左都御史艾元征上疏請禁風聞言事，幾經反覆也未能成功，反而出現了更為嚴密的謠言上傳體系——「密摺」制度。

皇帝甚至會主動向臣下詢問小道消息，康熙皇帝曾在蘇州織造李煦的奏摺上批示：「近日聞得南方有許多閒言，無中作有，議論大小事。朕無可以託人打聽，爾等受恩深重，但有所聞，可以親手書摺奏聞才好。此話斷不可叫人知道，若有人知，爾即招禍矣。」康熙夾雜著好奇和恐懼的八卦心態躍然紙上。

無論風聞言事的制度如何，歷代帝王總歸是要將對謠言的運用掌握在自己手中，才是駕馭群臣、治國安疆的核心所在。更顯著的例子發生在清末，十九世紀末年，一則關於洋人醫院挖小孩眼睛製作迷藥、神父用特製器具吸男童陽精等稀奇古怪的謠言悄然而起，時載：「訛言橫興，莫甚於光緒二十六年夏秋之交也」、「謠言謬說，日盈於耳」。

被這些謠言激起的，是一場所謂「反帝愛國」的義和團運動。在這場運動中，清廷對義和團的態度最為典型，先是對謠言聽之任之，放縱義和團與洋人作對，甚至派大臣剛毅等人「導拳匪入京」，借團滅洋；而事敗之後，清廷又對義和團如棄敝屣，發上諭曰，「此案初起，義和團實為肇禍之由，……即著該護督飭地方文武，嚴行查辦，務淨根株」，將義和團當成代罪羔羊，極力剿滅。對於朝廷來說，各種翻雲覆雨的手段，歸根結柢，目的就是控制，他們追求的是一切盡在掌握中。

和珅貪汙八億兩？一切都是為了革命大業

文／李夏恩

對吳熊光來說，一七九九年二月七日可能是他一生中最難忘的日子，這一天既被稱為嘉慶四年正月初三，也被稱為乾隆六十四年正月初三，老黃曆上同時印著兩個年號，全國鑄造的錢幣也是乾隆、嘉慶各半，甚至專門記載皇帝日常生活的《起居注》也有兩本，一本以「嘉慶」紀年，一本以「乾隆」紀年。

毫無疑問，在那一天之前，從作為一國之君的嘉慶皇帝，到最底層的老百姓，每個人都活在太上皇乾隆的長長餘蔭或者說陰影之下，但究竟是這兩者中的哪一個，見仁見智。

在吳熊光身上，可能陰影比餘蔭更大一些，儘管他曾被太上皇特簡入值軍機處，參與樞要，卻未及半年，即被乾隆的寵臣和珅排擠出京，改任直隸布政使。

圖㉓　和珅畫像

然而這一切，都將隨著這一天太陽升起而澈底改變——一七九九年二月七日清晨七點，乾隆六十四年正月初三辰時，太上皇乾隆駕崩。從此清朝只有一個年號、一種錢幣、一位皇帝。

這天稍晚，吳熊光趕赴宮中，向他的前主子乾隆皇帝表示最後的敬意，也因此見證了歷史轉折的時刻——他受嘉慶皇帝祕密召見，詢問他對一個人的看法，那就是兩年前將他排擠出軍機處的乾隆寵臣、首席軍機大臣、舉國勢焰最熾的權臣和珅（圖㉓）。

皇帝言語中已經展現出明確的意旨：「人言和珅有歹心。」這是一個信號，說明新君嘉慶已經對老爹寵信有加的這位權臣憎惡至極，歹心可不是指貪腐之心，而是暗忖其有謀逆之心，實乃五行山一般的罪名。然後，事情就變得很簡單了：和珅跌倒。

同年二月二十二日，皇帝以迅雷不及掩耳之勢將和珅賜死在獄中，並於次日宣布和珅一案了結。人死了，餘者也不株連。案子結束了，但真正讓人好奇的是：和大人到底貪汙了多少錢？

和珅家產有多少，八億兩傳聞哪裡來？

一七九九年二月二十六日，就在皇帝宣布和珅一案了結的三天後，直隸布政使吳熊光的一份奏摺呈遞到了皇帝手中。奏摺中，吳熊光對皇帝的「仁至義盡，折衷至當」表示深深欽佩。因為皇帝對和珅及其家人隱匿寄頓在民間的財產網開一面，認為這些財產不會產生任何危害，但「若稍滋事，所損大矣」，要吳熊光「慎之」。

不過，皇帝的大度只是表面上的，實際上嘉慶皇帝無一刻不覬覦和珅的財產。在另一份來自內務府的密奏裡，三位皇室宗親——肅親王永錫、貝勒綿懿和新任總管內務府大臣永來——將在海甸查抄和珅及其同黨的福長安花園財產的情況，繕寫清單供呈御覽。

皇帝沒有在這份奏摺上作任何批覆，但顯然，他對這一切的處理很滿意。因為在同一日的諭旨（當然是密旨）中，皇帝下令將「和珅、福長安花園內金銀器皿、銀錢、房間並內監交內務府入宮辦理，玉器、衣服、什物照例交崇文門分別揀選進呈」。

皇帝從來沒有像在吳熊光奏摺御批中表現的那樣寬容大度，他的眼睛始終盯著和珅的家產。那麼皇帝為何對查抄和珅的家產如此用心？難道真的像後世筆記中所說的一樣，「和珅跌倒，嘉慶吃飽」？

從史夢蘭的《止園筆談》到薛福成的《庸盦筆記》、歐陽昱的《見聞瑣錄》、無名氏的《殛珅志略》，再到徐珂的《清稗類鈔》、天台野叟的《大清見聞錄》，一份「和珅家產清單」藉由這些好事文士的稗史筆記在民間流行。

這份清單中，和珅沒有懸念地成為貪汙之王。據清單記載，和珅被抄家產共計一百零九號，內有八十三號尚未估價，已估者二十六號，合算共計兩億兩千三百八十九萬餘兩。按照《檮杌近志》中的統計，「其家財先後抄出凡百有九號，就中估價者二十六號，已值二百二十三兆兩有奇。未估者尚八十三號，論者謂以此比例算之，又當八百兆兩有奇」。這也正是時下「和珅家產達到八億兩，相當於清朝十餘年財政收入總和」傳聞的來由。

但經常被人忽略的一點是，《檮杌近志》初版於一九一〇年，且被收入革命黨人胡樸安的《滿清野史》當中，而胡樸安本人很可能是這些清單真正的作者。所以對革命黨而言，這個天文數字般的貪汙紀錄更具革命文宣的功能：「甲午、庚子兩次償金總額，僅和珅一人之家產足以當之。」國恥與貪腐緊密相連，足以喚起民眾的激憤之心。而和珅貪汙八億兩的傳說，也由此擴散開來，成為今天的不易之論。

那麼，和珅的家產究竟有多少？考慮到檔案缺失的緣故，這個數字至今尚難計算。一份保存在中國第一歷史檔案館、名為《和珅犯罪全案》的文件中，包含了一份詳盡的「預覽抄產單」，看似可以解答這個問題，但其真實性，經北京故宮博物院研究員馮作哲的嚴密考證，已確定是道光年間的產物，錯漏百出。

這份所謂的「全案」，實際上恰恰是後世那些以訛傳訛的稗史筆記的源頭。所以，唯一可信的史料，就只有上諭、參與查抄臣僚的奏摺和內務府的摺片，而其中的數字加起來，總數甚至不超過四千萬兩白銀，更保守的估計，也許僅在一千萬兩上下——這恐怕是這個貪汙之王家產真正的極限了。

和珅跌倒之後，嘉慶吃飽了嗎？

和珅家產的真實數字誠然令人失望，但在嘉慶看來，也已經是個令人心動的數字了。清朝中葉戶部最豐裕的時候，也只有八百萬兩白銀左右。考量到當時川陝白蓮教起事，朝廷連年征剿，大筆銀兩皆投進平弭內亂的無底洞中，和珅的這筆查抄財產，可謂雪中送炭，足以為前線官兵再添助力。當然，前提是這筆錢確實被用在軍費開支上。

很少有人追問這筆錢款的去向，也很少有人注意到查抄家產的奏摺中頻繁出現的「內務府」及其下屬的「廣儲司」，而這個部門恰恰是和珅被查抄家產的真正去向——既沒有被存入國庫之中以備不時之需，也沒有成為軍費支援前線官兵，而是分類按批進入內務府的不同部門之中。

內務府可能是有清一朝最神祕的部門之一，其神祕性不在於組織結構和職官設置，那些都可以輕易在公開發行的《大清會典》中查到。其神祕之處在於，這是一個由政治可靠親信執掌的皇帝「私人錢箱」。

從乾隆朝以來，每年國庫都會固定向內務府劃撥六十萬兩白銀用於皇室支出，但可以肯定，內務府的收入絕不止如此。被嘉慶賜死的和珅就曾主管內務府，深知箇中玄機。

這個精於斂財之道的臣僚在內務府總管任上頗得乾隆聖心。

乾隆時期實行「議罪銀」制度，也就是皇帝得知官員過誤後，會寄一道密諭給該官員，當官員戰戰兢兢地讀完皇帝的嚴厲申斥後，若看到御批最末是「自行議罪」和「自問該當何罪」，就明白到了該掏錢的時刻了。如果皇帝對官員認繳的罰款滿意，就會在奏摺的後面批上一個「覽」字，待官員將罰金如數繳上後，這筆君臣間的交易就算圓滿完成。當然，這是一筆祕密的一錘子買賣。

大部分的議罪銀交易都會仔細記錄在一份名為《密記檔》的文件中。有學者統計，從一七四九年議罪銀制度初具雛形起，到一八〇五年嘉慶皇帝廢除該制度為止，其間共有一百一十宗罰議罪銀案例，最盛時期恰恰是和珅當政的一七七八～一七九五年間，共計一百零一件，其中罰銀合計四百九十九．五五萬兩，流入國家公共財政體系的，僅占其中的百分之二九，用於海塘河工和軍費的分別只占百分之十六．二和十．六，而其中高達兩百八十五．〇五萬兩，占總數的百分之五七．一，全部作為皇室經費流入內務府，並用在乾隆皇帝最喜好的南巡盛典上。

當然，賺錢最快的方法是抄家，每次抄家的收入少則數十萬兩，多則上千萬兩。皇帝對貪腐行為震怒之餘，抄家的鉅額進項自然也是他的心理安慰。

因此，當和珅倒臺之後，他龐大的財產，無論是四千萬還是一千萬，都順理成章地落入皇帝的口袋。儘管這筆錢不像八億兩那般數額龐大，但也相當於二十餘年的皇室固定經費。

皇帝為了表示自己不是好貨之主，盡力做出慷慨大方的姿態，將這些昔日的贓款進行公平分配。珠寶玉器、金銀器皿、首飾、字畫、古玩、鼎彝、皮張、綢緞等，都先行歸入內務府庫中，再拿出一小部分讓近支王公利益均沾，數目不會太多，以免引發奴才們的貪鄙之心。

至於房產，僅一部分（不到總數四分之一）給了豐紳殷德（和珅之子）和他的妻子（嘉慶之妹），其餘大部分都被皇親國戚瓜分，剩下的也都收歸內務府繼續經營。

對普通市民來說，他們所能觸及的，除了隱匿的和珅餘產之外，就只有被崇文門稅關變賣的破舊物件和戲裝。唯一的例外是從和珅府上收繳的人參，據稱有六百餘斤，由於庫房已滿，所以內務府決定將其變賣。一時之間，大量上好人參流入市面，整個北京奢侈品消費激增，竟導致市場上貨幣短缺的現象。

一七九九年末，一位甫才親政的年輕君主，以「仁至義盡」的迅猛手段剷除了前朝權奸，一掃朝廷暮氣，他終於走出了父親的漫長陰影，志得意滿地開始了全新的統治。

為什麼古代帝王那麼喜歡託孤？

文／唐元鵬

咸豐十一年（一八六一年）八月二十二日子時三刻，咸豐皇帝從昏厥中醒來，看上去還有些精神，但他清楚，這是迴光返照，他的生命已經進入倒數計時。

咸豐皇帝招來老婆孩子以及隨侍重臣，安排後事。他為六歲的兒子載淳，安排了八名大臣輔佐：「著派載垣、端華、景壽、肅順、穆蔭、匡源、杜翰、焦祐瀛盡心輔弼，贊襄一切政務。」這便是咸豐的八大顧命大臣。當晚咸豐駕崩於承德行宮煙波致爽殿。

十一月四日，也就是咸豐駕崩兩個多月後，顧命大臣之一，戶部尚書協辦大學士、署領侍衛內大臣肅順，護送咸豐的靈柩從承德回歸北京，在這天來到了密雲。此前，慈禧（圖㉔）以皇帝尚幼，不能長久護靈為由，先行打道回京，一同回去的還有其他七名顧命

圖㉔　慈禧太后

大臣。

連日來，秋雨不停，道路泥濘不堪，護靈隊伍上下疲憊不堪，肅順來到地方官員安排好的驛館，稍微擦洗一下，拖著疲憊的身軀躺到炕上，由兩名小妾服侍著。肅順閉上眼睛，考慮著咸豐帝大行之後，北京那詭譎多變的政局。

溫柔鄉中，肅順很快睡著了，到了半夜，一陣喧鬧把肅順驚醒，還沒來得及穿戴，一夥全副武裝的侍衛衝入他的睡房，醇郡王奕譞奉上諭捉拿肅順。肅順還沒搞清楚怎麼回事，就在罵罵咧咧聲中束手就擒。他不知道的是，另外七名顧命大臣，此時已在北京被捕。

清朝最後一個，也是中國帝制時代最後一個顧命大臣團隊，在被任命兩個多月後，覆沒於一場宮廷政變，為首三人，肅順被斬首，載垣、端華被賜自盡，其他人或削職或流放。

從此，在中國綿延幾千年的顧命大臣制度，徹底成為歷史。

顧命大臣更像是奪命大臣？小皇帝的心理陰影

在中國古代政治裡，顧命大臣一直是高風險的職業，在歷史上，小皇帝與他爹安排的顧命大臣之間，你死我活的鬥爭從沒斷過。

「顧命」一詞出自《尚書・顧命》，講的是周成王將死，恐怕太子釗不能勝任，命令大臣召公和畢公輔佐太子。

在中國古代的君權政治中，存在一種現象：小皇帝年幼，無法統治國家，最常見的解決方案就是「顧命大臣」制，以幫助小皇帝完成權力過渡。但這個時候，問題來了，顧命大臣要麼是皇帝宗室，要麼是朝廷重臣，掌握大量政治資源。這些人中，盡心輔佐者有之，飛揚跋扈者有之，直接廢掉小皇帝者亦有之。不管是哪種顧命大臣，都必然與君權存在矛盾。

古代政治論述中，有一句話：「行伊、霍之事。」這是小皇帝最不願意聽到的，一旦有人嘮叨這個，小皇帝便如臨末日。「伊」是商朝的伊尹，「霍」是西漢的霍光。此二人都是顧命大臣中的佼佼者，他們雖然權傾朝野，但忠心用事，沒有成為篡逆者。所以先帝們都希望自己的臣子，能以他們為榜樣，盡心輔佐新君。

但伊、霍二人卻有著令小皇帝驚悚的手段。

伊尹應該是中國歷史上最早的顧命大臣。商湯死後，伊尹接受了顧命之責，成為商湯長孫太甲的師保（太師、太保）。他在顧命任內做了一件大事，他稱因為太甲不守爺爺的祖訓，治理國家亂七八糟，便將其發配到爺爺的墓地桐官守墓，面壁思過。直到太甲知錯悔過，方才放回國都，將王權奉還，最後君臣相得，成就一番盛世。

而《竹書紀年》講了另一個更為驚悚的版本：伊尹廢太甲自立，將其囚禁，七年後太甲出逃殺了伊尹，才得以恢復商朝社稷。無論哪個版本，都告訴世人，伊尹手中握有廢立君王的大權，而且幼君根本無法抵抗。

霍光則是霍去病同父異母的弟弟，在漢武帝晚年深得信任，武帝臨終前，將其召來，以幼子劉弗陵託付之，霍光遂以大將軍職為顧命。霍光同樣手段非常，在漢昭帝劉弗陵駕崩後，因其無嗣，便引武帝孫昌邑王劉賀即位，但二十七天之後就以其淫亂無道，報請上官太后廢黜了他，另立武帝廢太子留在民間的孫子劉病已繼位，是為漢宣帝。

伊、霍二人運用手中權力懲罰、甚至廢黜皇帝，開了極壞的先例，日後「伊霍之事」便成為所有小皇帝的懸頂之劍。

據說明萬曆皇帝小時候，因為貪玩飲酒，被自己的親娘李太后招去教訓一番，最後扔給他一本《漢書》，讓他好好學習〈霍光傳〉。這下不得了了，其中的潛臺詞萬曆皇帝如何不知？當時他的顧命大臣便是歷史上鼎鼎有名的張居正。此間逸聞，足見顧命大臣對小皇帝的威懾力。

正是這種威懾力，為先帝期待的君臣相得的理想狀態投下了陰影，成為歷朝歷代顧命大臣與小皇帝之間生死相搏的根源。

萬曆皇帝在張居正去世後，立刻罰沒其家產，逼死其子，還差點要開棺戮屍，足見萬曆皇帝心中對張居正是怎樣一種刻骨銘心的仇恨。

託孤下場可好可壞，端看皇帝如何使用

在中國歷代政治論述中，還有一句話：「主少國疑。」誰都知道，一個年幼的君主，特別是生逢亂世的小皇帝，被權臣幹掉取而代之的例子多如牛毛，舉不勝舉。

於是，那些精通權術的皇帝們採取了各種方式預防這類情況發生。其中一種手段是殺大臣，將這一招用得最狠的是朱元璋，他將跟隨其開國的文臣武將殺個乾淨，就是為年幼的孫子朱允炆日後登基掃清隱患，同時又安排孫子的一眾叔叔在外領兵。

朱元璋手段不可謂不狠，安排不可謂不周到，但還是出了問題，大臣中沒有棘手的了，卻被領兵在外、拱衛中央的兒子朱棣篡了孫子的帝位。

誅殺權臣也不是保險的辦法，在某種情況下，君王為了社稷的安全，無法對權臣動手，而託孤顧命，有時候就成了克制臣下野心的一種妙法。

最著名的託孤之一，就是劉備在白帝城對諸葛亮的託付：「若嗣子可輔，輔之；如其不才，君可自取。」這顧命之詞一語點破諸葛亮與劉備的傻兒子劉禪之間的關係，但這種託付重若千斤，讓權臣諸葛亮不僅沒有二心，還只能「鞠躬盡瘁，死而後已」。

同樣的事情也發生在蜀漢的對手曹魏政權身上，曹操的孫子魏明帝曹叡彌留之際，把司馬懿召到近前，說：「以後事相託，死乃復可忍。吾忍死待君，得相見，無所復恨矣。」

什麼後事？自然是幼子曹芳啊！曹叡以司馬懿和曹氏宗親曹爽（曹真之子）為顧命大臣。其中對司馬懿的託付與劉備白帝城託孤頗為相似，也是籠絡權臣，不致其有二心的手段。而且曹叡還以曹家宗室的曹爽為制衡，這樣的方法在他看來可謂萬無一失。

可惜，他的設計只成功了一半。雖然司馬懿終其一生都沒有對曹芳不軌，但他卻消滅了大將軍曹爽，為兒孫輩篡位掃清了障礙。

當時魏、蜀、吳三國鼎立，鬥得你死我活，無論哪國都不能誅殺司馬懿、諸葛亮這樣的國家柱石，但這些人能力太強、勢力太大，如何能讓小皇帝安然無恙呢？在老皇帝看來，唯有託孤了。事實證明，這兩次顧命都勉強算是成功。

但託孤也不是每次都能成功。到了北齊，開國皇帝高洋是個殺人不眨眼的魔王，他臨終前無奈地採取託孤之策。他的兒子高殷年幼，只能以弟弟高演為顧命。高洋知道弟弟是什麼德性，幾乎是用懇求的語氣對他說：「奪時但奪，慎勿殺也。」姪兒的皇位，你要奪便奪了，但請給他留條活路。

結果高演做到了上半句，沒做到下半句，廢了姪兒高殷一年後，就把他殺了。

除了顧命大臣，皇帝還有哪些選擇？

在史學家錢穆看來，中國帝制的歷史，就是一部皇權與相權爭奪的歷史。顧命大臣制度是相權對皇權的侵奪，甚至某種程度上還會取而代之。如此一來，如何能讓小皇帝與顧命大臣相安無事呢？再加上一朝天子一朝臣，老皇帝的近臣，肯定是與他性情相近、政見相同的人。但對於小皇帝來說，就未必如此了，他自然也有與自己性情相近的臣子。

從個人情感上也決定了，顧命大臣和小皇帝難以和諧相處。

但為什麼即使如此，老皇帝還是篤信顧命大臣呢？

從某種意義上來說，選擇顧命大臣制度是極其無奈之舉，是由皇權繼承制度無法克服的內在矛盾決定的。

在古代民主制度中，如古希臘、古羅馬共和時期，國家的執政官都由公民選出，一般而言，都能選出賢良勇武之輩，絕不可能選一個未成年的小孩，因此根本不存在小皇帝無法自立的問題。

但是皇帝專制是子承父業，無論多麼英明神武的皇帝，未必能生出同樣英明神武的兒子，而且也不可能每個太子繼位時都已成年。那怎麼辦？

有時候，皇位繼承會採取「兄終弟及」的辦法，這種政治安排多出於國家處於戰爭紛亂之時。最著名的就是北宋初年，太祖趙匡胤與太宗趙光義之間「斧聲燭影」的典故。在南北朝或者五代十國等華夏大分裂時期，「兄終弟及」亦十分常見，但「兄終弟及」終究不符合古代繼承制，也容易造成紛亂殺戮，所以在政局穩定的時代不會有市場。

那麼，另一種辦法就是「太后垂簾」。明朝以前，除了顧命大臣之外，太后垂簾的過渡方式也屢見不鮮。漢朝、唐朝、宋朝都曾以「太后垂簾」為小皇帝保駕護航。由自己母親看護兒子，自然再好不過。但事實上，這種辦法也會出現問題，那就是外戚干政。

漢高祖劉邦的老婆呂雉，以太后身分臨朝，造成呂家權勢熏天，竟然打破劉邦「非劉氏而王，天下共擊之」的誓約，封呂氏數人為王。如果不是周勃、陳平兩位漢初名臣平定呂氏篡位的叛亂，漢室江山或許真得改姓呂了。

即便如此，兩漢四百餘年，外戚干政一直是非常嚴重的政治隱患。後世對此也沒有徹底吸取教訓，唐朝時還出了個女皇帝武則天，直到宋朝才真正克制住外戚干政。宋朝雖然仍有數次太后垂簾，但憑藉強大的文官制度，終於將外戚干政的隱患消除。不過卻又出現了后黨勢力與文官勢力相制衡的政治格局，回到本文最初，中國最後一次顧命大臣制度的嘗試，便是典型的例子。

咸豐任命八位顧命大臣，又給了慈安一枚「御賞」章，給了慈禧一枚「同道堂」印。規定上諭詔書必須先由顧命大臣起草，然後兩宮皇太后先後用印，開頭以「御賞」起，末尾以「同道堂」終，只有這樣的詔書才是合法的朝廷敕令。

咸豐的安排就是讓帝后一方與顧命大臣互相制衡，達到皇權的平穩過渡。但他萬萬沒有想到，自己的老婆慈禧只用兩個多月就幹掉了顧命團隊。

慈禧的兒子載淳原來的年號是「祺祥」，這是顧命大臣取的年號，慈禧奪權後改年號為「同治」，其意明顯，就是兩宮皇太后與皇帝同治天下。

「同治」，就如讖語一般，正是幾千年顧命制度最好的墓誌銘。

宋朝文人的免死金牌「誓碑」真的存在嗎？

文／吳鉤

雄才大略的後周皇帝柴榮，帶著滿心的遺憾，走到了人生的盡頭，這一年是九五九年。這位後世譽為「五代第一明君」的皇帝除了未能完成統一華夏的夙願外，還得擔心自己的身後事。三十九歲的柴榮只有一個六歲的小兒子柴宗訓，他只能委任范質、王溥、魏仁浦三人顧命輔佐幼帝。

按道理說，這三人最可能因此丟了性命，因為歷史跟他們開了一個大玩笑。三人輔佐周恭帝未久，即發生了「陳橋兵變」，趙匡胤在出征途中被眾將擁立為帝，率領大部隊奔回首都，逼小皇帝禪讓。後周的孤臣孽子，安有命焉？所幸趙宋取代後周，兵不血刃，市不易肆，前朝舊臣與皇室都得到新朝的優待與禮遇，范質等三人繼續被委以要職。

宋乾德二年（九六四年）九月，范質病逝，太祖聞訊，還罷朝三日，以示哀悼。其他兩位顧命大臣王溥、魏仁浦，也都以宰相高位退休，得以善終。

由此可見，宋王朝從一開始，就展現出了跟前面五個短命王朝不一樣的氣質——以寬仁之精神立國。

兩宋三百餘年，也曾出現過幾個未成年便繼位的小皇帝，如宋仁宗繼位時只有十二歲，宋哲宗繼位時只有九歲，宋恭帝繼位時只有四歲，但仁宗與哲宗親政之後，都沒有對輔弼他的老臣大開殺戒。

例如成年後的宋哲宗想恢復父親宋神宗變法的志向，但輔佐幼年哲宗的一直是保守派的元祐黨人，即使皇帝發現他的執政理念與輔政大臣存在強烈衝突，卻也只是將元祐黨人外貶而已，未曾誅殺一人。所以，若要當顧命大臣，還是在宋朝最安全。

當然更值得思考的問題是，宋朝是如何做到這一點的？

「誓碑」可能有假，但「誓約」真心不騙

為什麼宋朝幾乎沒有發生過帝王因為政治原因而誅殺士大夫的事情？首先是因為趙宋皇帝受到一項憲章規則的約束——太祖立下的誓約。

據南宋筆記《避暑漫抄》記載，宋太祖趙匡胤（圖㉕）取得帝位後，在太廟寢殿之夾室中立了一塊石碑，叫做「誓碑」，平日用黃幔遮著，夾室的門也緊鎖。凡有新君即位，到太廟拜謁完畢，都要入夾室恭讀誓碑上的誓詞。外人都不知所誓何事，直到靖康年間，金人攻陷汴京，太廟大門洞開，人們才看到石碑真面目。

此碑高七八尺，闊四尺餘，上面勒刻三行誓詞，一云：「柴氏子孫，有罪不得加刑，縱犯謀逆，止於獄中賜盡，不得市曹刑戮，亦不得連坐支屬。」

一云：「不得殺士大夫及上書言事人。」

一云：「子孫有渝此誓者，天必殛之。」

有人懷疑「誓碑」是南宋人捏造出來的，畢竟那塊石碑直到今日也沒有出土。就算這個質疑有道理吧，誓碑一事姑且存疑，但根據史料，「不得殺士大夫及上書言事人」的誓約應該是存在無疑的。

最有力的證據來自宋臣曹勛的自述。靖康末年，徽宗、欽宗兩帝為金人所擄，曹勛隨徽宗北遷，受徽宗囑託國事。不久曹勛逃歸南方，向高宗進了一道劄子，裡面就提到：「（太上皇）又語臣曰：歸可奏上，藝祖[21]有約，藏於太廟，誓不誅大臣、言官，違者不祥。故七祖相襲，未嘗輒易。」

太祖留下的這一誓約，基本上趙氏子孫皆有遵守。宋神宗曾因西北用兵失利，欲斬殺一名轉運使，卻受到大臣蔡確與章惇的堅決抵制：「祖宗以來，未嘗殺士人，臣等不欲自陛下開始破例。」宋臣未必知道太廟中的誓碑，但經過一百年的運作，朝廷不得殺士大夫的慣例，顯然已眾所周知。皇帝最後只好發了一句牢騷：「快意事更做不得一件！」

後來哲宗朝元符元年（一〇九八年），保守派陣營的元祐黨人被逐，新黨重新得勢，宰相章惇欲窮治元祐黨人，「將盡殺流人」（這回是章惇起了殺心），但宋哲宗反對，哲宗說：「朕遵祖宗遺制，未嘗殺戮大臣，其釋勿治。」

太祖立下的誓約以及由此形成的慣例，顯然束縛了君主誅殺士大夫的權力。一個生活在宋朝的大臣，只要不是罪大惡極，一般是用不著擔心哪天會被皇帝殺頭的。

21 即宋太祖。

將皇權象徵化？垂拱而治的最大前提

不管是宋仁宗，還是宋哲宗，登基時都只是孩童，當然離不開一班老成持重的大臣輔政與教導。不過宋朝未設顧命制度，老皇帝在終臨前，也沒有特別指定若干重臣為託孤大臣。儘管如此，那些先帝時代的朝中大臣，在政權交接的過程以及新朝開局之際，還是發揮了重要的作用。

乾興元年（一〇二二年），宋真宗駕崩，留下遺命：十二歲的兒子趙禎繼皇帝位，「軍國事兼權取皇太后處分」。根據真宗的遺命，輔臣商議如何起草遺詔，宰相丁謂欲討好劉后，遂提出將「權」字刪掉。「權」有「從權、暫時」的含義，去掉這一字，即意味著承認太后擁有聽政的正式權力。參知政事王曾堅決不肯讓步，說女主臨朝已是非正常情況，稱「權」已屬無奈，你還想將「權」字刪去，是什麼意思？丁謂便不敢再堅持己見。

宋神宗病重之際，宰相蔡確曾有意擁神宗之弟雍王或曹王為皇儲，為此他試探過另一名宰相王珪的意見，但王珪說皇上有子。他認為皇位應該由神宗的兒子趙煦繼承。王珪又上奏皇太后，「請立延安郡王[22]為太子，太子立，是為哲宗」。哲宗繼位後，由祖母高太后垂簾聽政。高太后是同情舊黨的人，原來在神宗朝受到冷落的司馬光、呂公著、蘇軾等大臣，因而重回朝廷輔政，大儒程頤則被召來擔任小皇帝的經筵官，負起教化哲宗、養成君德的大任。

從上面的事例也可以看出，王曾、王珪等大臣，雖然沒有被叫到皇帝床前託付幼君，但他們卻在立嗣、太后臨朝等重大事件中扮演了舉足輕重的角色。可以說，這些宰相雖無顧命大臣名分，卻盡到顧命之責，輔佐幼主，穩定朝綱。

宋朝有一個現象：皇帝若是沖齡繼位，都會有太后（或太皇太后）垂簾。與漢唐相比，宋朝雖然先後有多名太后臨朝聽政，卻從未產生「女主禍政」的亂象，也沒有誕生一名像漢朝呂后、唐朝武則天那樣把持朝政的女強人。這又是為什麼？

從制度面來解釋，宋朝建立了非常理性化的權力結構。君主作為天下道德的楷模、國家主權的象徵、國家禮儀的代表、中立的最高仲裁人，具有最尊貴的地位與最高的世俗權威。同時君主不應該親裁政務，雖然一切詔書都以皇帝的名義發出，但基本上都是執政官熟議後草擬出來的意見，皇帝照例同意即可；治理天下的執政權委託給宰相領導的政

22 即趙煦。

府，用宋人的話來說，就是「天下之事，一切委之執政」；監察、制衡政府的權力則委託給獨立於政府體系之外的臺諫，「一旦諫官列其罪，御史數其失，雖元老名儒上所眷禮者，亦稱病而賜罷」。

就如秦觀所言：「常使兩者之勢適平，足以相制，而不足以相勝，則陛下可以弁冕端委而無事矣。」君主只要協調好執政與臺諫的關係，使兩者達到均衡之勢，便可以做到垂拱而治。

在這樣的權力結構中，出現一個未成年的小皇帝，並不會對整個帝國的權力運轉構成巨大障礙，因為皇權已經象徵化，君主不用具體執政。也沒有必要為小皇帝專門成立一個顧命大臣團隊，宰相領導的政府與制衡政府的臺諫維持正常運轉就可以了，至於程序性的君權，垂簾的太后便可以代行。

也正是因為皇權象徵化，臨朝聽政的太后不太容易出現權力膨脹的狀況。君（由太后代理）臣各有權責，不容相侵，一旦出現女主專權的苗頭，立即就會受到文官集團的抗議和抵制。這一點跟清朝的政體完全不同，清朝帝王自稱「乾綱獨斷，乃本朝家法」，太后垂簾聽政代行皇權，自然也就獲得了專斷、親裁的絕對權力。

顧命大臣之設，通常是因應皇權專制之需的產物；而顧命大臣被誅，則是其隱權力透過自我繁殖，高度膨脹，進而威脅到皇權專制的緣故。宋朝政體並非皇權專制，君權、相權、臺諫權各有分際，權力的運行自有程序與制度可遵循，自然也就用不著突兀地設置顧命大臣攝政。

被美景與詩詞耽誤的江南血性男兒

文／葉克飛

對於中國古代文人而言，進則兼濟天下，退則獨善庭園，是畢生的理想，而文風最盛的江南更是構成中國文化的重要一極。

陶弘景曾在〈答謝中書書〉中寫道：「山川之美，古來共談。高峰入雲，清流見底。兩岸石壁，五色交輝。青林翠竹，四時俱備。曉霧將歇，猿鳥亂鳴；夕日欲頹，沉鱗競躍。實是欲界之仙都。自康樂以來，未復有能與其奇者。」

這裡所說的「欲界之仙都」，指的便是江南地區。自古以來，江南便是文人雅士歌頌的對象，不僅景致如畫、美麗富庶，也充滿藝術氣息，是人們的夢想之地。

但誤解從來都是伴隨著美好想像存在的，比如江南因景致之美，被強加以「柔弱」的定義，江南文化裡血性的一面常被忽視，久而久之，便成了人們的固有思維。

江南是中國文化的後花園，但江南到底在哪？它是怎麼形成的？江南真的如此柔弱嗎？

無法以地理範圍定義的江南

顧名思義，江南指長江以南。狹義的江南指長江中下游平原南岸。廣義的江南涵蓋長江中下游流域以南，南嶺、武夷山脈以北，即今湖南、江西、浙江全境，以及湖北、安徽和江蘇的長江以南地區，有人甚至將福建也納入這個廣義範疇。

關於江南，目前所能見到的最早記載應在《史記．五帝本紀》，其中提到「（舜）年六十一代堯踐帝位。踐帝位三十九年，南巡狩，崩於蒼梧之野。葬於江南九疑，是為零陵」。

江南作為行政區劃，在先秦時期就已出現，大抵是指楚國地界。

《史記．秦本紀》中就有「秦昭襄王三十年，蜀守若伐楚，取巫郡及江南為黔中郡」的記載，這裡所說的楚屬江南，即是指現今的湖南和湖北南部，以及江西部分地區。三國時期，劉表擁兵自重，《後漢書．劉表傳》說：「江南宗賊大盛。……唯江夏賊張虎、陳坐擁兵據襄陽城，表使越與龐季往譬之，乃降，江南悉平。」

唐朝貞觀年間設江南道，範圍仍是江西、湖南和湖北南部；宋朝設江南路，含江西和安徽南部；清初還設有江南省，同樣包括江蘇和安徽南部，兩江總督一職的所轄範圍，即包括江南省和江西省。

但江南作為一個文化概念，範圍則小得多。經濟史學家李伯重認為，界定江南的地域範圍，在標準上不但要具有地理上的完整性，在人們心目中也應該是一個特定的概念。據此，江南的合理範圍應當包括今天的蘇南浙北，即明清時期的蘇州、松江、常州、鎮江、江寧、杭州、嘉興、湖州八府及後來由蘇州府劃出的太倉直隸州。這八府一州之地不但在生態條件上具有統一性，同屬於太湖水系，經濟方面的聯繫也十分緊密，而且其周邊有天然屏障，與鄰近地區形成了明顯的分隔。

也有人從歷史角度分析，認為江南應是江蘇南部、浙江全境和安徽、江西的部分地區，如清朝的蘇州府、松江府、常州府、杭州府、嘉興府、湖州府，便是著名的江南六府，悉數集中於江浙。當然，時人提起江南名城，還會將江西境內的九江府，安徽境內的寧國府、徽州府等納入其中。

江南文化是一種精緻生活的美學

中國歷史上曾有幾次大規模人口南遷，大多因戰亂導致。如「永嘉之亂」（西晉後期匈奴攻陷洛陽）後，中原人民紛紛渡江南遷；「安史之亂」（唐中期安祿山、史思明叛亂）後亦是如此；「靖康之變」（金兵南侵，北宋滅亡）後，人口南遷更是達到高峰，僅十餘年，「江、浙、湖、湘、閩、廣，西北流寓之人遍滿」。

人口南遷使得江南地區獲得了大量勞動力和先進技術，肥沃的土地得到更好的利用，經濟得以發展。江南地區因而成為重要糧食產區，是名副其實的魚米之鄉，手工業和絲織業也日漸發展。名城建康（今南京）在南朝時已擁有一百四十萬人口，可見其繁榮。從此之後，中國的經濟和文化中心逐漸南移，從長安一帶逐漸移向蘇杭，尤其在南宋時期，蘇杭之盛景前所未有。

隋朝統一中國後，在政治上刻意壓制曾為六朝時期政治核心的江南地區，但遠離政治反而讓江南地區相對安定，使江南地區在隋唐時期得以發展。

安史之亂後，中原飽受戰亂之苦，江南地區成為經濟中心，「賦出天下而江南居十九」，就此開始了延續千年的「南糧北調」格局。

經濟的發展帶動了文化的繁榮，江南文化將發達的經濟和秀麗的風景完美融合，處處顯露出靈秀之氣，並體現於文學、飲食、戲曲和建築園林等各領域。

自六朝以來，江南的詩人、詞人和戲曲家數不勝數，學風極盛，固有「不識大魁為天下公器，竟視巍科乃我家故物」的說法。明朝有四分之一左右的狀元出於江南；到清朝，這個比例增加到半數以上。

科舉中的輝煌，其實也與江南的整體經濟、文化繁榮有關，當時江南已經形成發達的都會區，口岸眾多，對外交流頻繁，人們視野相對開闊，無論科舉考試還是治學，都占據優勢。此外，如書畫金石等，也是江南文化人的絕對「強項」。

但是，如果僅僅是經濟發達、「天下糧倉」和學風甚盛幾個元素，還不足以說明江南文化的特殊性。若說富庶，古代四川有「天府之國」之稱，發達程度不亞於江南；若說學風和文化傳統，齊魯地區作為儒家文化發源地，在古代同樣重要。江南文化的內涵其實還有更為深刻的東西，那便是張岱的《陶庵夢憶》、李漁的《閒情偶寄》等作品中體現的精緻生活（圖㉖）。

江南園林便是這種精緻生活的典型體現。道法自然的園林形式，早在六朝時期便已興起，興建園林不僅僅需要財力，更需要對美學的深刻體會。如皋縣水繪園，原先是冒家產業，至明末四公子之一的冒襄時逐漸修復完善。他在園中構築「妙隱香林」、「壹默齋」、「枕煙亭」、「寒碧堂」等十餘處佳境，名士陳維崧曾在《水繪園記》中寫道：「繪者，會也，南北東西皆水繪其中，林巒葩卉坱圠掩映，若繪畫然。」

明亡後，心灰意冷的冒襄將水繪園改名為「水繪庵」，在此隱居，名士紛紛前來唱和，有「士之渡江而北，渡河而南者，無不以雉皋為歸」一說。

在飲食和茶道上，江南也以精緻著稱，與粗獷的北方迥異。張岱談茶，曾有高論：「杓法、掐法、挪法、撒法、扇法、炒法、焙法、藏法，一如松蘿。他泉瀹之，香氣不出，煮禊泉，投以小罐，則香太濃郁。雜入茉莉，再三較量，用敞口瓷甌淡放之，候其冷；以旋滾湯沖瀉之，色如竹籜方解，綠粉初匀；又如山窗初曙，透紙黎光。取清妃白，傾向素瓷，真如百莖素蘭同雪濤並瀉也。」

「一壺揮麈，用暢清談；半榻焚香，共期白醉」，這種情懷可不僅僅是「小資」。張岱作為江南文人的代表，曾自陳有十七種嗜好，包括「愛繁華，好精舍，好美婢，好孌童，好鮮衣，好美食，好駿馬，好華燈，好煙火，好梨園，好鼓吹，好古董，好花鳥，兼以茶淫橘虐，書蠹詩魔」，這本身就是江南文化的寫照。

李漁不僅僅愛好美食，也好聲色、園林、山水和書畫，所以「凡窗牖、床榻、服飾、器具、飲食諸制度，悉出新意，人見之莫不喜悅，故傾動一時」。

最值得一提的是，江南的精緻生活是「越名教而任自然」，是一種強調自由的美學。

用血書寫歷史的江南士大夫

正因為江南文化的精緻唯美，許多人對其產生了誤解，認為江南文化只有陰柔的一面，甚至以此與北方文化對比，認為北人陽剛、南人陰柔。這種看法浮於表面，忽視了江南文化的底色。

江南文明源於長江文明，其第一次興盛，是春秋末期的吳越爭霸。先是吳王夫差舉兵進攻越國，越王勾踐成了人質，之後勾踐臥薪嘗膽，興兵滅吳，逼得夫差自刎，其後又繼續北上，稱霸中原。在這期間，吳文化和越文化合流，逐漸搭建出江南文化的架構。《呂氏春秋》稱「夫吳之與越也，接土鄰境，壤交通屬，習俗同，言語通」，也恰恰是這期間的景況。

在吳越爭霸中，有鐵血戰爭，有隱忍復仇，即使是夫差自刎，也有國君死社稷的悲壯，更不用說專諸和要離的故事了。吳越爭霸不僅僅是一段歷史，更是江南文化中血性一面的開端。

儘管吳越文化不可避免地受到中原文化的影響，但仍體現出極大的獨立性，比如越王勾踐遷都琅邪後，孔子曾往謁見，宣揚五帝三王之道，勾踐卻以風俗有異為由拒絕了孔子，刻意保持自身文化獨立。儘管吳地相比越地更靠近北方，受中原文化影響相對更大，但同樣有一定的獨立性。

永嘉之亂後，眾多移民湧入南方，其後晉室南渡，使中國政治和文化軸心首次移向南方。地理學家陳正祥認為永嘉之亂、安史之亂和靖康之難是「迫使中國文化中心南遷的三次波瀾」。也恰恰在此時，江南文化多了柔和的一面，但吳越時期的尚武之風，並沒有從江南文化的骨髓中剔除。

江南文化中的血性並非只屬於赳赳武夫，有時更體現在士大夫階層。江南文人往往柔中帶剛，忠於理想，儘管平日風流文雅，國破之際卻能表現出堅貞氣節，昏君治下仍有力挽狂瀾之心。清朝高士奇曾有「豔句魂消隋苑柳，俠腸酒酹秦淮月」的詩句，「豔句」與「俠腸」並舉，便是江南文人的真實寫照。

「江南血性」的一次集中爆發是在明末清初。當清朝統治者發出「留髮不留頭」的剃髮令時，江南人民成了最為激烈的反清力量。其中江陰的反抗最為著名，當時江陰義民抗清守城，推典史陳明遇為首，後陳明遇讓賢於前典史閻應元，閻應元義無反顧地率家族子弟接過指揮權。此時團結在他身邊的有當地文人士紳二十多名。由是，江陰上演了死守城池八十一天的奇蹟。

秀才許用在圍城的那個中秋寫下一副對聯：「八十日帶髮效忠，表太祖十七朝人物；

十萬人同心死義，留大明三百里江山。」他說出了所有江南士紳彼時的心志。

江陰城被紅衣大砲攻破後，清軍「滿城屠淨，然後封刀」。全城人民「咸以先死為幸，無一人順從者」，被屠殺者達十七萬兩千人，未死的老小僅五十三人。還有嘉定、松江、昆山、常熟、溧陽等，這些不起眼的江南小城，無一不在抗清鬥爭中流盡最後一滴血。

留於史冊的還有這些名字：馮厚敦、夏維新、章經世、王華、黃毓祺、侯峒曾、黃淳耀、龔用圜、屠象美、李毓新、鄭宗彝、徐石麒、沈猶龍、夏允彝、夏完淳、陳子龍、徐孚遠、張密、王永祚、朱天麟、楊永言、嚴子張、錢國華、吳易、張煌言……

在山河破碎之際，這些江南人挺身而出。雖然他們的死無法力挽狂瀾，但他們已然將自己和江南文化一起寫成了歷史。

圖⑮　清朝關聯昌〈從河南眺望十三行商館〉

圖⑱ 漢墓壁畫〈晏飲圖〉(局部)

圖㉕ 北宋蘇漢臣〈宋太祖蹴鞠圖〉

圖⑰　南宋〈春宴圖卷〉（局部／佚名）

圖㉖　清朝徐揚〈姑蘇繁華圖〉（局部）

第三部

從正事、閒事到鳥事，古人很有事的那些事

那些年王公大臣一起開過的玩笑

文／楊津濤

話說女皇帝武則天得到密告：酷吏周興串通他人造反。於是她就讓另一個酷吏來俊臣負責審理此案。來俊臣見了老同事周興，不談案情，只像分享工作經驗般問道：「如果犯人咬緊牙關，就是不肯招，老兄通常有什麼辦法呢？」

周興得意地說：「那太容易了。拿一個大甕，四面用火烤熱，再讓犯人進到甕裡面，看他招不招！」

來俊臣拍手稱讚，然後跟老周開了一個玩笑：「真是妙招，我這就預備大甕，請老兄進去一試。」周興一聽，趕忙下跪叩頭，全招了；這就是著名的「請君入甕」的典故。

無論周興，還是替他準備大甕的來俊臣，在傳統價值觀裡，都不是什麼正人君子，他們之間的勾當，從來是正統文人口誅筆伐的對象。

縱觀歷史，人們對愛開玩笑、不檢點的人總是抱著鄙視的態度。那些能哄皇帝開心、具有幽默感的官員，甚至會被冠上「弄臣」的名號。

久而久之，中國人彷彿成了缺乏幽默感的族群，玩笑不能亂開。那些抱著戲謔心態愚弄他人的人，很可能會引來殺身之禍。

致命玩笑！為了一隻鱉丟掉性命的鄭靈公

朋友間是平等的，沒事互相取笑兩句，誰也不會當真。不過要是上下級之間，不管是老闆拿員工尋開心，使員工丟了面子，還是大臣欺騙皇帝，讓皇帝心裡不爽，通常都會引來不好的結果。

正經的天子要「君無戲言」，自動放棄說笑話的權利。西周時，周成王與弟弟叔虞玩耍時，曾拿一片梧桐葉許願，說：「我以此為憑證，封你為諸侯。」

過了一段時間，成王就把這事給忘了。輔佐他的周公卻提醒道，選個吉日，把加封叔虞的事給辦了吧。

周成王一聽就笑了：「我那不過是和小孩子開玩笑罷了。」

周公把臉一沉說：「君無戲言，天子說的每一句話，都要被記錄到史書裡。」

成王一聽，只好把形狀像樹葉一般的唐國（今山西部分地方）封給了叔虞，這就是歷史上著名的「一葉封唐」的典故。

成王事後雖然想賴帳，不過好歹有周公監督，讓兄弟倆的玩笑沒開出問題，有個大團圓的結局，但不是每個國君的玩笑都能得到好的結果。周幽王烽火戲諸侯的故事（圖㉗），想必大家都不陌生。

周幽王不是唯一一個因為開玩笑而倒楣的君主，和他作伴的至少還有春秋時期的鄭靈公。公子宋在覲見鄭靈公前，食指突然抖動起來，就對一旁的同僚子家說：「每當我食指大動時，就是要吃美味了。」他們一起進大殿前，恰好看到有廚師在殺一隻楚國進貢的大鱉，不由相視一笑。

鄭靈公感到很奇怪，就問他們為什麼發笑，子家就把來龍去脈告訴了國君。過了一會兒，鄭靈公也使了壞，請其他大臣吃王八，唯獨不許公子宋吃，擺明是要捉弄一下這個「未卜先知」的公子哥。不料公子宋大怒，站起來把食指沾到鍋裡，嘗了下味道後揚長而去，這便是「染指」一詞的出處。

鄭靈公見公子宋如此不識逗，還對國君無禮，就動了殺機。誰知公子宋更不客氣，竟然和子家密謀，搶先一步動手，殺死了鄭靈公。

耍錯對象？袁崇煥的死可能是「咎由自取」

國君拿大臣取樂，尚且引來殺身之禍，這要是反過來，後果自然更嚴重。袁崇煥之死一向被看作是「千古奇冤」，其實他多少有些「咎由自取」。

崇禎元年（一六二八年），剛剛登基不久的新皇帝朱由檢召見袁崇煥，詢問他對後金戰事的看法。袁大人當時大概是腦袋一熱，竟然隨便扯了一句「五年全遼可復」。

這可非同小可，有同僚小聲問袁崇煥：「你和皇上說的話是否當真？」

袁崇煥淡淡地回答：「皇上熱切地希望消滅後金，所以把情況說得樂觀點，寬慰皇上一下。」

同僚一聽就傻了：「當今皇上如此聰明，到時找你兌現諾言，看你怎麼辦！」

袁崇煥這下也著急了，趕忙又去向崇禎解釋，說「五年復遼」必須得到各方面的配合才行，不然沒辦法實現。崇禎就說，你有什麼困難，朕都給你解決了。隨即下令，無論戶部的軍餉、工部的兵器、吏部的用人，還是兵部的戰場指揮，全都給袁崇煥開綠燈。

一句戲言，把袁崇煥架到了火上烤，沒辦法，他只能到遼東上任。對工作，袁崇煥不能說不盡心盡力，但遼東大局早已敗壞，能守住防線不繼續失地就不錯了，如何消滅得了後金？

就在袁崇煥誇下海口的第二年，皇太極繞過山海關，一路所向披靡，兵臨北京城下。後金大軍與數十萬勤王明軍對峙數月後，才自行退去。八旗鐵騎一下擊碎了「五年復遼」的美夢，崇禎皇帝也意識到他被袁崇煥騙了。後來崇禎剮了袁崇煥，一方面是因為中了反間計，另一方面也是為了挽回自己因識人不明而丟了的面子。

天天都是「愚人節」！鐵了心要微服上戰場的明武宗

普遍來說，皇帝不能開玩笑，但凡事都有例外。明武宗就是例外中的例外，他的一生都在和大臣「開玩笑」，戲耍著那些在他看來道貌岸然的先生們。

好動的武宗有一個夢想，就是去邊塞走一趟，到戰場上感受一下刀光劍影。大臣們知道後都傻眼了，想起當年明英宗御駕親征，結果兵敗被俘，大明朝險些亡國的歷史，大臣們一個個上書勸阻，但皇帝就是置之不理。

正德十二年（一五一七年），皇帝瞞著滿朝文武，帶著武將江彬、宦官強尼這兩個寵臣，偷偷跑出德勝門，直奔居庸關。幸虧居庸關的巡關御史張欽是個直漢子，拚著一死，往城門下一坐，就是不給皇帝開關，因此耽誤了時間，讓京裡的官員追上了，好說歹說，總算是把皇帝給請了回去。

可請是請回來了，皇帝巡邊的心卻沒有死。武宗靜靜地等待了半個月，趁著某日張欽外出公幹不在居庸關，連忙來到關下，這一次再沒人敢攔他，他終於如願以償，到了邊關重鎮宣府鎮。

武宗先為自己取了一個「朱壽」的新名字，再用皇帝的名義，加封朱壽為「總督軍務威武大將軍總兵官、鎮國公」。這簡直是與群臣開玩笑，把自己封為總兵的皇帝，古往今來唯獨他一人。

武宗這一趟沒有白去，他親自率軍與蒙古人交了一次手。對於此戰的戰果，史書上的紀錄是韃靼人戰死十六人，而明軍陣亡五十二人。這很可能是文臣們為了證明皇帝的荒唐，報自己被捉弄的一箭之仇，而刻意編造出來的。

因為這場史稱「應州大捷」的戰役，雙方參戰的士兵有十餘萬，即使隨便打兩下，也不會只有這點傷亡。

關於戰事的紀錄，是在武宗死後，文臣們才動的手腳。戰役剛剛結束，皇帝凱旋時，大臣們還是要隆重歡迎的。只是皇帝下令，說打了勝仗的是朱壽，而不是正德皇帝朱厚照。這可愁壞了大臣，見面不能稱「皇上」，這「大將軍」三個字卻也不太敢叫出口，那種尷尬，就不是我們所能想像的了。

在群臣看來，皇帝如願到邊塞打了一仗，總該消停一段時間了。誰知武宗的新想法馬上又來了，他要南巡。正當他找不到南下的理由時，寧王在南昌造反的消息傳來。武宗大喜過望，當即下詔，表示要御駕親征。

讓武宗失望的是，他的大軍剛剛離開北京，南昌的捷報就到了，一個名叫王守仁的巡撫用三十五天，就把寧王之亂鎮壓了。

武宗暗想，我好不容易才出來，總不能就這樣回去吧？於是他又和群臣開了個玩笑，扣下捷報，繼續前進！武宗一路上走走玩玩，足足花了四個月，才到達南京。

王守仁也配合荒唐皇帝一起玩。等皇帝到了，他又上了一封捷報，稱「奉威武大將軍方略，討平叛亂」，把這個大功留給了朱壽。

不料武宗還是覺得意猶未盡，功勞來得未免太「容易」。於是他命士兵在城周邊弄出一個廣場，把俘虜放到裡面。武宗全身披掛，帶著人馬又將這些俘虜「打敗」了一遍，並親手活捉寧王。

可憐明武宗下場不是很好，他因為貪玩掉到水裡得病而死。這個結局給那些被愚弄慘了的文臣留下話柄：「瞧，這樣的君王豈得好死？」

娛人與愚人兼具的報復手段

明武宗和大臣開玩笑，是因為不願被官僚集團管束，但有的人，則是透過愚弄別人，實現打擊報復的目的。

戰國時，魏國大夫須賈懷疑門客范雎出賣情報，把這事透露給公子魏齊。魏齊大怒，命人用鞭子狠狠抽了范雎一頓。范雎裝死，買通看守，才僥倖留得一條性命。范雎從此化名張祿，出仕秦國，因提出「遠交近攻」的統一方略而官至丞相。

後來魏國聽說秦國要出兵征伐他們，急忙派須賈為使臣，前去求和。范雎知道了，就換上一身破衣服，來與「老主人」敘舊。范雎主動為須賈駕車，進到秦國的相府裡。

接著范雎藉口要先去向張丞相稟報一聲，讓須賈等一會兒。

豈知范雎一去不返，須賈只好詢問相府的下人：「范雎怎麼去了這麼久，還不見回來？」

下人告訴他：「范雎是誰？那是我們張相爺啊！」

可以想見，須賈當時定是驚出一身冷汗。這時魏國有求於秦，須賈顧不得面子，立刻脫光上衣，去給范雎請罪。

范雎倒沒有太為難須賈，羞辱他一番後，讓他回去帶話給魏王：「快快獻出魏齊的人頭，不然等著兵戎相見吧！」魏齊最後只能自殺而死。

范雎才華橫溢，是歷史上的名臣，尚且用「愚人」的手段來挾私報復，就更不用說那些真小人了。

中國恐怕很少有人不知道，大詩人李白生具一副傲骨，是「天子呼來不上船」的角色。李白要高力士為他脫靴、楊玉環給他磨墨的故事，也可謂家喻戶曉。

李白戲耍了高力士後，寫下三首著名的〈清平調〉，其中有一句「借問漢宮誰得似？可憐飛燕倚新妝」，誇讚楊玉環的容貌堪比趙飛燕。可高力士私下卻對楊貴妃說：「李白將您比作漢朝的趙飛燕，分明是在侮辱您。」楊貴妃一想，趙飛燕向來被視為「紅顏禍水」的典型人物，下場悲慘，這李白果然是居心叵測。

此後唐玄宗幾次想重用李白，都被貴妃娘娘給攔下，使李白終身懷才不遇。這個故事出自李濬《松窗雜錄》一書，不一定真實，不過至少說明了一個道理：戲耍小人固然能獲得一時的暢快，但最終也許會付出非常慘痛的代價。

欲哭無淚，那些陰差陽錯的「歷史玩笑」

世界上大部分的「愚人」事件，都是人為的，但也有很小一部分是歷史和人開玩笑。商鞅是使秦國走向強盛的關鍵人物，只是他的變法嚴重損害了貴族利益。當賞識商鞅的秦孝公一死，貴族們就聯合新國君，企圖扳倒商鞅。商鞅為免夜長夢多，就一個人連夜出走，準備投奔別國。

到了城門口，衛士大聲說：「商君有令，如無公事，黃昏後禁止出城！」商鞅沒有辦法，只能找一家客棧先住下。誰知客棧老闆說：「客官，您必須出示身分證明，否則不能留您住宿，這是商君的法令。」商鞅當然不敢亮出姓名，只好走出客棧，仰天長嘆：「我真是作法自斃啊！」後來商鞅被對頭捉住，施以車裂之刑。

被歷史開玩笑的還有大明薊遼督師洪承疇。松山大戰明軍潰敗，洪承疇被清兵俘虜，他的一個僕人跑到北京送信，說老爺被俘後「義不受辱，罵賊不屈」，以身殉國。同時兵部也收到消息，獲知「洪督師臨砍時，只求速死」。崇禎皇帝聞信很傷感，下旨為洪承疇建立祠堂，隆重祭奠這位大明英烈。

正當明朝悲傷地為洪督師籌備後事之際，真實消息傳來：洪督師已經降清了。好在崇禎還沒有親臨祭奠，不然這個烏龍就真的不可收拾了。

沒節操的洪承疇無意間給大明朝過了一次「愚人節」，但後來他也因此被大明的忠臣愚弄了一番。

「甲申之變」後，江南著名的抗清將領夏完淳被俘，清兵把他押到清朝的江南總督洪承疇面前。這個貳臣對夏完淳道：「你年幼無知，怎麼就從了賊呢？現在歸順大清，還給你官做！」

夏完淳眼睛朝天，假裝不看面前的人，說道：「本朝曾有位洪承疇，乃當世人傑，在沙場上以身殉國，先帝下詔褒獎！我年紀雖小，也要學一下洪督師，殺身成仁！」

旁邊的清兵急忙告訴夏完淳，面前這位就是洪大人。夏完淳轉頭怒斥道：「洪督師為國死節，天子親臨悼念，誰人不知！你是什麼東西，竟敢假冒洪督師，玷汙忠良！」

洪承疇羞得滿面通紅，無言以對。

被施耐庵消費的宋朝「官二代」

文／吳鉤

今人說起古時的「官二代」，必先想起高衙內。拜《水滸傳》廣泛流傳所賜，施耐庵筆下這個欺男霸女、臭名昭著的「高衙內」成了宋朝「官二代」的典型。

從元朝開始，那些對貪官汙吏滿懷憤恨的文人們，透過元雜劇塑造了一批又一批作惡多端的宋朝衙內形象。

如元雜劇《生金閣》中有個龐衙內，出場白即亮明其身分與品格：「小官姓龐名勛，官封衙內之職。我是權豪勢要之家，累代簪纓之子。我嫌官小不做，馬瘦不騎，打死人不償命，若打死一個人，如同捏殺一個蒼蠅相似。」

另一部元雜劇《陳州糶米》也有個劉衙內，出場也唱了一齣：「小官劉衙內是也。

我是那權豪勢要之家，累代簪纓之子；打死人不要償命，如同房檐上揭一個瓦。」

對比一下二位爺，連唱詞都差不多，真不知道是誰抄了誰。反正你也寫，我也抄，如此這般，宋朝的「官二代」們便頂著「衙內」這個稱謂，澈底墮落於歷史之中了。以致現代人一看到「衙內」二字，腦海裡立刻會彈出仗勢欺民、不學無術的惡少形象，並以為宋朝是盛產這類惡衙內的時代。

小說和雜劇畢竟不能完全反映歷史真實，「高衙內」在歷史上也從沒存在過。溯本追源，「衙內」在宋朝是個中性詞，只因為五代時期，藩鎮多以子弟充任「牙內都指揮使」、「牙內都虞候」等親衛官，宋人出於習慣，便將官宦子弟喚作「衙內」，就如稱「王孫」、「公子」，並非特指驕橫的「官二代」。

宋朝「官二代」自然有好有壞，好的「官二代」為整個時代的官場、社會風氣帶來了正面影響。就拿寇準來說，這位大宋名相年輕時就是個不折不扣的紈褲子弟，飛鷹走狗，呼朋喚友，沒少讓爹娘操心。但擋不住家教嚴格，母親天天督促功課，寇準十九歲便中了進士。寇準做官後，憑著自己的才華，一點一滴地建立功績，最後官至宰相。

兩宋是儒家興盛的時期，讀書始終是「官二代」生活的主題，寇準的例子也說明，不管你多麼不務正業，歸根結柢還是要讀書。兩宋一百四十一名宰相，可考為「官二代」出身的有六十二人，其中五十三人正正經經是進士出身，只有九人純靠祖蔭得官。從這個統計數據也可以看出，宋朝官場「官二代」所占比例不算太高，而且「官二代」絕大多數也靠科舉晉身。兩宋官場如果非進士出身想做大官幾乎不可能，因此不少受蔭為官的「衙內」，為了出人頭地非得再考個進士不可，韓縝、呂公著、韓忠彥這幾位名相莫不如此。

宋朝「官二代」日常生活多圍繞詩文展開（圖㉘），「官二代」出身的柳永、秦觀、周邦彥等詞壇巨匠，無一不是在這樣的環境中薰陶出來，成就文壇美名的。

當然，史書中對於作惡的「官二代」也落筆頗多，如宰相章惇之子強買田產，假借父親名義，「逼脅逐人須令供下願賣文狀，並從賤價強買入己」；南宋孝宗時期，大臣李彥穎之子遊手好閒，甚至鬧市殺傷人命，最終牽連其父貶官免職。秦檜子孫則自恃祖上權重，多有不法行為，其孫女所愛的獅貓亡失後，此女竟令臨安府尹查找，臨安府三班六房齊出動，畫了貓像，滿街張貼，大街小巷，遍處找尋。養貓之家，都得抱貓去都監府前排隊，等待登記、查驗。

整體而言，宋朝「官二代」至少不比其他任何朝代差。元朝的「舊臣勛閥」子弟有世襲官職的特權，「權豪勢要之家」甚至可以「打死人不償命」；清後期的「八旗子弟」也差不多成了遊手好閒、好逸惡勞之輩的代名詞。不過，整體性的「官二代」腐化現象，在宋朝是沒有的。

家法伺候不是說著玩的？老祖宗的管家智慧

宋人在約束「官二代」方面是「內外兼修」，其約束機制，簡單來說，可分為兩種：一是道德、風俗的「軟約束」；一是法律、制度的「硬約束」。

宋朝的士大夫家庭很重視培養子孫的品行，中國家族宗法制到宋朝時出現了顯著的成長，許多現在熟知的宋朝士大夫，都留下了家訓，如范仲淹有《義莊規矩》，司馬光有《家範》，包拯有《家訓》，黃庭堅有《家戒》，袁采有《袁氏世范》，陸游有《放翁家訓》，趙鼎有《家訓筆錄》，朱熹有《家訓》，陸九韶有《居家制用》，葉夢得有《石林家訓》等等。

宋朝士大夫家訓不僅數量多，而且很注重對家人的品德教化，包括告誡官宦子弟不可驕橫。例如包拯的家訓很簡單，全文只有一句話：「後世子孫仕宦，有犯贓濫者，不得放歸本家；亡歿之後，不得葬於大塋之中。不從吾志，非吾子孫。」

在宗法時代，「開除家籍」比要人的命還糟糕，所以約束力非同小可。包拯的子孫到底也沒有辱沒祖宗，其子包綬、其孫包永年都居官清正，留有廉聲。

袁采的家訓則以細緻入微見長，如在「子孫勿得敗祖德」條中，他列舉了官宦子弟不肖的種種危害：「富家之子孫不肖，不過耽酒、好色、賭博、近小人，破家之事而已；貴宦之子孫不止此也。其居鄉也，強索人之酒食，強貸人之錢財，強借人之物而不還，強買人之物而不償；親近群小，則使之假勢以陵人；侵害善良，則多致飾詞以妄訟」，最後必「誤其父祖陷於刑辟也」。

簡言之，官宦子弟不肖，後果要比富家子弟不肖嚴重得多，所以袁采告誡道，後世當家之人，要特別注意防止子孫做出不肖之事：「凡為人父祖者，宜知此事，常關防，更常詢訪，或庶幾焉。」

宋朝士大夫重家訓，並非無因。深刻的歷史背景之一是，漢唐時代的門閥世族到了宋朝已經煙消雲散，政治不再被世族壟斷，而是以科舉的方式向全民開放，「取士不問世家」。雖說宋朝保留、甚至擴大了官員子弟的「恩蔭」之制，但科考已是取士的主流，絕大多數的官宦子弟必須跟平民子弟同場競技。

既然沒啥千年世家，也就意味著門楣可有跌宕之虞。宋朝的士大夫家族對此有深切的危機感，如果子孫不肖，便會在競爭中被淘汰。黃庭堅曾親見「衣冠世族金珠滿堂」，不數年間，已呈「廢田不耕，空囷不給」的敗象；又數年，整個家族完全敗落，子弟招惹官司，流落街頭。所以黃庭堅作《家戒》，「以為吾族之鑑」。

另一個歷史背景則是，宋朝「以儒立國，而儒道之振獨優於前代」，家訓的興起與儒家的復興同步。宋朝君與士共治天下，儒家士人的價值觀便成了整個社會的主流價值觀。一個人（包括「官二代」）處於儒家道德規範下，會感受到無形的壓力，做了太出格、太丟人的事，士林輿論的唾沫便可將他淹沒。

所以范仲淹、司馬光的子孫絕不敢像小說和雜劇中的「高衙內」那樣肆無忌憚，公然在鬧市欺男霸女。即使法律不管，也丟不起自己祖宗的臉。

一人犯法全家遭殃，官二代其實很難做？

當然，「軟約束」並不是對任何人都有效，所以「硬約束」必不可少；任何道德規範都必須由法律來支撐。

北宋時期，「長安多仕族子弟，恃蔭縱橫」。其中有個李姓衙內尤其橫暴，其父乃知永興軍陳堯諮的舊交；又如參知政事呂惠卿之弟呂升卿曾指使知縣「強買民田」；翰林學士趙彥若的兒子趙仁恕枉法貪贓，且私制酷刑，迫害無辜；當過浙西提點刑獄官的胡穎，也有子姪「交遊非類」，把持鄉里。

問題是，官宦子弟橫行不法，作為「硬約束」的法律能做出公正的懲罰，還是給予豁免的特權？

在司法理念上，用司馬光的話來說，就是：「有罪則刑之，雖貴為公卿，親為兄弟，近在耳目之前，皆不可寬假。」體現在司法制度上，宋朝已確立了「獨立審判」的原則，按規定，州縣法官獨立進行審判，不得徵求上級法司的意見；上級法司如果干預州縣法官審判，則以違制追究責任；御史臺「勘事不得奏援引聖旨及於中書取意」，即法官可以不必理會皇帝與宰相的意見。

在這樣的制度約束下，前面提到的幾個橫行不法的「官二代」，都受到了懲罰。陳堯諮知永興軍後，立即就嚴懲了那幫「恃蔭縱橫」的「官二代」，包括他舊交的兒子李啇內；胡穎也將他的不肖子姪法辦了，胡家一個叫做黃百七的家僕還被杖一百，戴枷示眾五日。

如果說陳堯諮、胡穎為官嚴厲，其「大義滅親」之舉似乎有「人治」之嫌，不足以證明法律與制度對於官宦子弟的「硬約束」效力，那麼我們來看看其他的例子。

呂升卿強買民田一事，傳到御史中丞鄧綰耳裡，鄧綰即上書檢舉，連其兄長呂惠卿也遭彈劾，隨後呂惠卿被罷去參知政事，呂升卿也遭降職處分；趙仁恕的劣跡亦為提刑官告發，立案查辦；李彥穎因為兒子「毆人至死」，也遭諫官彈劾，「奉祠鐫秩」，即降級，給了一個閒職。

這裡有個細節需要注意，彈劾呂惠卿兄弟的御史鄧綰，並不是什麼正派的官員，呂氏兄弟受到處分，是宋朝健全的監察制度良好運行的結果。

宋朝的臺諫系統完全獨立於行政體系之外，掌監察、司法、審查之權，與政府形成「三權分立」之勢，使得制度性的「硬約束」特別有力量。趙仁恕被立案查辦後，因為初審法官輕判，朝中臺諫官便接二連三上疏彈劾。在臺諫的強大壓力下，趙仁恕最後被流放陳州看管，其父趙彥若也被罷職。

除此以外，對於「官二代」參加科舉，朝廷的制度也非常嚴格。科舉考試中廢除明顯偏袒貴勢之家的「公薦」制度；建立皇家子弟應試的「宗子試」制度；而主考官的子弟、親戚參加考試還須另立考場，別派考官，稱之為「別頭試」。

此外，官宦之家的子弟若靠恩蔭為官，對其官品、官階、所任差遣也有一定的限制，且官員子弟如有犯法，親族及保舉者須連帶受罰。宋朝所制定的科舉防禁制度為後世歷朝仿效。

考試就是要作弊的明清「官二代」

文／葉克飛

中國歷史上「官二代」的命運，與所處時代的政治清明度、社會風氣息息相關。「官二代」中名臣輩出之時，往往是盛世，制度約束力強；腐化墮落的「官二代」占比較高時，往往政治黑暗，兩者甚至形成惡性循環，最終使得「官二代」成為王朝傾覆的陪葬品。

政治清明程度，與士大夫階層的精神獨立性密切相關，同時也相互影響。中國士大夫階層的獨立性基本上是一條逐漸狹窄的胡同，從兩宋之後，「官二代」是一代不如一代。

如果以明清兩朝與前朝相比，會發現如唐朝的李德裕、宋朝一眾父子宰相等的「官二代」正循環機制消失了，取而代之的是「官二代」的全面墮落。

歷史上的權臣大多不笨，很多「官二代」也極聰明，但若權臣當道、朝綱不振，越聰明的「官二代」往往危害越大。比如明朝的權臣嚴嵩與其子嚴世蕃，就是典型案例。

非進士出身的嚴世蕃，因「我爹是嚴嵩」便得做高官，官場人稱「小閣老」。小閣老雖非科班出身，但極聰明，過目不忘，對朝廷典章制度信手拈來，是處理政務的好手。嚴嵩晚年，精力不佳，政務全部委託嚴世蕃處理，而且，嘉靖帝的手詔經常不知所云，「語多不可曉」，連嚴嵩都經常看不懂，可嚴世蕃卻總能理解，且非常能揣摩上意，做出滿意答覆。這樣的人物，若生於制度完善、對權力有足夠約束力的年代，自是大才，可是在政治黑暗的年代，卻是大惡。

難道是明清兩朝的官員選拔制度不行？表面上恰恰相反，明朝與清朝恩蔭制度較之唐宋元三朝大大緊縮，科舉制度進一步完善，官員選拔以科舉為正途，每次科舉錄取人數也大大多於前朝，恩蔭反倒成了獨木橋式的窄路。

如果從制度上看，應該有利於官民公平競爭，但實際上卻非如此，士林風氣在明清兩朝的墮落使得選拔制度變得黑暗，明清科舉由「官二代」引發的舞弊案比唐宋大為增加。

如鼎鼎大名的張居正，他三個兒子在其首輔任內考中進士，其中二子嗣修中榜眼，三子懋修中狀元。百姓不是傻子，北京流傳著一個笑話：張公若不身亡，四官定做探花郎。明朝筆記中對張居正如何讓兒子中進士的故事非常多。

清朝就更別提了，科舉弊案自打清軍占領北京第十四年起就顯露頭角。在咸豐八年（一八五八年）的科舉弊案中，連京劇票友都能考中進士，科舉制度已經淪為笑話。

說到「官二代」就不能不說士林風氣，唐宋兩朝確立「君與士大夫共治天下」的政治格局，令士大夫階層成為社會中舉足輕重的力量。但皇帝始終不甘心與士大夫分權，明清皇權打壓士大夫階層，導致社會開放程度不高，官場風氣不佳，士大夫階層犬儒化。

明清士大夫階層的墮落是皇權不斷加強的結果，從宰相的地位變遷可以略窺一二。宋朝以前，作為文官集團首腦的宰相權力極大，一直在皇帝面前有法定的座席，然而自宋太祖給宰相趙普撤席開始，宰相從此只能站立在皇帝面前。所幸宋朝儒家復興，士大夫在皇權面前仍保留極大的獨立性。

明朝從朱元璋起廢相，把宰相之權分給內閣六部，是皇權對士大夫階層的一次重要勝利，明朝內閣雖有宰相的影子，實際上卻成了皇帝的祕書處。

到了清朝，士大夫的獨立人格隨著各種各樣的文字獄，澈底被收拾乾淨。「九州生氣恃風雷，萬馬齊喑究可哀」，龔自珍這句名言是對清朝士大夫最好的概括。明清兩朝中央集權大大加強，思想控制極嚴，社會開放程度不高，官場風氣不佳，這才導致了「官二代」難出人才。統治者利用限縮恩蔭，擴大科舉選拔，以及貫徹「八股取士」，達到打壓現有官僚集團，同時控制讀書人、進行洗腦的雙重目的。

尤其是清朝，敢把唾沫吐到皇帝臉上的諍臣銷聲匿跡，取而代之的是集體犬儒化的傾向，「官二代」（尤其是八旗子弟）的素質也呈直線下滑的趨勢。

你懂的——被恐懼和憤怒逼出來的「藝術」

文／李夏恩

在中國古代禮法中，尊者、長輩的名是不能直呼的，由此產生了一種今日看來既有趣又荒謬的規矩——避諱。

在國家政治生活與民間對接的橋梁中，那些看不到、摸不著的隱喻、隱語是構成這個國家語言系統的重要部分，其指代性時而模糊、時而明確，或幽默，或刻薄，或嚴酷，充分反映了升斗小民對政治的看法以及政治對他們的影響與限制。

在甲骨上雕刻和在帛紙上書寫的感覺肯定不一樣，前者只能一刀一刀費力刻劃，後者卻可以運筆如飛。但甲骨文和紙上文字最大的區別並非省力或費力，亦非字形，而是內容：前者秉筆直書，直言不諱；後者卻時時曲筆諱飾，遮遮掩掩，所謂筆不由心，口是心非。

也許恰恰是因為甲骨刻劃費力，所以上古先人才懶於製造出各式各樣的禁忌避諱來隱藏自己的意圖。所謂「夏之政忠」，翻看記載上古君臣言論的《尚書》就會發現，不僅君主的名字可以叫來叫去，不必避諱，就連恐嚇威脅也是赤裸裸不加掩飾：「弗用命，戮於社，予則孥戮汝。」如果不聽話，不僅殺了你，還要滅你全家。

甲骨文中大都是直截了當的簡單對答，在一則最典型的卜詞中，商王很直白地占卜道：「有祟，其有來戚。乞至五日丁酉，允有來戚自西。」不好，有禍患，到五月丁酉日，西邊將有災禍。

卜者也很直白地告訴君上：「土方征於我東鄙，災二邑；工方亦侵我西鄙田。」確實有土方工方兩個方國，對東西邊境發起進攻。

君臣之間不懂得什麼是委婉，什麼是報喜不報憂。

但也恰恰在這個時代，製造出歷史上第一句「政治隱語」，那就是民眾對夏朝末年暴君桀的那句耳熟能詳的詛咒：「時日曷喪，予及汝皆亡！」

沒有什麼比這句話更能表現出民眾對領導者的極度憎惡了，但這句話最巧妙的地方在於，它不僅恰當地使用了比喻，將人間的主宰君主比作天空的主宰太陽，更是一語雙關，因為在上古時代，「日」與「帝」的發音是相近的，只要別有用心的人把舌頭稍微拐一拐，「時日曷喪」就變成「時帝曷喪」。

為何人們要採取隱語的方式去詛咒君主，卻不像以往那樣直言不諱地批評君主的過失？原因只有一個，直言進諫付出的代價是死亡，所以人們只能把真實想法小心地包裹起來，用隱晦的語言將其道出——政治隱語是被恐懼和憤怒逼出來的無可奈何的「藝術」。

菩薩也只能默默改名，更不用說一隻雉雞

語言和文字原本是為了讓人與人之間的交流變得直接而明晰，但最後卻用來將真實的看法和觀點包裹起來，沒有什麼比這一矛盾更加諷刺的了。

恰恰是從這句話開始，人們發現隱語有時比直言更有力量，將自己的觀點稍加修飾，就像是把禮物裝在漂亮盒子裡一樣，用隱語的方式推銷自己的觀點和意圖，更能引發他人對於拆開包裝的好奇和興趣，唯一需要注意的是，不要包裹得太多太繁瑣，以致讓人失去耐心。

伊尹一定諳熟箇中之道，這位輔佐成湯滅夏、建立商朝基業的賢臣，正是使用政治隱

語贏得了成湯的信任。史籍記載，第一次拜見成湯時，伊尹扛著一只烹飪用的大鼎，用食物的滋味作喻，向成湯陳述自己的政治主張。這段精采的對話雖然沒有流傳下來，但後世卻有無數人將伊尹當作效法的楷模。

春秋戰國時代在列國間奔走、宣揚自己主張的「諸子百家」，幾乎都會採用伊尹當年的手法來說動君主，翻翻《國語》和《戰國策》就會發現，這方法屢試不爽。無論是將自己比作泥沼中悠閒的烏龜而謝絕官爵的莊子，還是苦惱於魚和熊掌之間抉擇的亞聖孟子，都是伊尹的效仿者。

這種用諷喻來表達主張的方法，就是所謂的「諷諫」。這種「不能明說」的語言藝術是一種思維工具，但政治隱語另一個重要的功能卻是禁止思考，體現為「避諱」。

避諱，顧名思義，就是被禁止的話語。在夏商兩朝，只有遇到桀紂這樣的暴君，直話直說才會面臨危機，因而轉用諱語。但進入禮樂文明的周朝後，避諱成了一種常態。

最先出現，也是最重要的避諱，就是君主的名字。第一個被避諱的名字可能就是周朝開國之君周武王的名字「發」。在提到武王的名字時，不能說「發」，只能用「某」來代替。這一趨勢到了後來，甚至發展成假使有別人的名字和君主的名字相同，也要避諱。春秋時期宋武公的名字叫「司空」，所以宋國就把官名「司空」改為「司功」；晉僖侯的名字叫「司徒」，所以晉國的司徒也被改為「司城」。

避諱的方法相對來說比較容易，一般來說，如果某個字需要避諱的話，只需要用另一個字去替換，或者是改讀另一種讀音即可。唐朝以降，還可以用缺筆的方法，比如《紅樓夢》裡提到，林黛玉在讀書時，凡遇到母親賈敏的「敏」字都念成「密」；寫到「敏」字時，都會缺一兩筆。

這僅僅是開始，被禁止的字會隨著後續君主增加而越來越多，且避諱的方式也花樣百出。如果你生在像秦朝這樣的短命朝代，那麼你只需要忍受為避秦始皇嬴政的名諱而把「正月」改為「端月」的麻煩。

倘使你生在漢朝這樣綿延四百多年有著二十四位皇帝的朝代，那你需要在避諱的叢林裡小心行事。你不能說「邦國」只能說「封國」，因為漢高祖名叫劉邦；同樣的，你也不能說「啟動」只能說「開動」，因為漢景帝的名字叫劉啟。

你還不能文雅地說養了一隻雉雞，只能說自己養了隻野雞，因為漢朝官方規定為避呂后的名諱，所有的「雉」都必須改為「野雞」。即使你是像東漢嚴光那樣的天下名士，可以和光武帝一起睡覺，還把腳壓在皇帝肚子上，也難逃避諱之殃，嚴光原本不姓「嚴」，而姓「莊」，他之所以改姓「嚴」，是因為那位被他壓了肚子的皇帝，有個兒子名叫劉莊，日後也是皇帝。同樣改了姓的不只是嚴光，還有後世尊為「後聖」的荀子，因為漢宣帝的名字叫劉詢，所以只能委屈荀子改姓「孫」。

漢朝的避諱縱然繁瑣，但比起後世可謂小巫見大巫。北齊時的著名儒士熊安生，在拜見當朝權貴和士開與徐之才時，因為和士開的父親名安，徐之才的父親名雄，所以熊安生為了避這兩人的家諱，在他們面前只能自稱「觸觸生」。

隋朝時期，因為開國皇帝隋文帝的父親名叫楊忠，所以整個朝代都不准提「忠」字，也難怪這個朝代最終被一群不忠的叛臣滅掉。而儘管唐朝皇室奉佛甚篤，神靈們也不得不在避諱制度前退避三舍，例如唐太宗名叫李世民，所以「觀世音菩薩」就變成了「觀音菩薩」。

唐朝也有一個和漢朝嚴光遭遇相同的人，就是劉知幾，因為唐玄宗名李隆基，不僅「基」字要避，就連和「基」音相近的字也要避諱，於是終唐一朝，劉知幾都被稱他的字「劉子玄」。但稱「劉子玄」也非一勞永逸，到了清朝，他的玄字又觸了康熙皇帝玄燁的御諱，所以他又成了「劉子元」。

一般來說，避諱有時不僅避本字，還要避與這個字音同形近的字，稱為「避嫌名」。「嫌名」一般規定並不嚴格，但宋朝的「嫌名」避諱到了令人瞠目的地步，根據《禮部韻略》所記，宋高宗名諱「構」延及的嫌名，包括「溝、購、媾、篝、傋、冓、夠」等，多達五十五個字，可謂前無古人。人們只能期盼皇帝體恤民情，取個無論是讀音還是字形都罕見的名字。

「不敢說，可不敢說，非常不敢說。」——猜出處

與「避諱」的茁壯成長相比，政治隱語真正的嫡子「諷諫」卻日漸萎靡，一蹶不振。

戰國時期，倘使諷諫出格激怒了國君，游士至少還可以轉投他國；而競爭下的列國諸侯，即使是為了贏得好賢養士的名聲，也會容忍士人過分的話語。但一統天下的帝王卻不會輕易寬容不敬的行為，秦始皇「以古非今者族」的嚴令使膽敢借古人故事諷諫今日政事的士人膽顫心驚；而「大不敬」在漢朝更是成為一項重罪，於是諷諫就只能黯然退場了。

漢朝的東方朔是最後一個在諷諫史上留下名字的臣僚，他之所以能全身而退，也是因為他「時觀察顏色」，而漢武帝也只是把他當作倡優小丑之類的來蓄養。

能在諷諫後逃脫誅罰的恐怕也只有倡優小丑，或者市井無賴，因為沒有人會把他們的話當真。朝堂上的諷諫淪為市井諷刺笑話，不過是博得一笑而已；反而是避諱需要正襟危坐，不可笑談視之。

然而就在避諱嚴苛的宋朝，產生了歷史上最有趣的政治諷刺笑話。宋寧宗時期的臨安民眾對宰相韓侂胄結黨攬權甚為不滿，但又無法公開表達，於是一群「市井小人」印刷了一批《烏賊出地沒於潮》的小冊子，分發給孩童，以一錢一本的價格公開販售，同時還

讓他們高聲叫賣：「滿潮（朝）都是賊！滿潮（朝）都是賊！」

但這不過是政治諷刺的曇花一現，因為很快，它將遭遇自己最大敵人的全面進攻，這個敵人就是它的雙生兄弟——避諱。儘管諷刺與避諱都包裹自己的真實意圖，但諷刺的目的是為了吸引人打開，而避諱則是禁止開啟。

「雍乾之際，避諱甚嚴」，避諱的地雷處處皆是，很多時候甚至莫名其妙。

康熙時代的文壇祭酒王士禛，死去十年後，因為新即位的雍正皇帝名胤禛，而被迫改名「王士正」，後來又被欽命改為「王士禎」；北宋的開國皇帝趙匡胤變成了「趙匡允」，就連前朝的崇禎皇帝都成了「崇正皇帝」。

諷諫也遭受摧折。乾隆皇帝的寵臣、被視為「清朝東方朔」的紀曉嵐，曾委婉地勸諫東南財力竭盡，懇請救濟，卻遭皇帝斥責說：「朕以汝文學尚優，故使領四庫書館，實不過以倡優蓄之，汝何敢妄談國事！」可見這是一個開不起也開不得政治玩笑的時代，即使是倡優也不行。

「不敢說，可不敢說，非常不敢說」，這句話出自康雍年間的文士張貴勝編纂的笑話集《遣愁集》中收錄的故事。五代時期宰相馮道的一個門客在為馮道念《道德經》的頭一句「道可道，非常道」時，因為馮道名「道」，字「可道」，只得將所有的「道」，統統改成「不敢說」。

像生活在康乾盛世的大多數文人一樣，張貴勝談論古事或是嘲笑古人也許是滿足自己寫作癖的比較保險的做法，畢竟「議論時政」被稱為「妄議國政」，乃是殺頭重罪。所以將從古書上摘抄的古代名人逸事編輯成書出版，或許是再安全不過的了。但即使如此，也有可能背上「借古諷今」的罪名。

乾隆五十二年（一七八七年），清朝最大規模的文化工程《四庫全書》已全部編纂完畢，進入復勘階段，但一個名叫祝堃的詳校官卻從一本品鑑歷代收藏畫作的小冊子《讀畫錄》中嗅到可疑的氣息。

這可疑的氣息來自書中「人皆漢魏上，花亦義熙餘」的詩句。這句詩在一般人看來沒有任何可疑之處，不過是抒發一下作者周亮工追慕魏晉風度的情感，但在乾隆皇帝眼中，這是一首不折不扣的逆詩。所謂「義熙餘」，乃是套用陶淵明一個相當冷僻的典故。義熙是東晉末年安帝的最後一個年號，據說陶淵明所著文章年月，在義熙之前，都用東晉年號，之後唯書甲子，不書劉宋年號。想那周亮工原是前朝進士，後來入清為官，難保他不是借陶淵明的典故暗喻心懷前朝，於是原先收入四庫的周氏所有書籍全部被抽出銷毀。

周亮工算是在這場康乾時期的文化運動中逃過一劫，因為他一百多年前就死了，倘使他活到乾隆時代，必定難逃滅族之災。在這場由皇帝親自策劃發動的文化清剿運動中，很少有人能夠成為漏網之魚。

過去文士試圖用政治隱語將自己的抗議或政見隱晦地表達出來，而今皇帝早已諳熟文人這一套，開始以其人之道還治其人之身。

莫說是真的有政治隱語暗藏其間，即使沒有，皇帝和他的臣僚也會挖地三尺，從中尋出那些散發著悖逆氣息的違礙字句，例如「維民所止」是影射雍正無頭；「明月有情還顧我，清風無意不留人」，是「思念明朝，出語詆毀，大逆不道」；胡中藻《堅磨生詩鈔》中「清濁」和「濁清」自然是毀謗本朝，最可惡的是說皇帝訓諭乃是「下眼訓平夷」；而那名叫劉三元的「瘋漢」，竟然膽敢夢見神道稱他是漢室後裔，這分明是要興漢滅滿的悖逆狂徒；還有一個叫高治清的老頭，一聽名字就知道此人必是心懷怨望的逆賊。

清朝帝王對隱藏在字裡行間的政治隱語如此窮追猛打，讓人誤以為是罹患了偏執或是被害妄想等心理疾病，但事實上卻遠遠沒有那麼簡單，皇帝真正的目的是殺雞儆猴，製造集體恐慌，使人們不敢輕易玩弄文字，挑戰最高權威。

皇帝苛察的直接後果是促使人們進行自我審查，因為沒有人能料到皇帝究竟會對哪一個字、哪一句話產生「興趣」，所以文人們只能無限地發揮自己的想像力，將一切都視為可能觸犯禁忌的地雷。沒有什麼比自我審查更能澈底驅趕不安分的思想，也正是透過這種方法，避諱深深地根植於人們的腦袋，並且成為支配所有思考和書寫活動的深層潛意識。

就像乾隆在一道諭旨中所說的，「俾愚眾知所炯戒」，讓這些愚民引以為戒。

就如前文所述，最安全的方法，就是管住那些不安分的手和不老實的嘴。也許馮道門客那句名言才是最保險的：「不敢說，可不敢說，非常不敢說。」

上至麒麟下至老鼠，古代政壇必備吉祥物

文／葉克飛

大明永樂十二年（一四一四年），榜葛剌[23]的貢使來朝，送了一種奇特的動物，「前足高九尺，後六尺，頸長丈六尺，有二短角，牛尾，鹿身」。動物一上岸，就有好事者大呼：「這不就是麒麟嗎？」

在中國古代的瑞獸裡，麒麟絕對是穩占第一把交椅，雖然麒麟到底是什麼玩意兒，誰也沒有定論，但此番外之人進獻的動物，和傳說中長角的麒麟豈不是「一模一樣」嗎？於是官員們激動了，翰林院修撰沈度連忙施展生花妙筆寫下〈瑞應麒麟頌〉，表示這樣的瑞

23 今孟加拉。

獸只有太平盛世才會出現：「臣聞聖人有至仁之德，通乎幽明，則麒麟出。」麒麟出，那自己不就是聖人了嗎？永樂皇帝心花怒放，便命宮中畫師畫了一幅畫以傳後世。今人終於從這幅畫中看到了這隻麒麟的真容——長頸鹿（圖㉙）。

長頸鹿成了祥瑞，是中國古代經典的祥瑞喜劇。不管政風清明還是腐朽黑暗，祥瑞都是政治的一部分。有時，祥瑞為太平盛世錦上添花；有時則關乎政權或帝王的合法性；有時甚至是王朝的救命稻草。

一切都是天意？祥瑞背後隱含的政治意義

祥瑞又稱符瑞，儒家將其定義為表達天意、對人有益的自然現象。祥瑞種類極多，「五靈」等級最高，也就是麒麟、鳳凰、龜、龍和白虎，有「麟鳳五靈，王者之嘉瑞」的說法，再來則是大瑞、上瑞、中瑞、下瑞。

《新唐書》記載：「凡景星、慶雲為大瑞，其名物六十有四；白狼、赤兔為上瑞，其名物三十有八；蒼烏、赤雁為中瑞，其名物三十有二；嘉禾、芝草、木連理為下瑞，其名物十四。」

簡單來說，大瑞多為天象，上瑞多是走獸，中瑞則是飛禽（圖㉚），下瑞是植物。唐朝之後，祥瑞品種不斷增加，銅鼎、銅鐘、玉璧等禮器也被列為瑞物，統稱「雜瑞」。

祥瑞的政治化詮釋起源很早，《淮南子》中有將黃帝的政績、政聲與大自然聯繫在一起的記載。於目前已發現的甲骨刻詞中，有一片非常著名的「小臣牆刻詞」。據學界考證，該刻詞中的「白麟」即是中國見載最早的祥瑞。

西漢時期，董仲舒正式確立了天人感應理論，認為「天」有意識，可以看到世間一切。若君王無道，天降災異；若君王有德，則天降祥瑞以褒獎。後來儒家體系逐漸將其泛道德化，變成了「人在做，天在看」之類的通俗價值觀。

祥瑞還關乎改朝換代的合法性。古代王朝更替頻繁，天命的呈現方式是「有非力之所能致而自至者」，也就是祥瑞。如周武王伐紂，就有著名的「鳳鳴岐山」祥瑞；曹丕篡漢時，則有「麒麟降生」、「鳳凰來儀」和「黃龍出現」等祥瑞。

祥瑞和與之相對的災異，還有個重要作用，即儒家的參政工具，是君臣之間的平衡器。每當臣子要勸誡君王，便以災異為引子，將之歸為君王某種不當行為所引發的上天懲罰，以此約束君王。兩漢時期，眭孟、夏侯勝和劉向等人都曾透過祥瑞和災異勸誡帝王。

更多時候，臣子以祥瑞為工具，謀取利益，或進行勸進，或當作政績。從兩漢時期就有「兩漢多鳳凰」、「光武信讖書」的說法，可見以祥瑞渲染政績是兩漢時期十分常見的政治手段。

牛馬皆鳴，老鼠吐雲，皇帝出生必帶祥瑞

在史書中，號稱「真命天子」的皇帝出生都必有異象，也就是祥瑞。漢高祖劉邦的母親在大澤旁睡覺，夢中與化身為龍的神靈媾合，「已而有身，遂產高祖」。南朝沈約認為「符瑞之義大矣」，因此在編纂《宋書》時首創〈符瑞志〉，對兩漢以來的祥瑞進行總結。

作為開國皇帝，南朝宋武帝劉裕自然值得大書特書。劉裕出生時有異象，「始生之夜，有神光照室」。

漢光武帝劉秀的誕生更是奇異，《宋書．符瑞志》載，「時有赤光，室中皆明」。此外，還有嘉禾出現，「一莖九穗，長大於凡禾，縣界大豐熟，故名帝曰秀」。

而孫權出生前，其母「夢日入懷」；魏文帝曹丕出生時「有雲氣青色而圜如車蓋，

當其上終日，望氣者以為至貴之徵，非人臣之氣」；東晉元帝司馬睿出生時也是「有光照室，室內盡明」。

類似記載還有很多，諸如隋煬帝楊廣出生時「有紅光竟天，宮中甚驚，是時牛馬皆鳴」；唐太宗李世民出生時「有二龍戲於館門之外，三日而去」；宋太祖趙匡胤出生時「赤光繞室，異香經宿不散，體有金色，三日不變」；宋真宗出生前「五星從鎮星聚奎」；宋英宗生時「赤光滿堂，或見黃龍遊光中」；宋神宗生時「群鼠吐五色氣成雲」。

名臣的出生或上任也往往會有祥瑞伴隨，最知名的當屬留下詩句「人生自古誰無死，留取丹心照汗青」的文天祥。文天祥出生時，據說文家屋頂有雲霞籠罩，其父文儀對此子寄望甚高，故取字「天祥」，後又以「天祥」二字為名。

文天祥本人也曾被當成大宋朝的祥瑞，其名字有「天之祥，宋之瑞」之意。他成年後赴京趕考，宋理宗見到他的名字，眼前一亮，朱筆一揮，直接將筆試名列第七的他點為狀元。

請為我站臺！帝王執政最想拉攏的對象

無論是以武力奪取政權的王朝，還是以禪讓方式取得帝位的政權；無論是漢族政權，還是少數民族政權，為了表明自己順應天命，都會努力製造祥瑞。

中國傳統政治觀念中，「牝雞司晨」可謂大忌。女性當政的代表人物當屬武則天，為了把大忌變成天命，她無比熱愛祥瑞，不但笑納官員們偽造的祥瑞，還主動參與製造。

武則天首先授意姪子武承嗣，暗中安排人在一塊白石上刻紫砂文字「聖母臨水，永昌帝業」，然後讓唐同泰進獻，稱此奇石為洛水中掘出。武則天藉此奇石，自加尊號「聖母神皇」。這齣「拜洛受圖」不但宣布了武則天的執政合法性，還向群臣提供了一道進身之階。

此後，有人稱在并州文水縣得到一塊石頭，上有「武興」二字，武則天自然喜歡這二字，重賞其人不說，還把文水縣改名為武興縣。也有人用紅漆在一隻龜的肚子上寫「天子萬萬年」的字樣，當成瑞物呈送。鳳閣侍郎李昭德拿刀子把紅漆字刮掉，奏請武則天治獻瑞者欺君之罪。可武則天卻說此人雖然造假，但用心不壞，可以寬恕。

連監獄都響應了獻瑞運動。當時，刑部關押著三百餘名死刑犯。有人與之勾結，先是在囚房外偽造五尺長的巨人腳印，然後囚犯半夜喧鬧，對獄長說看到了一個金面巨人，巨人說囚犯們都是冤枉的，但不用擔心，天子即將大赦天下。為了應驗這個巨人腳印，武則天改年號為「大足」並大赦天下。只是「大足」年號僅使用一年，便改元「長安」，不知緣由。

宋太祖趙匡胤的死和宋太宗趙光義以「兄終弟及」的方式繼位，引發的傳說極多，都暗示趙光義的皇位來路不正。於是到了太宗的兒子宋真宗任內，製造祥瑞就成了首要政務。

為此，宋真宗不惜賄賂執宰王旦，為自己製造的祥瑞背書。大宋各地也紛紛出現祥瑞，有人獻「嘉禾」，有人稱「龍見於雲中」，陝州官府竟然膽大包天，不惜以「黃河清」這個著名祥瑞題材哄官家高興。

獻瑞運動的參與者並非只有投機分子，也有忠臣。名相寇準此前被貶出汴梁，他見官家醉心祥瑞，便不顧世人非議，將所謂的天書獻給了宋真宗。一向唱反調的寇準竟然轉性，自然令宋真宗驚喜不已，於是再度拜其為相。

不過，在繼位合法性的拷問中，宋真宗製造祥瑞的水準，騎馬都追不上清朝的雍正帝。早在雍正繼位之初，關於他擅改遺詔、弒君篡位的傳聞就流傳甚廣。為了昭示自己繼位是秉承天意，雍正搬出了「祥瑞」。

據《養吉齋叢錄》記載，雍正剛登基時就有神草出現。他在位僅僅十三年，期間有「五星連珠」、「黃河清」等祥瑞，「景星」、「慶雲」也頻頻出現，「嘉禾」更是不計其數。

當然，雍正也不是什麼祥瑞都照單全收。雍正十年（一七三二年），新寧縣發現嘉禾約一萬八千穗。時任新寧縣知事王暠上任僅一年就見到祥瑞，深感仕途有望，立刻獻瑞。群臣按老規矩上奏，稱這種多穗長莖的嘉禾十分罕見，請求慶賀。誰知雍正竟下旨稱「朕從來不言祥瑞，數年以來，各省嘉禾瑞穀，悉令停其奏報」。想來是此時的雍正帝位已經牢固，不再需要祥瑞助力了。

李世民：真正的祥瑞就是政治清明

並不是每個執政合法性存疑的皇帝都會熱衷祥瑞，比如透過「玄武門之變」上臺的唐太宗李世民。

與歷史上眾多開國帝王一樣，唐高祖李淵曾不斷利用圖讖、祥瑞為自己營造輿論。

起兵初期，留守太原的李元吉就曾獲得一龍形青石，上書「李淵萬吉」。但李世民即位後，稱真正的祥瑞就是政治清明，其子唐高宗深受李世民影響，也很少接受獻瑞。

唐朝政治制度完善，祥瑞管理體系也相當完備。唐律對祥瑞的奏報制定了明確的規定，形成固定的儀制令，還有一套由地方到中央、由下到上的奏報程序。《唐律疏議》對詐稱祥瑞的行為也有規範，「諸詐為瑞應者，徒二年」。

不過，經歷了武則天當政的獻瑞風潮後，往後幾位唐朝皇帝也熱衷祥瑞。比如唐玄宗就曾大興祥瑞，名臣張說也留下了不少祥瑞頌，他早在武則天時代就是撰寫祥瑞賀表的高手。唐朝祥瑞賀表的書寫有固定格式，作者大都具備極高的文學素養，韓愈所作〈賀慶雲表〉便是一例。

安史之亂後，唐肅宗、唐代宗均利用祥瑞提升民眾信心。名將郭子儀曾稱朔方寧朔縣有嘉禾，認為這是唐肅宗務農敦本、光復社稷、救百姓於水火的瑞應。

但唐代宗之後的幾位皇帝又開始下詔罷奏祥瑞。唐德宗執政期間，鄂州觀察使何士幹曾獻白鹿，唐德宗不納；唐憲宗即位後，下詔稱「所有祥瑞，但令准式申報有司，不得上聞」。

唐昭宗執政時，曾有紫氣出於昭德殿東隅，太監還尋得金龍子一枚，群臣稱賀。唐昭宗卻稱「朕不以金龍為祥瑞，以偃息干戈為祥瑞」。唐朝中後期皇帝不喜祥瑞的原因有二：一是國力衰弱，無法大興祥瑞；二是透過罷祥瑞，體現對人道的關注。

唐朝曾有一次重要的思想大討論。柳宗元、劉禹錫等人都結合歷史或政治問題闡發了「天人之際」的論題，讚揚「人道」而屏棄「天道」，主張天道與人事無關的「自然之說」，抨擊天人感應說。

真龍現身，五星連珠，祥瑞爆棚的清王朝

清朝皇帝對執政合法性問題十分在意。《清史稿》裡關於祥瑞的紀錄數不勝數，每個皇帝出生時都有異徵。五色祥雲的祥瑞，自順治至乾隆年間共出現三十六次；順治至康熙年間，真龍則出現二十四次。

清朝最不在乎祥瑞的皇帝是康熙，《清史稿》中可見多次康熙拒絕獻瑞的記載。比如于成龍曾獻嘉禾，康熙認為「今夏乾旱，幸而得雨，未足為瑞也」。他閱讀史書時，也對歷朝的各種祥瑞質疑。但在他之後，雍正因為執政合法性問題而熱衷祥瑞，再之後的乾隆更是祥瑞愛好者。

同樣也是在清朝，號稱最吉天象的「五星連珠」頻頻出現。這個著名祥瑞在清朝以前的歷史上也不多見，康熙讀史時曾批註：「五星之行於天，度數不同，遲速各異，何由聚於一宿，雖史冊書之，考諸天文，斷之以理，終不可信。」

但在康熙之後，「五星連珠」反倒頻繁起來，他的子孫們顯然無視「終不可信」的批註。《養吉齋餘錄》記載，在雍正三年（一七二五年）二月初二，乾隆二十六年（一七六一年）正月初一，嘉慶四年（一七九九年）四月初一，道光元年（一八二一年）四月初一，都出現此天象。五星連珠即「金木水火土」五星聚在天空一方，本是罕見天文現象，可百年間竟出現四次，顯然是人為虛構。

清亡之後，祥瑞並未隨之消亡。袁世凱復辟時，湖北宜昌一具早就存在的無頭恐龍化石被寫進遊記，發表於雜誌，當地官員還電告北京，稱「有了祥瑞，石龍現身」。更荒唐的是，北京周邊鬧蝗災，有官員說捕來的蝗蟲頭上都有「王」字。

官封五品「猴」！令天下士子捶胸的皇帝寵物

文／譚山山

人們喜歡養寵物寄託感情，皇帝自然也可能養寵物。而且，在養什麼寵物、怎麼對待寵物這些問題上，因為完全沒有限制，皇帝們盡可由著性子胡來。

有的會給寵物起雅號，例如唐武宗李炎還是潁王時，王府中就養了許多動物。他將其中可人者列為十玩，分別有九皋處士（鶴）、長鳴都尉（雞）、猩猩奴（猴）、長耳公（驢）、茸客（鹿）、玄素先生（白鷗）、靈壽子（龜）、守門使（犬）、鼠將（貓）、辯哥（鸚鵡）等雅號。

唐朝的皇帝，似乎都愛縱馬鬥雞打獵玩鳥，尤其對鳥類更為偏愛。「太宗懷鷂」的典故出自李世民，事情是這樣的：李世民得了一隻漂亮的鷂子，正架在臂上把玩，抬眼看到魏徵，趕緊把鷂子藏到懷裡。魏徵心知有異，就長篇大論地說了一番帝王應戒逸樂，以免玩物喪志的大道理，李世民只好耐著性子聽完。等魏徵走後一看，鷂子已經悶死了。

唐玄宗時，閒殿使管理下的後宮五坊中，鳥類就占四坊：雕坊、鶻坊、鷂坊、鷹坊。玄宗把所養黃鶯稱為金衣公子，嶺南進貢的一隻白鸚鵡，雅號雪衣娘。雪衣娘會背誦詩篇、念《心經》，更厲害的是，牠會幫李隆基賴棋。李隆基和楊貴妃、諸王博戲時，一旦皇帝形勢不好要輸，侍從便趕緊召喚雪衣娘，雪衣娘就飛上棋盤亂搧亂踹，棋局也就不了了之了（圖㉛）。

有的則愛養大型動物。元朝末代皇帝元順帝養了一頭大象，經過訓練後可以在君臣宴樂時有模有樣地跪拜起舞。據明人蔣一葵的《堯山堂外紀》記載，元亡後這頭大象被朱元璋運至南京，「一日，上設宴使象舞，象伏不起，殺之」。也許是覺得大象比人忠誠，朱元璋命人做了兩塊木牌，一書「危不如象」，一書「素不如象」，掛在元朝降臣危素的雙肩上。

明武宗朱厚照則養豹，據《萬曆野獲編》記載，武宗的西苑豹房裡養了一隻文豹，「至役勇士二百四十名，歲廩二千八百石，占地十頃，歲租七百金」。

有的會給自己的寵物封官。北齊後主高緯[24]除了大肆給宮女、太監、俳優封官，他養的狗、馬、鷹、雞也被授以儀同、郡君、開府等官銜，還為牠們特製官服、建造宮邸，甚至可以上朝。

唐昭宗李曄最喜歡的寵物是隻猴子，昭宗跟牠形影不離，並「賜以緋袍，號孫供奉」。在唐朝，五品以上的官員才能服緋，也就是穿上大紅色官服，如此說來，這位孫供奉的官階至少也是五品。為此，連年落第的書生羅隱憤憤不平，寫了首詩自嘲：「十二三年就試期，五湖煙月奈相違。何如學取孫供奉，一笑君王便著緋。」

也有的養寵物養到天怒人怨。蒲松齡的〈促織〉大家都很熟悉，起因就是明宣宗朱瞻基酷愛鬥蟋蟀，每年都讓各地採辦上等蟋蟀來京。地方官員為了取悅皇帝，層層下達任務，甚至不產蟋蟀的地區也必須進獻，以致民間發生貼婦賣兒的情況。其實朱瞻基整體而言算是個好皇帝，閒暇時鬥鬥蟋蟀也沒什麼，但弄到百姓家破人亡，就成了他的人生汙點。

還有些面冷心熱的皇帝，其實是寵物控。清朝的雍正皇帝有兩隻愛犬，一隻叫造化，一隻叫百福。從雍正元年（一七二三年）～十年（一七三二年），他十幾次下旨，為

---

24 就是李商隱詩句「小憐玉體橫陳夜，已報周師入晉陽」諷刺的那位。

愛犬縫製衣服、打造狗窩。

雍正五年（一七二七年）正月十二日，雍正皇帝下旨：「給造化狗做紡絲軟裡虎套頭一件。再給百福狗做紡絲軟裡麒麟套頭一件。」僅一個月後，雍正皇帝又下旨：「原先做過的麒麟套頭太大，亦甚硬，爾等再將棉花軟襯套頭做一份，要做小些。」到了雍正十年，也就是雍正在位後期，再傳旨：「貂皮狗衣一件、豬皮狗衣一件，因圓明園隨侍年久，經夏蟲蛀落毛，難以應用，欲另換做貂皮衣一件。再做一木匣盛裝。」

中國旅行最遠的皇家寵物，恐怕要屬圓明園的一條京巴[25]。一八六〇年火燒圓明園，英軍上尉哈特・鄧恩（Hart Dunne）抱走了一隻京巴，取名為「贏逖」（Looty）。小狗遠渡重洋，最後成了維多利亞女王的愛寵，牠在白金漢宮的走廊上一直快樂地生活到一八七二年才死去。

25 即北京犬。

啥？皇帝請您再說一遍？

文／陳彬彬

古代中國疆域內有多種民族語言，而漢語更是一種多方言的語言。「吳楚則時傷輕淺，燕趙則多涉重濁，秦隴則去聲為入，梁益則平聲似去」，真可謂南腔北調。（圖㉜）古代方言的地區差異之大遠超過今日，因為交通不便，即使鄰村也可能老死不相往來，因而導致了古代缺少普遍廣泛的通用語言。

那麼在古代，當來自四川的蘇軾、來自江西的王安石和來自山西的司馬光，這些中國歷史上的文人聚集在一起時，他們用何種語言交流呢？清朝的皇帝坐在太和殿的寶座上，又是怎樣聽取漢人大臣彙報工作的呢？

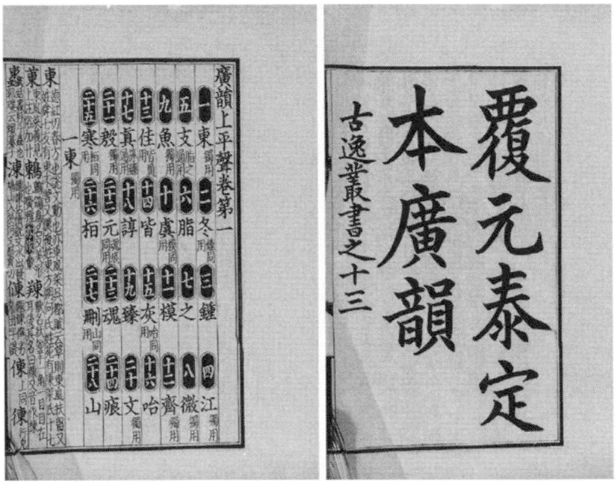

圖㉜　中國第一部官修韻書《廣韻》

孔子的「雅言」就是最早的普通話？

《世說新語》記載，東晉佛學家支道林去吳地會見書法家王徽之，別人問他王氏兄弟怎麼樣，他犀利地回答：「見一群白頸烏，但聞喚啞啞聲。」支道林不愧是損人高手，「烏語」一詞就出自於此，意指當時的吳地方言。

這裡的「烏語」可並無半點白居易筆下「時時聞烏語，處處是泉聲」的詩情，也絕非含有「烏語花香」的畫意，而是飽含古代中原人對南方化外之民深深的鄙視。

交流是建立在某一個共同平臺上的，如果沒有通用語言在中間作為橋梁，那麼操著南腔的人和甩著北調的人交談就如雞同鴨講。

現代的普通話就是一種通用語言，而通用語言在古代稱為「雅言」、「通語」，「雅」訓為「正」，「雅」和「夏」兩字古音相通，「雅言」就是「夏言」，西周王都一帶是夏地，王都之音被認為是正音，所以夏地的語言就成了當時的通用語。

《論語・述而》曰：「子所雅言。《詩》、《書》、執禮，皆雅言也。」魯國的孔子給門生傳授《詩》、《書》等儒家經典時即用「雅言」。司馬遷在《史記》裡說，孔子的弟子三千，如果孔夫子操著一口山東話，那估計很多來自其他諸侯國的學生都聽不懂他講課。

「官話」這個稱謂，是一直到明朝才出現的。顧名思義，「官話」是指官吏所說的話，也是一種通用語。自從秦始皇「吞二周而亡諸侯」，一統天下後，朝廷內執事官員的出身地就變得比以前更為複雜，東西南北，各地都有，若各地官員都使用自己的方言議論朝政大事，那勢必無法溝通。

每個朝代都有通用語言作為溝通工具，而通用語言的基礎語音一般都以王都所在地的語音為準。

北宋前期，寇準和丁謂在政事堂上，閒來無事就談論天下語音何處為正，寇準言「唯西洛人得天下之中」，丁謂不同意，認為「四方各有方言，唯讀書人然後為正」。

讀書人的讀音屬於文言，平常百姓哪裡會懂？所以就實際情況而言，北宋的通用語當以久為帝都的汴洛音為正音。

寇準的家鄉在陝西渭南，是標準的西北漢子，言語粗獷奔放，而丁謂雖先祖是河北人，但其家族五代時期就遷居蘇州，操一嘴吳儂軟語，共事一朝的兩人交流當以汴洛音為橋梁。

汴洛音是怎樣的語音系統呢？此事不易考察，但可從曾慥《高齋漫錄》的一個逸聞中稍得見識：

蘇東坡曾經對錢穆父說：「我們平時往來呀，根據家中財力行事就行了，聚餐時不必太鋪張。」

錢穆父想，貴的請不起，不鋪張那是極易做到的。於是一天，錢穆父寫信邀請蘇東坡來家裡吃「皛飯」，蘇東坡興致勃勃地應邀，一看桌上只有飯一盂、蘿蔔一碟、白鹽一盞，立刻明白了，所謂的「皛」即為三「白」。

過了幾天，蘇東坡回請錢穆父，約其食「毳飯」，穆父如約而至，等得飢腸轆轆都沒有看見食物，便質問東坡，東坡回答說：「蘿蔔毛也，湯毛也，飯毛也。」

北宋時期，東京汴梁一帶方言「毛」音「模」，而「無」也音「模」。在拆字遊戲中，蘇軾拆「毳」為三「毛」，即為三「無」，所以等待錢穆父的是空空如也的飯桌。如此，東坡巧妙地「報復」了錢穆父當初拆「皛」為三「白」戲弄他的仇。錢穆父只得嘆曰：「子瞻可謂善戲謔者也！」

現今中國所使用的通用語——普通話，是以北京語音為基礎音，以北方方言為基礎方言。明朝最初定都南京，明成祖北遷時，不僅帶走了江淮地區的軍隊，還遷徙了南京地區十萬多的居民。這一巨大人口數量改變了北京的人口結構，也改變了北京方言，使得江淮方言和北京方言相融合，成為明朝的官話。此時的方言融合，為後來的北京話提升為現代漢語普通話基礎音奠定了基石。

黎庶小民？梨樹小名？跟長官聊天也需要翻譯

官話沒那麼好學，而且官員大多要去地方為官，各地不懂官話的百姓自然占大多數。據說清朝有個捐官不懂官話，到任後，拜見上司寒暄數語，便聊了起來。

上司問道：「所治貴地風土如何？」

捐官回答：「並無大風，更少塵土。」

問：「春花[26]何如？」

答：「今春棉花每畝二百八。」

問：「紳糧[27]何如？」

答：「卑職身量，足穿三尺六。」

問：「百姓何如？」

答：「白杏只有兩棵，紅杏不少。」

上司強調說：「我問的是黎庶。」

捐官仍一本正經地相對：「梨樹甚多，所結果子甚少。」

上司再次提醒說：「我不是問什麼梨杏，我是問你的小民。」

捐官趕忙站起來道：「卑職小名狗兒。」

上司圍繞民事提出了一連串問題，捐官都以同音之詞相對，因不懂官話，答非所問，笑話迭出。

說官話最初是官吏們自發的行為，民間平民百姓並沒有說官話的必要。直到一七二

26 魚苗的一種。

27 官糧。

八年，根據清人俞正燮《癸巳存稿》記載：「雍正六年，奉旨以福建、廣東人多不諳官話，著地方官訓導，廷臣議以八年為限，舉人、生員、貢、監、童生不諳官話者不准送試。」已經具有高度漢文化水準的清朝皇帝雍正，因聽不懂福建、廣東人的方言，於是頒布政令，設立「正音書院」，聘任「正音教職」教授官話，從此官話開始朝民間普及。

然而，這場運動效果不是很顯著，清末兩宮太后慈安、慈禧召見地方官員時，為了溝通方便，不得不打破歷來關於「室內除了軍機大臣以外不得有閒雜人等」的規矩，允許從領侍衛內大臣中挑選一人隨同朝見，以充當翻譯。

中國自古就是一個多民族國家，到目前為止，已知約八十種民族語言。不同的民族有不同語言，現在回族、滿族一般使用漢語，而其他少數民族大部分使用本民族的語言，如壯族說壯語，布依族說布依語，一些少數民族可能使用兩種或兩種以上的語言，如瑤族使用勉語、布努語和拉珈語等。

使用不同語言的人要想相互溝通交流，就需要翻譯官。中國古代對口譯人員的稱呼很多，「舌人」就是其中之一。三國韋昭在《國語．周語．中》註「舌人，能達異方之志，象胥之官」，清趙翼〈同北墅漱田觀西洋樂器〉詩曰「年深習漢語，無煩舌人譯」，自此「舌人」便具體指代了口語翻譯官。

中國歷朝都設有專門機構或專人專職從事翻譯工作，僅就官職而言，周朝有「寄」、

「象」、「譯」等，秦漢時期有「九譯令」、「譯官令」、「譯官丞」，南北朝有「譯令史」，隋唐時期設置「通事舌人」，宋遼金時期分別有「潤文史」、「譯史」、「通事」，元朝設「怯里馬赤」[28]，明朝有「譯字生」，清朝設「通譯官」。

這些翻譯人員的級別不高，一些朝代的翻譯人員甚至沒有品級。清朝的通譯官一般為七八品，光緒年間，各使館的頭等通譯官始提高待遇，定為正五品，限額一名，嚴禁超編。

唐朝柳宗元在〈柳州峒氓〉一詩中就提到了翻譯官：「郡城南下接通津，異服殊音不可親。青箬裹鹽歸峒客，綠荷包飯趁虛人。鵝毛禦臘縫山罽，雞骨占年拜水神。愁向公庭問重譯，欲投章甫作文身。」

元和十年（八一五年）六月，柳宗元被貶謫到柳州，一待就是四年。「峒」是舊時對貴州、廣西一帶少數民族聚居地的泛稱，「氓」就是草野之民，「柳州峒氓」就是指居住在柳州山區的少數民族。

從小在長安長大的柳宗元深諳漢語，但對少數民族的語言幾無造詣，當他被下放到柳州這個通行少數民族語言之地時，公庭政事處理都需要借助翻譯官。

28 蒙古語，指口語翻譯。

元朝是中國歷史上第一個由少數民族建立的大一統政權，統一後極力推行蒙古語，將其定為國語，又創制了八思巴文，因此元朝統治者整體上的漢文化水準並不高。

然而，統治偌大江山，不懂漢文化又行不通，所以元朝大臣需要為皇帝講解漢文典籍。講解時往往用當時口語逐詞逐句翻譯，這些紀錄還保存在他們的文集裡，如許衡講解《大學》中「如惡惡臭，如好好色」時，說道：「如臭穢之物，人見便嫌，是真個嫌；好的顏色，人見便愛，是真個愛。」這翻譯好像也不怎麼雅達。

隨著清朝國門被外國殖民者敲開，西方列強紛紛擁入。為了交流的需要，也為了了解西方、拯救危亡中的清王朝，朝廷開始設立翻譯學館和翻譯機構，培養人才學習各種外國語言，充當翻譯。一八六二年，京師同文館成立，設立了英文館、法文館、俄文館、德文館。

至今，翻譯不僅有公家，還有私人。在不同語言無法順利交流的場合，總能驚喜地發現翻譯人員的存在，使語言的障礙不再成為問題。

上得朝堂還要入得沙場，古代翻譯不好當

文／黎夢婷

關於翻譯最早的記述出現在周朝，那時的「譯」專職從事北方民族語言的翻譯工作。《禮記．王制》如是記載：「五方之民，言語不通，嗜欲不同。達其志，通其欲，東方曰寄，南方曰象，西方曰狄鞮，北方曰譯。」其中寄、象、狄鞮做的也是翻譯工作。與今日相比，那時的翻譯更像是懂方言的信使，負責將大王的話傳達給周邊藩國。如果「萬國來朝」，他們自然也負有教授禮儀和充當翻譯的職責。

在古代，精通多種語言的翻譯人才同樣是鳳毛麟角。《後漢書．南蠻傳》中有一段敘述：「交趾之南，有越裳國。周公居攝，越裳以三象重譯而獻白雉。」越裳大概是指今天的越南；「三象重譯」就是連翻三種語言。全段大致可以理解為：為了向宗主國國君進

貢白雉，越南使者的語言經過了越南話到廣東話、湖南話、湖北話，再到周文王能夠聽懂的陝西話的翻譯過程。

外邦來上貢，皇帝自然高興，翻譯人員因為能上達天聽，有時還能得到皇帝寵愛，家喻戶曉的清朝大貪官和珅，就是語言天才。

和珅自小聰穎，十歲被選入咸安宮官學讀書，精通漢、滿、蒙、藏四門語言。野史總說和珅是因為貌美，酷似乾隆死去的妃子而成為朝中「第一寵臣」。事實上，八面玲瓏的和珅也的確有出眾的才華，為清廷做過幾樁漂亮的事。

由於具備獨特的語言優勢，和珅常常用多種語言說明乾隆擬定的詔書、翻譯少數民族地區呈朝廷的奏文。乾隆四十五年（一七八〇年）以後，他還多次負責接待朝鮮、英國、安南、暹羅、緬甸、琉球和南掌等國的使者，畢竟「臣工中通曉西番字者，殊難其人，唯和珅承旨書諭，俱能辦理秩如」。

乾隆五十七年（一七九二年），馬戛爾尼（George Macartney）帶領英國使團一行共八百多人，攜帶英王喬治三世（George III）致中國皇帝的信件和豐盛的禮品訪問中國，期望與清朝建立正常邦交，進一步擴大對華貿易。

和珅作為清朝方面接待的主要負責人，忠實貫徹乾隆「務直留心款待，不可過於優待，轉為所輕」的指示，與洋人百般周旋。雙方在覲見禮節上發生衝突，英使團堅持以謁見英王陛下的單膝下跪代替「三跪九叩」，雙方爭持不下之際，還是和珅說服乾隆免了英國使團「三跪九叩」的禮節。當然，洋人想親吻御手的禮節是萬萬不可的。可見，和珅對於西方禮節也略知一二。

和高居廟堂之上的皇家翻譯相比，隨從外交使節到遙遠異鄉的翻譯大多由民間招募而來，工作風險不是一般的大。途經大漠戈壁、雪山草地，風餐露宿簡直是家常便飯。西元前一二六年，三十八歲的張騫帶著匈奴妻子以及一名隨從，回到闊別十三年的長安城，當年聲勢浩大的百人探險隊只有兩人生還。後人記住了張騫，卻忽略了那名一路身兼翻譯、護衛、嚮導多重職務的甘夫。

根據零星的史料拼湊，我們可以猜測原是匈奴軍人的甘夫，大概是在漢文帝十四年（前一六六年）的一場戰役中被漢朝軍隊俘虜，並賞賜給了漢文帝的女婿堂邑侯陳午做家奴。到張騫奉命出使大月氏的西元前一三八年，甘夫已在堂邑侯府服役二十多年，早就熟悉了漢朝的生活，成為堂邑侯府一名地位較高的忠誠老奴。

因此，當張騫招募西域使團成員的時候，漢武帝立刻想到了岳父家精通西域語言的老奴甘夫。《史記》記載甘夫「善射」，身強體壯還有武藝傍身，甘夫就這樣成了百人探險隊伍裡的重要成員。

只是誰都沒想到，大部隊從隴西出發，才到河西走廊，就被匈奴騎兵隊俘虜，並遭軟禁達十年之久。張騫被迫在匈奴王庭娶妻生子，隨行人數銳減。好不容易剩餘的一行人趁著匈奴內亂逃出來，重新踏上西去道路，卻面臨缺水缺食的困境，不少隨從因此途中倒斃。

甘夫在絕境射殺禽獸聊以充飢，幫助張騫渡過難關。可以說，如果沒有甘夫忠誠護主，張騫極可能就此命殞荒漠之中，玉門關以西的世界對於漢朝人而言，有可能永遠是一片空白。

一陸一海兩條絲綢之路，共同構成了中國古代外貿的兩條大動脈。雖然同為外貿道路隨從翻譯，與甘夫在《史記》上寥寥數筆的記載不同，隨鄭和下西洋的明朝通事馬歡，為後人留下了許多事蹟。

馬歡是回族人，因為精通阿拉伯語、波斯語，曾隨鄭和船隊三次下西洋，同時肩負外事翻譯的重任。

一四三二年，他最後一次遠航到古里國[29]時，適逢古里使團要前往天方國[30]麥加朝聖。於是，太監洪保就派了馬歡等七人組成天朝使團，帶著麝香、瓷器等器物一併前往。

29 今屬印度。
30 今屬沙烏地阿拉伯。

在麥加生活的三個月裡，馬歡見到了莊嚴華麗的天堂禮拜寺、各種奇珍異獸，那裡的「國人悉遵教規行事」，「民風和美」得讓他甚至覺得來到了「極樂之界」。臨走前，他不僅購買了深受明朝王公大臣喜愛的麒麟（長頸鹿）、鴕鳥等珍禽異獸，還摹繪了一幅〈天堂圖〉真本，據說這是中國最早的麥加地圖。

馬歡所著《瀛涯勝覽》記錄了他到過的二十個國家的航路、地理、政治風俗，也成為介紹亞非航路國家的重要資料。書中詳盡地描繪了許多稀奇古怪的外邦民俗，如古里國人每天早上洗臉之後，要用牛糞灰調水塗額頭、大腿各三次；暹羅國青年男子行割禮，並鑲入十幾顆錫珠，有錢人則嵌空心金珠，行動有聲並以此為榮……

為紀念這位知名外交使臣，南沙群島北部有一個島嶼就被命名為馬歡島。

圖㉗ 烽火戲諸侯

圖㉘ 北宋李公麟〈西園雅集圖〉（局部）

圖㉛ 南唐周文矩〈明皇會棋圖〉

圖㉙　明人畫〈瑞應麒麟圖〉（局部）

圖㉚　北宋趙佶〈瑞鶴圖〉（局部）

第四部

跨越絲路與海洋，古人早知道就好的那些事

明朝滅亡其實是「天氣」難違？

文／李夏恩

「天命已盡」，這是古代史籍中，解釋朝代覆亡最無可辯駁的終極原因。在科學昌明的現代，要反駁它很容易，只需要說一句「這不過是封建迷信」就行了。但對一六四四年風雨飄搖的大明王朝來說，「天命已盡」很可能是最恰當不過的形容。苛捐雜稅、官員貪腐、盜匪橫行、異族入侵，這些人為因素足以讓一個王朝奄奄一息，但這一切人禍背後的原因，恐怕還是要歸結於天災。

從一六二六年起，大明王朝就遭受一連串天災的打擊，首先是蔓延華北五省的大範圍乾旱，其後，一六三三～一六四三年間的全國性大旱，更是影響深遠。再加上山西、直隸境內異常的冰雹，江南地區出奇的酷寒和降雪（圖㉝），沿海地區的雷暴大雨。災害氣候導致農作物歉收，饑荒隨之而來，同時也導致北方游牧民族南下進犯。戰爭與饑荒結合在一起，終結了國祚兩百七十六年的大明朝。

崇禎皇帝在煤山上吊時，留下了一句悲愴的吶喊：「朕非亡國之君！」他說對了，要了大明朝的命的，是「小冰河時期」的出現，災荒和游牧民族南侵都由此產生。

因為冰冷乾旱，降水線南移，造成北方游牧民族賴以生存的草原退化。蒙古人與滿洲人南下進犯，正是受到這種氣候影響的結果。當時的東北地區，同樣飽受乾旱蹂躪，努爾哈赤家也沒有餘糧，只能南下搶掠，滿洲人（或稱後金）南下進犯也是因為日子過不下去了。

這場席捲全球的氣候異變，使原先溫暖的天氣陡然變得異常寒冷，氣候學家將其稱為「小冰河時期」。

這是一段漫長的寒冷時期，直到一八三〇年左右，這一記「寒冰掌」的威力才逐漸消散。不過在此期間，全球已有數千萬人因為這場氣候異變而喪命，被斷送「天命」的國家，更是難以計數。

中國歷史上「冷」出問題的大事件

人類進入文明史以來，一共出現過兩次小冰河時期。

第一次小冰河時期始於西元前一世紀，一直持續到西元六世紀末才勉強結束。對當時的中國統治者而言，這次小冰河時期開始得相當不合時宜。因為有位君主正準備展開他最野心勃勃的社會實驗——全面復古。這位君主的名字叫王莽。

小冰河時期到來的第一個徵兆出現在西元前二十九年，中國史書上記載了這一年「四月，雨雪」，這是個不祥的徵兆，緊接著是夏季，「大雨水十餘日」。其後三年，黃河連續氾濫，四郡、三十二縣受災，十五萬頃農田被淹，沖毀官亭、室廬四萬餘所。而此時在位的漢成帝正與大美人趙飛燕打得火熱，外戚王氏家族藉此迅速崛起，直到王莽篡奪了西漢的皇位。

如果王莽在氣候比較溫暖的時代開始他的改革，以他當時眾望所歸的人氣，他的「新朝」也許會延續下去。

但問題是，王莽從西元九～二十三年統治中國，恰好趕上小冰河時期第一次極峰的到來，冷得超乎尋常。乾旱和洪澇災連年發生，在世人看來，這是上天否定王莽這個篡位者的統治。綠林軍、赤眉軍的叛亂很快席捲全國，最後要了這個篡位者加改革家的命。

東漢末年，小冰河時期的第二次極峰到來，乾旱和饑荒接踵而至，「穀一斛五十萬錢」、「人相食」的記載不絕於史書。於是，浩浩蕩蕩的黃巾起義拉開序幕，演繹出家喻戶曉的三國故事。

綜觀三國時期，天災與饑荒不斷，等到晉武帝司馬炎再次統一中國時，他發現自己不過是軍事上占了優勢而已，因為他的王朝仍要經受小冰河時期的考驗。

西晉面臨的困境不僅僅是旱災和饑荒，同時還有受到寒冷空氣逼迫而南下尋找溫暖地帶的游牧民族。三一六年是最寒冷也最乾旱的年頭，即使天子腳下的長安也發生大規模饑荒，一斗米甚至賣到黃金二兩。晉湣帝司馬鄴也只能用釀酒的酒餅來充飢。因而當匈奴人劉聰的軍隊兵臨城下，司馬鄴只能在兵盡糧絕之下選擇投降，西晉滅亡。

由此，中原漢人開始向南方遷徙。之前被視為蠻夷之地的南方，如今成了富庶之鄉。士族南遷帶來了北方的文化，而商人和農民的到來則促進南方的經濟發展。中國的經濟文化中心在小冰河時期的寒冷攻勢下，被迫向南方轉移。等到六世紀小冰河時期結束時，南方作為中國經濟文化中心的地位，已經相當穩固，而且從此再也沒有遷回北方。中國第一次大規模的社會變革，就在小冰河時期的寒冷逼迫下完成了。

而第二次小冰河時期的直接後果，就是前面提到的大明帝國滅亡。但這並非全部，它為人類歷史帶來的最大影響，發生在西方。

西方歷史上帶來變革與自由的寒冰掌

西方在一三〇〇年左右，開始感受到小冰河時期帶來的寒意。一二五八年的大型火山爆發導致所謂的「如冬之夏」。在此之後，就是一三一六年恐怖的「大饑饉」。在法國，一個又一個村莊陷入饑荒的絕望中消失，一些勉強存活下來的人靠吃貓、狗充飢，飢餓的鄉民甚至將手伸向自己的鄉鄰和親人。

幾十年後爆發的黑死病又為死神助了一臂之力，而黑死病的傳播，恰恰也是因為小冰河時期嚴酷乾旱的氣候。這場瘟疫爆發的地點在中亞地區，中亞的游牧部族為了尋找新鮮牧草不得不向更遠的地方遷移，於是，攜帶著鼠疫桿菌的跳蚤也跟著宿主四處擴散。一三四六年，隨著蒙古大軍征服的鐵蹄，鼠疫傳遍東亞和西歐，並在歐洲迅速蔓延。到了十六世紀，饑荒、瘟疫，以及隨之而來的戰爭，導致歐洲人口銳減，耕地大片荒蕪，穀物價格和勞動力價格同時上揚。

為了生存，歐洲開始了農業革命。小冰河時期極峰期的間歇、人口的恢復也導致勞動力市場變化，農業生產力和產量提高，使大量農業人口可以分離出去，從事工業生產。農業和工業的繁盛帶動商業貿易，開拓海外市場變成可能，歐洲擴張的時代在寒風中到來，並且奠定了今日以西方為中心的格局。

這一切看似環環相扣，但小冰河時期帶來的並不僅僅是農業、工業和商業的革命。就在西方享受著小冰河時期極峰間歇帶來的繁榮時，另一場極峰又展開了攻勢，而這一記「寒冰掌」，將為整個歐洲帶來極大的震撼。

一七四〇年，在沒有任何預兆的情況下，歐洲的氣候突然變冷，同年年初，巴黎遭受長達七十五天的霜凍，法國全國範圍內的低溫，導致大批作物凍死，而到了夏天，突如其來的暴雨又毀掉了正在生長的莊稼。物價不斷攀升，食物越來越稀缺，儘管在未來幾年裡偶有豐收，但大多數時候都是饑荒與寒冷相隨。

法國的環境系統是全歐洲最脆弱的，更致命的一點是，儘管商業和工業看似相當發達，但在巴黎以外的省，目之所及全是農田。基本上，全法國有超過百分之七五都是農業人口。到了一七八〇年代，法國連續數年氣候發生異常。一七八八年的春天極為乾旱，七月，巴黎出現災難性冰雹，超過一千兩百座農莊被毀，小麥收成比過去十五年平均產量下降超過百分之二十。最糟糕的是，這年的冬天又寒冷異常，大雪封閉了道路，河流結冰，首都巴黎也被冰雪圍困。等到春天冰雪消融時，融化的雪水又淹沒了數千公頃的農田。糧食短缺，物價上漲，外省開始發生零星的「麵包暴動」。

一七八九年七月，法國的麵包價格達到二十年來的最高峰。飢餓、絕望和恐懼終於將人們推上了巴黎街頭，後來的故事就是那場以「自由、平等、博愛」為名的法國大革命（圖㉞）。如果那年稍微暖和一點的話，也許就不會被載入史冊。

氣候改變歷史。看似人類自己做的決定，譬如出兵攻打一個國家，或是國內突然爆發革命，仔細考察卻很可能是氣候導致的結果。

十八世紀的啟蒙哲人孟德斯鳩，可能是最早發現氣候對人類社會產生影響的學者，在他的名著《論法的精神》（*De l'esprit des lois*）中提到，氣候不僅能決定一個民族的性格、感情、道德和風俗，甚至還能決定一個國家的政治體制。

按照他的說法，他最鍾愛的英國之所以能建立值得讚賞的君主立憲政體，完全是因為那裡寒冷的氣候賦予了英國人力量和勇氣，使他們可以持續從事艱難、偉大和勇敢的行動，來捍衛自己的自由。生活在歐洲南方的民眾，因為氣候炎熱，消耗了他們的勇氣和力量，使他們輕易、自願地落入奴隸階層，澆灌了專制主義的土壤。

風雨雪，歷史上著名的「神助攻」

文／李夏恩

一場東風一把火，赤壁之下曹孟德八十萬大軍灰飛煙滅。如果不是諸葛亮借來東風，歷史的走向就會全然不同。諸葛孔明借東風雖然是戲說，但真實歷史中，這股疾勁的東南風的確來了：「至戰日，蓋先取輕利艦十舫……時東南風急，因以十艦最著前，中江舉帆。」一場烈風吹出天下三分。

縱觀歷史，豈止是颳風，下雨或是下雪，都可能讓歷史走上岔路。

改變歷史前進方向的風

摩西分開紅海可能是《聖經．舊約》中最壯觀的奇蹟，《聖經》裡說，摩西得了上帝引領，在紅海前伸出手杖，然後海水向兩邊分開，聳立兩側，留出一條通向對岸的狹長走道，使以色列人甩開法老的追兵，逃出了埃及。

對於非基督徒來說，這個奇蹟只會發生在書裡，現實中是絕不可能出現的。但科學卻顛覆了人們的常識，《聖經》中有一句話：「摩西向海伸手，上主就掀起了一陣強烈的東風，把海水吹退。」[31]使海水分開的，乃是神颳起的一陣強勁的東風。

這件事可能真的發生過。科學家發現，如果東風以每小時一百公里的速度連續颳上十二個小時，就有可能退去近兩公尺深的海水，創造出一條陸橋，並持續四個小時，讓以色列人通過。但風速一旦減緩，海水就會迅速復原，如此一來，後面的埃及追兵，就會被淹死在海水裡。看來上帝的神蹟很可能是真的，大風救了以色列人一命，也永遠改變了歷史。

31《聖經．出埃及記》十四章二十一節。

沒有什麼是比風更加反覆無常的了，就像人類反覆無常的命運一樣。西元前四八〇年的薩拉米斯海戰（Battle of Salamis）是一場決定西方文明前途命運的決戰。波斯人派出由一千艘戰艦和二十五萬人組成的龐大海軍艦隊，希臘海軍則只有區區三百八十艘艦船和六萬士兵與之對陣，實力如此懸殊，希臘人勝算極小。

但地中海的季風拯救了希臘。當上千艘波斯戰艦擁進這條狹窄的海峽後，颶風咆哮而至，海面掀起巨浪，波斯人難以駕馭船隻，而希臘人則處於迎風處，便於操控。海戰結果不言而喻，遭受慘敗的波斯人軍心渙散，永遠退出了歷史的爭鋒。

無獨有偶，一二七四年的日本也因為一場「神風」得以倖存。那場颶風將裝載著四萬元朝大軍的艦隊吹上了西天。

拖延歷史發展的雨

中國歷史上最著名的一場大雨，在西元前二〇九年八月瓢潑而下，這場大雨下個沒完，使一支遣戍漁陽的小部隊耽誤了行期。而按照那兩個小頭目陳勝、吳廣的說法，誤了期限，是要砍頭的。於是這群「今亡亦死，舉大計亦死」的遲到士兵，在權衡了一番後，決定群起暴動。正是這起被大雨激發的暴動，撼動了秦朝的統治，加速了秦朝滅亡。

「失期當斬說」其實經不起推敲，按照秦律：「失期三日到五日，誶；六日到旬，貲一盾；過旬，貲一甲。」換言之，哪怕你遲到十天，最多也就罰一副軍甲，絕沒有砍頭那麼嚴重。所以，「失期，法皆斬」這個說法，如果不是司馬遷考證失誤，就是陳勝、吳廣刻意編造出來嚇唬同伴的。

但無論如何，要是沒有這場大雨作為導火線，這場暴動絕不會發生。

大雨改變的不只是秦王朝的壽命，還有拿破崙（圖㉟）的命運。

一八一五年六月十七日，假如那天晚上沒有下那場雨，也許歐洲的歷史將重新改寫。在這場雨之前，戰場上的拿破崙一直勢如破竹，儘管中途下起了大暴雨，但英勇的法軍還是成功地擊潰普魯士軍隊。

然而問題是，這場雨一直沒停，下了整整一夜。於是拿破崙決定推遲到次日中午，再向威靈頓公爵的英軍發動進攻，為的是等地面變乾一些，畢竟當時的靴子還沒有設計出防滑鞋底，而呢子軍裝與泥水混在一起的形象確實不甚雅觀。

次日早晨七點，雲開雨霽，拿破崙希望立刻開戰，但他的指揮官德魯奧特將軍（Antoine Drouot）卻建議他再等幾個小時，「等地面硬一些」，因為泥濘不僅會阻礙騎兵前進，還會讓砲彈失效。

結果這一拖就拖到了上午十一點，起初法軍完全擊潰了敵人，但到下午四點，普魯士援軍趕來並加入戰鬥，法軍因為延誤戰機，拿破崙徹底戰敗，並在四天後退位。縱橫歐洲的帝國夢就這樣破滅了，只因為大雨之後還要再等一等。

大雨的拖延有時也能緩解緊張的局勢。一八四八年，倫敦的事態相當緊急，憲章派宣布要在肯寧頓公地（Kennington Common）舉行集會，人們非常擔心他們會蜂擁走過西敏橋（Westminister Bridge）去占領國會和其他公家機關。

為了防止暴動，整個倫敦進入備戰狀態。人們在大英博物館的屋頂放了不少磚頭，準備讓那些膽敢占領這裡的人腦袋開花。

而許多政府單位的公務員則配備了生鏽的大刀和火繩槍，這些武器「對膽敢靠近它們的人和使用它們的人都同樣危險」。而這場反占領行動的總指揮，正是當初在滑鐵盧一役擊敗拿破崙的威靈頓公爵（Duke of Wellington）。這本來能為「政府軍」增加不少勝算，但問題是，這名昔日的沙場驍將如今已經八十二歲了，耳不聰，目不明。

所幸這場集會最終沒有舉行，原因是突然下了一場傾盆大雨，憲章運動的成員覺得待在酒吧裡喝酒，可能是比占領國會更好的選擇。一場暴動就這樣被大雨扼殺在搖籃裡。

逆轉歷史進程的雪

「俄羅斯有兩個最可信賴的將軍——一月將軍和二月將軍。」沙皇尼古拉二世（Nicholas II）如是說。

俄國人酷愛冰雪，以至於他們會把赤身裸體在雪地裡洗澡當作健身遊戲。俄羅斯的冰雪不止一次幫助他們抵禦外來侵略。一七〇九年，英姿勃發的瑞典國王查理十二世（Charles XII）打算征服整個冰雪王國，但他犯了一個致命錯誤——沒帶足夠保暖的衣服。在遠征的途中，瑞典大軍不僅一路上丟盔棄甲，還丟了不少被凍掉的耳朵、鼻子和手指頭。也正是在這次大戰中，赫赫有名的沙皇彼得大帝（Peter the Great）於歐洲人的視野中崛起。

繼查理十二世之後，第二個敢於挑戰俄羅斯寒冷氣候的，是已經拿下半個歐洲的拿破崙皇帝。一八一二年，拿破崙調集六十萬大軍進攻俄羅斯，一路連戰連捷，直取莫斯科。然而，俄羅斯也漸漸顯露出它的猙獰嚴寒，攝氏零下四十度的超低溫和暴風雪澈底擊垮了法國大軍，拿破崙帝國隨著這場戰爭的失敗而開始走向覆亡。俄羅斯再次崛起，成為歐洲首屈一指的巨頭。

最後一個試圖挑戰冰雪帝國權威的，是第三帝國的元首希特勒。希特勒對攻下蘇聯太過自信，以至於他的軍隊帶了專供紅場勝利閱兵時穿的軍禮服，卻忘記帶冬裝。接下來的故事是前兩次的歷史重演，抗凍的蘇聯紅軍裹在厚棉衣裡向凍得瑟瑟發抖的德國人發起反攻，從莫斯科的冬天，到史達林格勒的嚴寒，歐洲戰局就此逆轉。

馬鈴薯不只拯救了麥特戴蒙

文／葉克飛

美國作家湯姆．斯丹迪奇（Tom Standage）認為：「在社會轉變、社會組織、地緣政治競爭、工業發展、軍事衝突和經濟擴張等轉化過程中，食物都扮演了催化劑的角色。從史前時代至今，這些轉化的故事構成了整部人類的歷史。」

當代歷史學家斯塔夫里阿諾斯（Leften Stavros Stavrianos）在《全球通史》（*A Global History*）中寫道：真正的世界歷史開始於西元一五〇〇年。《全球通史》屏棄了「古代—中古—近現代」式的西方傳統世界史闡釋方法，以西元一五〇〇年為界，將人類歷史演進劃分為兩個階段，前一階段是各地區孤立存在的世界，不同區域的人被大海和荒漠分隔在世界各地；後一階段則是西方經過航海時代逐漸占據主導地位的世界。

海上貿易改變了世界，也改變了人類餐桌上的食物。歐洲人發現了美洲大陸，繼而發現大洋洲和太平洋諸島，從此，美洲特有的作物玉米、番薯、馬鈴薯、番茄和辣椒等傳入歐洲、亞洲和非洲，歐亞非的水稻、小麥和油菜籽等則傳入美洲。

馬鈴薯、玉米和番薯等美洲作物的傳播意義巨大，對近代世界人口的持續增長有重要影響。

西方文明崛起全靠這一薯？

在許多西方國家，馬鈴薯是餐桌上極為重要的主食，從薯泥到薯條，再到中歐國家流行的「麵團子」，材料都是馬鈴薯。針對人口激增、糧食短缺的景況，許多第三世界國家也一直在推動「馬鈴薯主食化」，希望這種可以大規模種植、長時間存儲，而且又能提供足夠營養和熱量的作物能夠成為更好的主食替代品。

馬鈴薯傳入中國的時間一直未有定論，較為主流的說法是十六世紀後期和十七世紀初，也就是明朝萬曆年間，時人蔣一葵撰著的《長安客話．卷二．黃都雜記》中曾提到馬鈴薯。還有徐光啟的《農政全書》中有「土芋，一名土豆，一名黃獨。蔓生，葉如豆，根圓如雞卵，肉白皮黃，可灰汁煮食，亦可蒸食。又煮芋汁，洗膩衣，潔白如玉」的說法。此書成書於一六二八年，故推斷馬鈴薯傳入中國時間不晚於一六二八年。

曾有人推斷，馬鈴薯如果在明末就能大規模推廣，或許可以緩解明末大饑荒，從而為明朝延壽，清兵不會趁機入關，也就不會有嚴重鉗制思想和言論、最終導致國力停滯不前的清朝出現，中國歷史也會就此改寫。可惜，馬鈴薯風行全中國是清朝後期和民國時期的事了，主要產區在西南和華北。

番薯引入中國始於萬曆二十一年（一五九三年）。這年春天，福建商人陳振龍在呂宋島見到一種叫「朱薯」的農作物，並將之帶回福建。

玉米的傳播類似番薯，大概於十六世紀中葉分三路傳入中國，分別是自波斯、中亞至甘肅；自印度、緬甸至雲南；自東南亞至福建和廣東。但在近兩百年間，玉米的種植都未被推廣，直到乾隆中期，玉米才開始大規模種植。

馬鈴薯、番薯和玉米減輕了饑饉之年的壓力，有清一朝，大規模餓死人的事情極少。

馬鈴薯有沒有讓中國人口增長到四億並無定論，但馬鈴薯確實曾經改變世界。這種原產於南美洲的作物，於十六世紀被開闢新航路的西班牙人帶到歐洲，並在糧食短缺的時代成為歐洲的主食（圖㊱）。

西班牙人引入馬鈴薯三十年後，就將之出口到法國和荷蘭。不過，由於馬鈴薯不是長於種子，而是長於塊莖，因此歐洲大陸農民對此抱有強烈懷疑，認為馬鈴薯會帶來疾病和厄運。蘇格蘭人甚至認為馬鈴薯會導致痲瘋，理由是歐洲人以前從未吃過根莖類食物，《聖經》中也沒有提過。十八世紀的英格蘭人認為馬鈴薯是羅馬天主教的偵察兵，選舉時竟然提出「不要馬鈴薯，不要教皇」的口號。

但戰爭凸顯了馬鈴薯的重要性，在一七五六～一七六三年的歐洲「七年戰爭」期間，儘管法國、奧匈帝國和俄國多次入侵普魯士，摧毀地表農田，普魯士人卻靠生長在地下的馬鈴薯躲過了災難。這也使得法國、奧匈帝國和俄國開始正視馬鈴薯的作用，著意引導農民種植。

曾於「七年戰爭」期間被普魯士人俘虜，在監獄裡吃了幾年馬鈴薯的法國農學家帕門提爾（Antoine-Augustin Parmentier），成了推廣馬鈴薯的重要人物。一七七五年，路易十六取消了國家對穀物價格的控制，麵粉價格因而暴漲，導致所謂的「麵粉戰爭」，民間暴亂不斷。帕門提爾趁機推廣馬鈴薯，並高調地在上流社會舉辦全馬鈴薯宴會。

俄國則在「七年戰爭」之前就已經引進馬鈴薯，據說當年周遊歐洲學習先進理念的彼得大帝很喜歡荷蘭的馬鈴薯，重金購買一袋回國，種在宮廷花園裡，有很長一段時間都被視為觀賞花卉或者珍貴菜肴，為上流社會專享。一七四一年，宮廷宴會上首次出現一道用馬鈴薯烹調的菜肴。

「七年戰爭」成了俄國大量種植馬鈴薯的契機，俄國士兵將馬鈴薯作為戰利品種在自家菜園裡。一七六五年，俄國遭遇饑荒，凱薩琳大帝（Catherine II）下令在全國擴大馬鈴薯種植面積，並研究其耕種技術。

馬鈴薯產量高，適應性強，富含澱粉，在中世紀的歐洲，一畝馬鈴薯田和一頭乳牛就可以養活一家人。一八四五～一八五一年，一場突發的蟲害橫掃愛爾蘭，幾乎摧毀了當地的馬鈴薯種植業。短短兩年內，就有一百多萬人死於飢餓、斑疹傷寒和其他疾病。這場被稱作「馬鈴薯饑荒」的災難，也導致一百多萬愛爾蘭人移居美國，進而改變了美國歷史。

歷史學家威廉．麥克尼爾（William Hardy McNeill）認為，馬鈴薯是西方帝國誕生的原因。「因為馬鈴薯餵養了快速增加的人口，使歐洲一些國家有能力在一七五〇～一九五〇年間統治世界上絕大部分地區。」他說，「從另一個意義上說，是馬鈴薯造就了西方文明的崛起。」

另一個資料佐證了這個觀點：一五〇〇～一八〇〇年間，法國一共發生過四十次全國性饑荒；一五二三～一六二三年間，英國一共發生十七次全國性饑荒。說明了歐洲曾一度無法生產足夠養活其人口的糧食，直到他們擁有了馬鈴薯。

錯把辣椒當胡椒，哥倫布的美麗誤會

辣椒傳入中國僅僅數百年時間，在沒有辣椒的時代，古代中國餐桌上的辣味主要靠五種食材來提供，分別是川椒、胡椒、黃薑、茱萸和芥末，其中又以胡椒最為貴重。胡椒之所以貴重，一是因為需求太大，二是因為產量太少。西漢時期，胡椒傳入中國，掀起了一股胡椒熱。貴族用胡椒粉摻沉香來薰衣服，官僚們上朝之前也要含上一枚胡椒清新口氣。

到了唐朝，有官員被抄家，除金銀珠寶外，還抄出幾千斤胡椒。這是因為胡椒昂貴，又耐於存放，存胡椒就像存金條。

宋哲宗時期，廣州原本每年向朝廷進貢檀香兩千斤、胡椒五十斤，後來哲宗認為這個數目太大，為了體恤民眾，將檀香縮減為一千斤，胡椒減到二十斤，可見胡椒的稀缺。

歐洲人同樣迷戀胡椒，當時胡椒貿易的路線是從印度途經埃及、威尼斯，再到歐洲各地。因為路途遙遠，運費高昂，又幾經周轉，層層加價，胡椒在歐洲的零售價幾乎與相同重量的黃金相等。

哥倫布之所以要尋找通往東方的航線，胡椒也是一大誘因。他看到販賣胡椒的暴利，試圖開闢去印度的新航道，降低進口胡椒和其他貴重香料的成本。一四九二年，他橫渡大西洋，抵達美洲，發現了新大陸，同時也發現了辣椒。

美洲是最早種植和食用辣椒的地方，但哥倫布以前從未見過辣椒，他以為美洲大陸就是印度，以為辣椒就是胡椒，因此對辣椒的高產量極為興奮。他將種子帶回歐洲，並在地中海周邊種植。此後幾個世紀，歐洲人又將辣椒傳入其他大陸。

辣椒傳入中國的時間和地點存疑，說法很多，但其作為廉價食材，只有走海運管道才能賺錢，四川一些地方稱辣椒為「海椒」，海南一些地方稱辣椒為「番椒」，都說明了辣椒很可能是從海路傳入中國的。

辣椒起初也不受中國人認可，儘管它與番薯、馬鈴薯、花生和玉米等作物大致在同一時間傳入中國，但它走上餐桌的時間卻最晚。這是因為它的味道過於刺激，人們無法馬上適應。

明末，大饑荒和戰亂席捲中國，人們到處尋找可以救命的食物，辣椒因此被接納。例如食鹽和蔬菜極度匱乏的貴州，貧民只能用辣椒佐餐；湖南、江西、甘肅和陝北的農民大多愛吃辣椒，也是不得不吃，因為辣椒易種植，又便於存放。

催生各種革命的神奇豆子

咖啡學家烏克斯（William H. Ukers）在《關於咖啡的一切》（*All About Coffee*）中寫道：「每當咖啡引進，就會助長革命。咖啡是人間最極端的飲料，咖啡因會刺激思考，老百姓一旦深思就想造反，危及暴君地位。」

早在十六世紀，咖啡就於阿拉伯世界裡被稱為「麻煩製造者」。麥加總督貝格（Khair Beg）發覺諷刺他的詩文從咖啡館流出，決定查禁咖啡。一五一一年，麥加所有咖啡館被迫關門，阿拉伯世界的其他統治者也相繼宣布咖啡為非法飲品，擅自喝咖啡的人甚至會被處死。但人們實在太熱愛咖啡，最終法不責眾，不了了之。咖啡潮流也在這輪壓制下出現了更大的反彈，土耳其甚至規定，丈夫如果無法滿足妻子對咖啡的需求，妻子可以要求離婚。

後來，咖啡傳入歐洲，解決了歐洲人嗜酒和便祕的問題，迅速贏得歐洲人的青睞。咖啡館更成為一種象徵，是知識分子聚會並批評時局的基地。在咖啡最為流行的巴黎，知識分子每日聚在咖啡館裡討論哲學與政治，革命者討論如何反對、推翻政府，法國大革命幾乎是在咖啡館裡完成了鋪墊與催化。

咖啡不僅有功於法國大革命，更有功於工業革命。進入工業革命時代後，民眾生活明顯改變，咖啡成為勞工階層的重要飲品。當時，工人生活環境惡劣，工作時間長，咖啡成為保持精力的必需品。有歷史學家曾寫道：「工人為了多賺幾分錢，馬不停蹄地操縱織布機器，根本沒有時間料理三餐，咖啡和麵包就成為果腹聖品，至少喝咖啡後會讓人覺得很溫暖，精神百倍……」

改變中國近代史的茶葉貿易

茶葉的傳奇一點也不亞於咖啡。大約西元八五〇年，阿拉伯人透過絲綢之路獲得了中國的茶葉。一五五九年，又經由威尼斯把茶葉帶到了歐洲。

因為茶葉價格高昂，在當時的歐洲，喝茶是貴族的享受。十七世紀初，英國東印度公司看準了茶葉貿易的商機，花了六十多年時間，取得了與中國人進行茶葉貿易的特許經營權。

此後，東印度公司每年都要從中國進口四千噸茶葉，但只能用白銀購買。當時每噸茶葉的進價只有一百英鎊，東印度公司的批發價格卻高達四千英鎊，獲得了鉅額利潤。不過，在英國國內，用於購買中國茶葉的白銀卻日漸稀少。為籌措白銀，英國東印度公司開始向中國非法輸入鴉片，造成了巨大的危害，也改寫了晚清歷史。所以說茶葉貿易的利潤導致了中國近代史的開端，也不為過。

被梁啟超黑了？從李鴻章與「雜碎」看食物遷徙

文／譚山山

薩瓦蘭（Jean-Anthelme Brillat-Savarin）是十九世紀法國美食家，在《美味的饗宴》（*Physiologie du Goût*）一書的開篇，他寫下了二十條關於食物的格言，包括：

牲畜吃飼料，人人都吃飯，可是只有聰明人才懂進餐的藝術；

國家的命運取決於人民吃什麼樣的飯；

告訴我你吃什麼，我就能知道你是什麼樣的人；

上帝讓人必須吃飯才能生存，因此他用食欲促使人們吃飯，並用吃飯帶來的快樂作為給人類的獎賞；

美食主義是一種判斷行為，它使我們更喜歡那些符合我們口味的食物，而不喜歡那些不具有這些性質的食物；

與發現一顆新星相比，發現一款新菜肴對於人類的幸福更有好處。

分享食物是最早的社群觀念

吃是生存的必要條件，人人都要吃飯，古往今來都是如此，區別只在於吃什麼，怎麼吃。在遠古時代，人類還沒有學會用火之前，基本上什麼東西都是生吃。人類主要食物首先來源於植物：根莖、果實、種子、嫩芽。接著，隨著捕獵手段進步，人開始吃肉。

學會用火，則是一次飲食革命。據考證，在非洲南部，人類於一百五十萬年前就已經會用火了；在北京周口店，發現了燒過的骨頭，距今大約七十萬年；尼斯（Nice）附近的泰拉阿馬塔遺址（Terra Amata），同樣發現了用火的遺跡，表明最早的歐洲人在四十萬年前也開始用火。

《禮記》說：「夫禮之初，始諸飲食。」所謂「禮」，即社會行為的制度和規範，人們獲得食物之後，再也不像以前那樣就地吃掉，而是帶回去在群體裡吃掉，這就是最早的社群觀念。

德國學者希旭菲爾德（Gunther Hirschfelder）在《歐洲飲食文化》（*Europäische Esskultur*）一書中寫道，西元前四〇〇〇年左右，兩河流域的美索不達米亞地區已發展出農耕文明。西元前三〇〇〇年前後，第一座世界性都市「巴比倫」出現，人們開始用大麥和雙粒小麥的麵粉烘烤麵包，釀製啤酒，把椰棗加工成果汁。

曾有考古學家於一九七〇年代末成功破譯了一份大約有三千七百年歷史的清單，上面列出了當時美索不達米亞地區市場上的貨物，讓我們得以窺見那個時代的人吃些什麼，包括：

市場上有小麥、大麥、雙粒小麥和小米等穀物品種；蔬菜有洋蔥、大蒜、蔥、香芹、芫荽、蘿蔔、胡蘿蔔、松露和蘑菇，還有菜豆、扁豆和豌豆；水果商人出售蘋果、梨、無花果、阿月渾子、椰棗、石榴和葡萄；調味料有鹽、醋、芥末、刺柏果和薄荷；屠戶供應牛、豬、鹿、麃子、羚羊、鴿子、山鶉、鴨子和海鳥；魚販則販售五十多種魚。

此外，還有各式各樣的食用油、蜂蜜、啤酒、葡萄酒，以及十八種乳酪，大約一百種湯品，三百種麵包。

能吃就是福？

在多數文化中，重要的節日都以食物為象徵符號，比如猶太人的逾越節，這是慶祝他們從埃及的奴役中解放出來的節日，必須吃六種食物：浸泡在鹽水中的蔬菜（Karpas），代表新生和奴隸的眼淚；苦菜，代表奴隸身分的痛苦；一種甜味的褐色果泥（Charoset），其顏色代表希伯來人用以建造法老金碧輝煌的城市的灰泥；烤雞蛋，代表寺廟中燒焦的動物祭品；烤羊腿骨，代表出埃及前夕用於祭祀的羔羊；無酵餅，則代表以色列人逃走時來不及發酵的麵包。

一六二一年，英國前往美洲的第一批移民的倖存者過了第一個感恩節。首批移民一百零二人，不幸的是，他們選擇了一年中最糟糕的時間啟航，並於十一月到達美洲，寒冷和食物匱乏使這群人幾乎餓死了一半，最後只有五十八人倖存。對他們來說，這是一個值得慶祝的節日。「五月花」號乘客之一愛德華．溫斯洛（Edward Winslow）記錄了那次宴會的情形：「我們的收穫到來了。總督派了四個人去捕獵野禽，這樣，在採集了我們種植的水果後，我們就可以以更加特別的方式來一起享受歡樂了……儘管食物並不總像這次這麼豐富，但拜仁慈的上帝所賜，我們從食物短缺中活了下來，我們盼望您能加入到我們的豐收中。」[32]

對今日的美國人來說，感恩節意味著家的味道。火雞是一定要有的，南瓜派更是必不可少，其他食物也都是每個人從孩提時代就記住的味道，並且將代代傳承下去。

曾有美國人感慨：「事實上，我想有時很難讓不列顛朋友明白，感恩節究竟是關於什麼，圍繞著基本且普遍的原始飲食欲望的這個世俗假日——是的，殘暴、粗俗地吃掉大量食物是這種經歷的一部分——產生於困苦的年代，慶祝生存，只要活著就好，一直地吃，直到你實在吃不下為止，因為誰知道明天會發生什麼？真的，誰知道。」

但在中世紀，「暴食」是七大原罪之一。六世紀時教宗額我略一世（Pope Gregory I）這樣解說「暴食」罪的五大細則：吃太早、吃太好、吃太精、吃太飽、準備太多。但教會越禁止，人們越反其道而行之，畢竟，吃在人們所知道的快樂中占了一大部分。一四七五年，歐洲出現第一本用拉丁文寫成的印刷食譜，書名就叫《正當的狂歡與健康》（*De honesta voluptate et valetudine*）。其作者是梵蒂岡圖書館館長普拉提納（Bartolomeo Platina），擺明了要和神學家抬槓。同樣成書於十五世紀的食譜《烹飪的藝術》（*Libro de Arte Coquinaria*），則教導讀者以製作標本般的精神來做菜：「下水汆燙前先將天鵝吹脹及

32 出自尼古拉．弗萊徹（Nichola Fletcher）的《查理曼大帝的桌布》（*Charlemagnes Tablecloth*）。

去皮，再將腹部切開，以叉子刺穿鵝身加以烘烤，並以麵粉加蛋調製成蛋糊塗抹表皮，同時不停轉動烤肉叉，將之烤至金黃色。如果你們喜歡，還可再讓天鵝穿上牠的羽衣。為此在天鵝頸部需要別上木叉，使其頭頸筆直，宛如活物……」

吃什麼，不吃什麼？

按照中國的「禮」，「怎麼吃」比「吃什麼」重要得多。《論語・鄉黨》裡用大段文字記述了飲食的諸般禁忌：「魚餒而肉敗，不食。色惡不食。臭惡不食。失飪不食。不時不食。割不正不食。不得其醬不食。肉雖多，不使勝食氣。惟酒無量，不及亂。沽酒，市脯不食。不撤薑食。不多食。祭於公，不宿肉。祭肉不出三日；出三日，不食之矣。食不語，寢不言。」（圖㊲）

在吃什麼、不吃什麼方面，人類也是有強烈好惡的。主食很重要，當然要神化，比如在基督教中，只有用小麥製成的麵包才可作為聖餐；對大多數美洲人來說，玉米是神聖的食物。《聖經・舊約・利未記》中規定：凡蹄分兩瓣、倒嚼的走獸，就是潔淨的，可以吃；那分蹄而不倒嚼，或倒嚼而不分蹄的，即為不潔淨，不可吃。

美國人類學家馬文．哈里斯（Marvin Harris）在著作《什麼都能吃！令人驚異的飲食文化》（*Good to Eat: Riddles of Food and Culture*）中，用一整章的篇幅論述豬肉是如何成為禁忌的。在他看來，問題得追溯到猶太教及其自然環境：以色列人原來是養豬的，但基於中東地區的氣候和生態不適於繼續養豬，以及成本與收益的考量──透過飼養能夠反芻的動物，以色列人便能夠獲取肉和奶，而豬不但在消化草和其他高纖維植物方面有先天缺陷，還要跟人類爭食糧食──讓他們最終放棄了養豬。人養豬只有一個目的，就是吃肉，以色列人不再養豬之後，豬就變成沒有用的東西，甚至比沒有用還不如，成了一種有害、最下等的動物。

所以馬文．哈里斯認為，從這個角度判斷，上帝的禁規無形中代表著出於自然選擇需要的一種更高的生態理性（ecological rationality）。同樣的道理，印度人把牛奉為神聖，禁止殺牛和吃牛肉，絕不是他們的腸胃不能消化牛肉。就連佛教「不殺生」的教義，也是出於人口激增與環境資源枯竭的矛盾。

在中國古代，殺牛也是禁忌。西周就有「諸侯無故不殺牛」的規定；《漢律》規定，只有年老體衰之牛才可宰殺，少壯之牛則在禁殺之列，違者將「棄市」；到了唐、宋、五代，不論牛老弱病殘與否，一律不得宰殺；明朝，凡無故殺他人馬牛者，杖七十，徙一年半，私宰自己的馬牛，杖一百，耕牛傷病死亡，不報官府私自開宰，笞四十。

與「雜碎」捆綁銷售的李鴻章

吃什麼、怎麼吃，從來不是一成不變的。以中國為例，不斷有外國作物引進，要區分它們是什麼時期引進的，有個簡單的竅門：帶「胡」字的，大多是兩漢、南北朝傳入的，像胡椒、胡瓜（黃瓜）；帶「番」字的，多是明朝以後傳入的美洲作物，最典型的就是番茄；帶「洋」字的，洋蔥、洋白菜等，可能是清朝末年和民國初期傳入的。

而在西方，如果沒有一四九二年哥倫布的地理大發現，馬鈴薯、玉米、番茄、辣椒這些原產於美洲的植物，就不會飄洋過海來到歐洲，馬鈴薯更沒有機會成為愛爾蘭的主要作物。

在食物的遷移和傳播過程中，發生了不少有趣的故事，「雜碎」（chop suey）就是個很好的案例。「雜碎」是美國人心目中最道地的中國食物，而且「雜碎」還和李鴻章有關，最著名的說法來自梁啟超出版於一九〇三年的《新大陸遊記》：「雜碎館自李合肥[33]游美後始發生。前此西人足跡不履唐人埠，自合肥至後一到遊歷，此後來者如鯽。西人好奇家欲知中國人生活之程度，未能至亞洲，則必到紐約唐人埠一觀焉。合肥在美思中國飲食，屬唐人埠之酒食店進饌數次。西人問其名，華人難於具對，統名之曰雜碎。自此雜碎之名大噪，僅紐約一隅，雜碎館三四百家，遍於全市。……全美國華人衣食於是者凡三千餘人，每歲此業所入可數百萬。」

梁啟超的說法，不盡屬實。一八九六年李鴻章訪美時，美國媒體對他進行了近乎「狗仔隊」般的全程貼身採訪，他所帶的高級廚師、全套烹飪用具及各種食材，他哪頓飯吃什麼，都被美國媒體報得清清楚楚，而其中根本沒有關於他吃「雜碎」的消息。李鴻章既然有專屬廚師，不可能像普通遊客那樣「思中國飲食」，更加不可能讓唐人街的飯館給他送菜。至於「雜碎」一名的由來，有一說是李鴻章隨口起的菜名，也有一說是李鴻章罵人的話被誤以為是菜名。但這些都純屬臆測，沒有事實論據，與其說「雜碎」跟李鴻章有關，還不如說是早期進入美國的中餐館借李鴻章之名，做了一次捆綁式行銷。

早在一八八四年，即李鴻章訪美十二年以前，最早的華裔記者黃清福在《布魯克林鷹

33 即李鴻章。

報》（*The Brooklyn Daily Eagle*）上用英文介紹中國菜時，就曾提及：「『雜碎』或許稱得上是中國的國菜。」這顯然是瞎扯。一八九二年，黃清福在《大都會》（*Cosmopolitan*）雜誌發表〈紐約的華人〉（The Chinese in New York）一文，提到關於「雜碎」的細節：「中國人最常吃的一道菜是炒『雜碎』，是用雞肝、雞胗、蘑菇、筍尖、豬肚、豆芽等混在一起，用香料燉成的菜。燉湯汁倒進米飯裡，加上一些醬油，便成了人們吃米飯時最喜愛的一種美味作料。」

假借李鴻章之名，「雜碎」澈底火爆美國，這就是食物的際遇：人們吃的不僅僅是食物本身，還是它所憑依的文化。就像法國人類學家李維史陀（Claude Lévi-Strauss）所說，自然物種被選擇，不是因為它們是「好吃的」（good to eat），而是因為它們是「好想的」（good to think）。

唯獨沒有豬！談中國餐桌上的肉料理

文／唐元鵬

鴻門宴上，樊噲衝入軍門，要救劉邦。《史記》詳細記述了項羽的反應：項王曰：「壯士！賜之卮酒。」則與斗卮酒。噲拜謝，起，立而飲之。項王曰：「賜之彘肩。」則與一生彘肩。樊噲覆其盾於地，加彘肩上，拔劍切而啖之。

項羽對樊噲又賜酒，又給肉，許多人會解釋為項羽對樊噲很器重。但如果在某個宴席上，主人給你四升酒讓你喝下去，哪裡有一點器重之意？項羽還逼迫樊噲生吃豬肘，分明是想戲耍侮辱他。在古代，有很長一段時間豬肉並非高級肉食，只有牛羊肉才是上等的肉。時至今日，牛羊肉在市場上仍然比豬肉昂貴。

先秦時期，牛羊肉才是高級肉食

很早以前，中國人就懂得馴養「馬牛羊豕犬雞」六牲獲得肉食，但不同的肉食在食物系統中有著不同的地位，這種地位甚至影響到今天的肉類價格。在古代的飲食習慣裡，牛羊毫無疑問是最貴族化的肉食，《禮記．王制》說：「諸侯無故不殺牛，大夫無故不殺羊，士無故不殺犬豕，庶人無故不食珍。」

那麼，為何先秦時期的牛羊肉地位在豬肉之上呢？

首先是與肉食的珍貴程度有關，牛在農耕時代是重要的生產資源，在許多朝代都不許私自宰牛，就如《禮記》所說，即使諸侯沒什麼重要的事也不輕易殺牛。

最早在漢朝，牛已被立法保護，《漢律》規定「不得屠殺少齒」。《漢律》對殺牛的懲罰十分嚴厲，犯禁者誅，要給牛償命。到了唐宋時期，牛更是不管老弱病殘，都在禁殺之列，只有自然死亡或者病死的牛才可以剝皮售賣或者自己食用。物以稀為貴，牛肉自然在肉食排行榜上名列前茅。

在《楚辭》的〈大招〉和〈招魂〉篇裡分別呈現了兩張異常豐盛的菜單，包括：八寶飯、煨牛腱子肉、吳越羹湯、清燉甲魚、炮羔羊、醋烹鵝、烤雞、羊湯、炸麻花、燒鶴

鶉、燉狗肉。既然在菜單上牛肉是排在前面的，其重要性自是不言而喻。（圖㊳）

唐宋時期，牛羊肉仍是高級肉食的主流

從先秦時期養成的飲食習慣，一直深深影響到後世，在唐朝著名的燒尾宴上，菜單包括：通花軟牛腸（羊油烹製）、光明蝦炙（活蝦烤製）、白龍曜（用反覆捶打的里肌肉製成）、羊皮花絲（炒羊肉絲，切一尺長）、雪嬰兒（豆苗貼田雞）、仙人臠（奶汁燉雞）、小天酥（鹿雞同炒）、箸頭春（烤鵪鶉）、過門香（各種肉相配炸熟）等。其中除了牛、羊、雞、鵪鶉，甚至還有青蛙，就是缺少豬肉。

漢族的飲食文化發展到宋朝已是博大精深，由於禁食牛肉，羊肉在這個時期成為皇家和士大夫階層的主要肉食。

宋朝吃羊是從皇家開始流行的習俗，宋真宗時期御廚每天宰羊三百五十隻，仁宗時期每天要宰兩百八十隻，英宗時期減少到每天四十隻，到神宗時期雖然開始吃豬肉，但御廚一年消耗羊肉四十三萬多斤，而豬肉只用掉四千一百三十一斤，還不及羊肉消耗量的零

頭。

皇家盛行，自然上行下效，從官員到民間，羊肉成了宋朝餐桌上的頭等肉食。民間無論婚喪嫁娶，如果沒有一隻羊在案上放著，都不好意思招待客人。

「十年京國厭肥羜」，著名吃貨蘇東坡在京城時，雖然吃羊吃到膩，但當他被下放到惠州的時候，仍然會被每月一次的官廨殺羊吸引。作為罪官他已不能經常吃到羊肉，但弄一些羊骨頭回去烤熟了吃也很解饞。

而豬肉在宋朝，仍然不是士大夫階層的主要肉食，或者說豬肉仍然是低檔的肉食。南宋高宗在清河郡王張浚府上吃了一頓，菜單上天南海北，地上跑的，空中飛的，水裡游的應有盡有，唯獨沒有豬肉。而在隨從高宗出行的禁衛菜單中卻有豬肉三千斤，可見當時豬肉的主要消費族群社會地位並不高，所以蘇東坡說：「（豬肉）富者不肯吃，貧者不解煮。」

在普通老百姓家裡，豬肉就是主食了。《東京夢華錄》稱，每天有上萬頭豬被販子們從四鄉收購送入東京，送往普通百姓的餐桌。

真正讓豬肉沾上貴族氣息的，還是蘇東坡。在杭州任上，因為治理西湖的緣故，要解決民工吃飯的問題，於是他發明了「小火慢燉」的方塊肥肉，這種以薑、蔥、紅糖、料理酒、醬油等為作料做成的豬肉菜肴，名為「東坡肉」。

宋人的地盤以羊肉為貴，但到了北方遼金朝卻正好相反，豬肉成了高級肉食。宋朝使節出使遼金，北人用最好的豬肉款待使者，豬肉在遼金，是「非大宴不設」。為何豬肉在同一時代南北國家有著如此懸殊的待遇？究其原因無非就是「物以稀為貴」，遼金豬少，以豬肉為貴；大宋羊少，自以羊肉為美。於是在互市的時候雙方就互通有無，遼金出口肥羊，換取宋朝的豬，貿易雙方都挺高興。

明清時期，豬肉終於漸漸流行

明朝時，豬肉逐漸流行起來，至少在皇家菜單中已有所見，根據《明宮史》的記載，在皇家過年的菜單中就有燒豬肉、豬灌腸、豬臂肉、豬肉包子等，說明此時豬肉已經能夠登上大雅之堂。但在民間，豬肉的盛行程度仍然不如牛羊肉。

到了清朝，豬肉終於成為漢族的主要肉食，在美食家袁枚的《隨園食單》中，已將豬肉單獨列為〈特牲單〉敘述：「豬用最多，可稱『廣大教主』。宜古人有特豚饋食之禮。」在他的書中，與豬肉相關的菜有四十三道，諸如紅煨肉三法、白煨肉、油灼肉等。

而牛羊肉則歸為〈雜牲單〉，「牛、羊、鹿三牲，非南人家常時有之之物，然製法不可不知，作〈雜牲單〉」。

雖然人們的飲食習慣漸漸改變，但牛羊肉高級肉食的地位已然無法撼動。一八四〇年，當英國人把大砲架到清廷的眼皮底下時，琦善作為欽差大臣奉旨與洋人交涉。會談前一天，他按朝廷招待貢使的老規矩給英國艦隊送吃的，總計包括二十頭閹牛、兩百隻羊及許多鴨和雞，一兩千顆雞蛋，唯獨沒有一頭豬。

徐福跑錯點，應該要去衣索比亞？

文／李夏恩

你能活多久？對這個問題最合理也最富哲理的答案也許是：活到死為止。但相信大多數人希望這個問題的答案是「地老天荒」。只消從「萬壽無疆」和「long live」這兩個東西方交相輝映的頌詞，就能看出人類對長生不老的渴求。

《黃帝內經》中，黃帝與他的醫療大臣岐伯之間有一段對話。這位上古傳說中的帝王，對比他還上古的人「春秋皆度百歲，而動作不衰」，可今人卻「年半百，而動作皆衰」感到很好奇。

岐伯的回答是：上古之人都能「法於陰陽，和於術數」，過著天人合一的健康生活，所以「盡終其天年，度百歲乃去」；而今人則自甘墮落，違背自然之道，所以年齡未過半百，就老態已現。

再加上聖人孔子和孟子也只分別活到七十三歲和八十四歲，使得對上古之人來說稀鬆平常的百歲壽命，在後世墮落的凡人看來，更是一種奢望。

印度人相信太初之人都能一活萬年，一兩百歲不過是人類的童年，完全是因為人類貪婪縱欲，不修正法，所以壽命才短促到百歲就算是極限了。

古希臘羅馬的哲人則篤信在太初鴻蒙之際，乃是人類的黃金時代，物產豐隆，人能活到三百歲；而後，人類肆無忌憚的欲望和殘忍好殺的本性，終於竭盡了賦予人類生命的大地偉力，地力逐漸耗盡，人類也隨之衰微壽促。

但現代生物學家和人類學家聯手揭開真相，那些被認為人人皆享百歲高壽的上古時代，恰恰是人類平均壽命最短的時代。根據統計，歷史上相當於上古時代的新石器時代人類的平均壽命只有三十六歲，青銅器時代人類的平均壽命是三十八歲，中世紀更是略有下降，在三十二～三十八歲之間徘徊，直到十七世紀，人類的平均壽命才上升為五十一歲。

從整個歷史趨勢來看，人類的平均壽命是不斷延長的，至於壽命界限，按照腦容積的推算公式來看，新智人的界限壽命有九十歲，而現代人的界限壽命則有九十五歲，還是比上古先民要高出五歲。

把少男少女貼在身上？人類長生不老妙藥清單

人類為了活得更久，開發出各種追求長生的祕術奇方，在這支由修仙派和養生宗組成的浩浩蕩蕩求永生大軍中，可以看到人類為盡晚抵達生命的界限做出了怎樣的努力。

秦皇漢武求取海外仙方的狂熱行徑和唐朝諸帝對金丹靈藥的前仆後繼，都不過是尋常之舉，為了獲得更長的壽命，人類的想像力可謂無窮無盡。

最富想像力的長生妙方來自中世紀的西方，從將自己流放到荒野沙漠中終生不洗澡，到只靠野草和露水維持生命，各種奇葩的長生妙方破土而出。有些雖然怪異，但卻無害，比如對著太陽又蹦又跳，把陽光吞進肚子裡。

有些長生的靈藥卻相當邪惡，例如法國的萊斯男爵（Gilles de Rais）和匈牙利的巴托里伯爵夫人（Báthory Erzsébet），他們相信沐浴和飲用兒童和少女的鮮血就可以長生不老。在將這兩個養生宗的狂熱信徒剷除後，人們在他們的城堡裡分別發現了上百具被榨乾血液的幼童和少女屍體。

連後世奉為「理性科學之父」的培根（Roger Bacon）也不能免俗，他的《藝術與自然中的奇蹟芻議》（*Letter on the Secret Workings of Art and Nature and on the Vanity of Magic*）是

十三、十四世紀歐洲人的養生聖經。根據他提供的祕方，毒蛇肉乃是絕佳的增壽妙藥，但療效最佳的還是衣索比亞的龍肉。培根還特意提到歐洲很難弄到這種龍，所以就更證明了牠是延年益壽的殊方靈藥。

培根本人活到七十九歲，大概是沒吃到衣索比亞龍肉的緣故。不過培根也提供了另一個延年益壽的方法，就是接受「最高等生物的生命力」，具體操作方式是把健康的少男少女貼在身上，吸入他們產生的熱氣和呼出的氣息。

在這一點上，他與中國古代的養生方士倒是殊途同歸，不過後者顯然走得更遠。按照那個被認為活到八百歲的人瑞彭祖的理論，兩者應當進行身體上更深一步的交流，才能達到壽活百歲的神奇效果。不過這種祕術也是有代價的，往往一方延年益壽，另一方就淪為藥渣。就像《醫心方》中記載的女神西王母一樣，這個「養陰得道」的女神，「一與男交，而男立損病，女顏色光澤」。西王母就是靠著這種祕術青春永駐，登上女仙之首的寶座。

儘管古人發明了如此多稀奇古怪的手段來延年益壽，但在十八世紀以前，人類的平均壽命仍然停滯不前，而從十八世紀以後，人類的平均壽命突飛猛進，以每世紀至少十歲的速度飛速增加，到了二十一世紀初，世界人口平均預期壽命已經高達七十一．五歲，其中日本最高，達八十三．四歲。

人類平均壽命快速增長的原因很簡單：科技的進步將致死的因素大大減少了。古代死神的三大必殺利器——天花、鼠疫和肺結核，都在十九~二十世紀間被科學一一攻克。

一九二八年弗萊明（Alexander Fleming）發現的青黴素（盤尼西林；Penicillin）在十五年後得以大量生產，從而使肺結核這種不治之症成為一種和流行感冒差不多的疾病。鼠疫在二十世紀中葉就被人類流放到荒蠻之地，發病案例以個位數來計算。至於奪走了上千萬人生命的天花，經過世界衛生組織的全面圍剿，已淪為比大熊貓還瀕危的物種，只在美國和俄羅斯的兩個實驗室裡還保留著微量樣本。其他的奪命小惡魔也被人類一一尋獲克勝之方，以至於在二十一世紀，有人甚至發出宣言：如果不出意外，能夠殺死人類的只剩下人類自己。

瘟疫，帝國與殖民主義的副產品

文／李夏恩

「身強體健的人們突然被劇烈的高燒襲擊，眼睛發紅彷彿噴射出火焰，喉嚨或舌頭開始充血並散發出不自然的惡臭，伴隨嘔吐和腹瀉而來的是可怕的乾渴，這時患病者的身體疼痛發炎並轉成潰瘍，無法入睡或忍受床榻的觸碰，有些病人裸著身體在街上遊蕩，尋找水喝直到倒地而死。甚至狗也死於此病，吃了躺得到處都是的人屍的烏鴉和大雕也死了，存活下來的人不是沒了指頭、腳趾、眼睛，就是喪失了記憶。」

古希臘史學家修昔底德（Thucydides）記錄下了一場發生在西元前四三〇～前四二七年的瘟疫，是人類歷史上詳細記載的最早一場鼠疫。這場大災殺死了雅典二分之一的人口，雅典差點因此滅亡。而文字記載最早的瘟疫可能是發生在《聖經》裡的埃及，距今已有四千年歷史。

放眼寰宇，古往今來，瘟疫造成的混亂和死亡，摧毀了一個個帝國與文明。鼠疫、天花、白喉、瘧疾、霍亂、梅毒、流感，一直到今日正從黑色大陸一路擴張地盤的伊波拉病毒。每一種瘟疫的背後，都能看到死神的陰森笑臉，而瘟疫是他最順手的那把鐮刀。

毫不誇張地說，人類在長達七千年的文明史中，大致有三分之二的時間，都是在等待上述一種或是數種瘟疫來終結自己的生命。

日出萬棺，闔門皆歿，斷送明王朝的「疙瘩瘟」

死亡，對宋起鳳這樣生逢明清易代的人來說，可謂司空見慣：華北亢旱，赤地千里，人吃人的慘劇甚至在天子腳下上演；盜匪橫行，闖軍陷京，帝都的無主之民又飽嘗了一把舐刀求食的滋味；再之後清軍入關，歡欣鼓舞指望在新主子手下安享太平的升斗小民，又因頂上頭髮再遭無妄之災。能從這般接踵而至的天災人禍中保全腦袋、得以終年的人，可謂三生有幸。

然而，當垂垂老矣的宋起鳳回憶自己的前半生時，最令他感到恐懼的，並非亡國戰亂的恨事，而是發生在明亡前一年的那場令人不寒而慄的「疙瘩瘟」。這場「古今方書所無」的怪異瘟疫在這一年遍傳北京城內外，患者的身體肢節間會突生一個「小瘰」，接著「飲食不進，目眩作熱」，還會嘔吐出「如西瓜敗肉」的東西。

一人感染，全家都會得病，甚至有的「闔門皆歿」。親戚更是不敢上門慰問弔唁，因為只要一進病家門口，必會感染，等到他回去時，又會把瘟疫帶回自己家中。瘟疫帶來的死亡如此之巨，以至於帝都的九座城門「日出萬棺」。

但這還不是最恐怖之處，死亡在一瞬間到來，甚至來不及診斷和治療，才是這場瘟疫最可怕的地方。一個化名為「花村看行侍者」的明朝遺民是這場一六四三年京師大瘟疫的親歷者，在他的回憶錄《花村談往》中，他一口氣舉出了很多聳人聽聞的猝死個案：一名官員前一刻還和同僚喝茶，後一刻就「不起而殞」了；兩個人一前一後騎馬聊天，後面的人剛敘話幾句問前面的人，卻發現這人已經「殞於馬鞍，手猶揚鞭奮起」。

最令人驚悚的恐怕是兩個小偷的詭異死亡：一家富人在瘟疫中全家死絕，於是這兩名小偷打算趁機發一筆橫財，他們約定一個在屋簷上接應，一個下到房中將偷的東西遞上來，結果下面的人遞著包袱的瞬間猝然而死，而上面的人在接的時候也染上瘟疫斃命，死的時候，這兩個小偷手裡都還攥著偷來的包袱。

「街坊間小兒為之絕影，有棺、無棺，九門計數已二十餘萬。」北京在一六四三年的八～十二月間，保守估計死亡人數已高達全城人口的五分之一。所以次年的四月，李自成攻進大明帝國的都城北京時，他面對的是一座「人鬼錯雜，日暮人不敢行」的死城。

如今我們知道明末爆發的這場「疙瘩瘟」，就是鼠疫。因為從發病到死亡既烈且急，所以有時也被稱為「電擊性鼠疫」。鼠疫主要可分為「腺鼠疫」和「肺鼠疫」，前者死亡率達百分之五十～九十，而後者死亡率幾乎高達百分之百。

非常不幸的是，一六四三年的這場京師大瘟疫，很可能是這兩種鼠疫同時肆虐的結果，所以死亡率才如此之高。較之關內闖獻作亂，關外清兵南下，這場鼠疫大爆發才是名副其實從內部斷送明朝國祚的「大明劫」，就連電影裡神乎其技的名醫吳又可，在現實中面臨這場瘟疫也束手無策。

兩百六十八年後，鼠疫再度降臨中國大地，這次恰恰趕上取代明朝的清王朝的末日，就連疫情的爆發地也是在清朝的發源地東北。而所謂「現代化」給清王朝帶來的衝擊不只是南方的「種族革命」，就連現代化的代表物鐵路火車也大幫倒忙，為東北鼠疫南下提供了交通工具。

一九一一年年關到來時，帝都北京又一次出現瘟疫大恐慌，儘管這一次在現代醫學的幫助下，清廷成功平息了東北的鼠疫，但卻在革命這場「帝制瘟疫」中斷送了性命。

今日的中東格局全拜瘟疫所賜？

在西方，鼠疫以「黑死病」的恐怖綽號著稱於世，相關的恐怖記憶已深深根植於西方人的腦海（圖㊴）。

許多學者認為，《聖經．出埃及記》中上帝降給埃及人的十大災禍裡，那個「在人身上和牲畜身上，成了起泡的瘡」的瘟疫，就是鼠疫；還有那場出於上帝的憤怒、一夜之間在亞述軍營中死亡的一萬八千五百人，也是死於鼠疫；而預言末日降臨的〈啟示錄〉中提到的瘟疫，應該也是鼠疫。所以當一三四七年鼠疫在歐洲大爆發時，許多人都相信是〈啟示錄〉中的世界末日降臨了。

得出這一結論並不奇怪，因為鼠疫可能是困擾人類最深的瘟疫之一，它在人類歷史上的三次大流行，已經成為人類文明史的界標。

鼠疫第一次大流行是在西元五四一年，於拜占庭爆發。此時的拜占庭正值後世尊為羅馬法奠基者的查士丁尼大帝（Justinianus I）的統治時期，拜占庭帝國臻於極盛，當時的查士丁尼大帝一心想恢復羅馬帝國舊有的光輝。

然而恰在此時，鼠疫不期而至。根據宮廷史家普羅科比烏斯（Procopius）的記述，每天因鼠疫死亡的人數高達一萬。就像一千多年後在中國北京爆發的那場瘟疫一樣，拜占庭人常常生意做到一半就染病倒地身亡。

就連查士丁尼本人也感染了瘟疫，在經過漫長的垂死掙扎後終於挺了過來，但他的帝國卻損失慘重——僅在君士坦丁堡，就有百分之四十的城市居民死亡。而這場鼠疫在整個地中海世界和歐洲蔓延，估計導致一億人口的損失。

這場瘟疫終止了查士丁尼的雄心，然而瘟疫本身就是帝國對外擴張的產物——它發源於中非地區，在進入北非小憩時，恰恰與查士丁尼遠征北非的軍隊不期而遇。於是，它隨著帝國軍隊南征北戰一路開疆拓土，最終反過來攻陷整個拜占庭帝國。

正當拜占庭帝國遭受瘟疫重創，一蹶不振之際，新興的伊斯蘭帝國恰好進入早期擴張時期，這場瘟疫使得兩大帝國力量逆轉，在往後的三百年間，拜占庭帝國被伊斯蘭帝國一路蠶食鯨吞，最終導致今天東地中海及北非地區成為阿拉伯世界的格局。

圖㊴　十七世紀的瘟疫醫生

鼠疫作為生化武器的萌芽點

鼠疫毀滅了拜占庭帝國的野心之後，居然就莫名其妙地消失了，歐洲文獻記載的最後一次鼠疫是在西元七六七年，之後它在西方隱匿了近六百年。當然，這並不意味著這段時間歐洲就免於瘟疫困擾，因為瘟疫有多種類型，不過是從大規模殺戮，演化成小股的侵擾。

歐洲的人口在這段時間一直循序漸進地增長，西元一〇〇〇年時達到三千八百萬，西元一一〇〇年達到四千八百萬，差不多以每個世紀一千萬的數字增長，到了一三四〇年已達到七千五百萬人口。但就在七年後，鼠疫第二次浪潮洶湧襲來。

關於這次鼠疫浪潮，現代學者認為應該是蒙古西征帶來的。僅僅五年時間，這場瘟疫就使歐洲人口下降到五千萬，足足倒退了兩個半世紀。

現代文明史學家經常將這場瘟疫視為東西文明交流的典型案例，從瘟疫蔓延的路線可以看出人類文明交流的過程。但問題是，這一條文明交流之路處處都是屍體，而蒙古人承擔了死亡使者的角色，他們征服雲南時把鼠疫一併捎上，帶往歐亞大草原，又隨著征戰將其帶往歐洲。

而且正是因為這場瘟疫，蒙古人和歐洲人幾乎同時發現鼠疫作為生化武器的妙用——攻城投石器不用再投石，那只會砸死幾個行動遲緩的小角色，若把感染鼠疫死亡的屍體投進城去，便可免去屠城的麻煩。從某種意義上說，這場瘟疫既是天意，也在人為。

之後，瘟疫一直在歐洲徘徊蔓延，連續三百年不斷侵擾歐洲大陸。在十五世紀末佛羅倫斯的大瘟疫中，三個月就死亡十萬人；一六五六年那不勒斯大瘟疫，五個月死亡三十萬人；一六六五年倫敦大瘟疫，在《魯賓遜漂流記》（*Robinson Crusoe*）的作者丹尼爾・狄福（Daniel Defoe）的筆下，成為人類歷史上最著名的大瘟疫之一，直到一六六六年那場同樣著名的倫敦大火，才終於將病菌付之一炬。值得一提的是，相比造成十萬人死亡的大瘟疫，這場燒毀了百分之八十倫敦城區的大火，導致的死亡人數只有個位數。

人類征服瘟疫，還是瘟疫征服人類？

一九一八年，瘟疫再一次以迅猛的態勢影響人類文明，而這場名為「西班牙大流感」的瘟疫大爆發，從某種意義上來說，也是一場人禍——最初發現疫情的美國軍營，因為正處於戰時，不想讓疫情影響士氣，於是官方採取種種手段隱瞞疫情，公開闢謠，甚至逮捕傳播疫情消息的人。這一切都使得這場瘟疫掙脫束縛，擴散到全世界，最終導致四千萬人死亡。

在過去一百年裡，人類面對瘟疫打了一場又一場勝仗。曾經滅絕歐洲大量人口的鼠疫，在人類的窮追猛打下躲進深山老林，只有在最偏僻的地方才會聽到它的名字；而天花則在一九七九年被人類消滅，只留下樣本保存在美俄兩國的實驗室內，受到嚴密看守。然而，新世紀也有困擾，比如伊波拉病毒突然從非洲剛果的一種稀有病毒，變成了人們談之色變的恐怖瘟疫，大有重振昔日鼠疫雄風的態勢。

也許那句話真是對的，雖然有些殘酷：「人類在和瘟疫跑一場跑不贏的比賽，只不過是在徹底輸光之前多跑一會兒罷了。」

明王朝走不出的「馬爾薩斯陷阱」

文／李夏恩

「人類的繁殖力如此之強，以至於必然以這樣或那樣的形式夭折。人類的種種罪惡積極且有力地發揮著減少人口的作用，它們是毀滅大軍的先鋒隊，往往自行完成這些可怕的行動。如果在這場毀滅之戰中，罪惡還不能奏效，那麼，各種瘟疫、流行病、傳染病和黑死病就會恐怖地接踵而至，席捲千萬人的生命而去。倘若這樣仍然功虧一簣，大規模而不可避免的饑荒就會在人群中蔓延開來，發動致命一擊，使世界人口與食物得到平衡。」

馬爾薩斯（Thomas Robert Malthus）在一七九八出版的《人口論》（*An Essay on the Principle of Population*）中寫下這段話時，他多多少少和那個時代的知識分子一樣，將自己當成憂國憂民的先知。而他的《人口論》也被證實是歷史上最具影響力和最具爭議性的著作，既引起不少學者思考和爭論，也成為後世闡述人類滅亡的科幻小說的絕佳理論來源。

在馬爾薩斯的書中，瘟疫是自然界用以達成人口與食物平衡的重要手段。他的人口論有三個主要觀點，就是「兩個公理」、「兩個級數」和「兩種抑制」。

兩個公理：第一是「食物是人類生活所必需的」；第二是「兩性間的情欲是必然的，將來也是如此」。

兩個級數：「人口在沒有阻礙的條件下是以幾何級數（等比級數）增加，而生活資源只能以算術級數（等差級數）增加。稍微熟悉數量的人就會知道，前一量比後一量要大得多」；而「根據自然規律，食物是生活所必需，這兩個不相等的量就必須保持平衡」。

兩種抑制：當人口增長超過生活資源增長，以致二者出現不平衡時，自然規律就會強迫使兩者恢復平衡。恢復平衡的手段，一種是戰爭、災荒、瘟疫等，馬爾薩斯稱之為「積極抑制」；另一種是要那些無力贍養子女的人不要結婚，馬爾薩斯稱之為「道德抑制」。

馬爾薩斯還認為，十九世紀以前，人類的生產力沒有太大的變化。比如在西元前一八〇〇～前一六〇〇年，巴比倫帝國的一個普通工人單日薪水能買到六．八公斤小麥；在西元前三二八年的雅典，相同的薪水能買十．八公斤小麥；到了一八〇〇年的英格蘭，相同的薪水能買五．八九公斤小麥。也就是說，幾千年來社會生產力進步並未造成工資差異。

那麼一旦社會穩定，承平日久，人口不斷增長，直到超過固定生產力能養活的人口上限，就會產生如他所說的「積極抑制」，即藉由戰爭、災荒、瘟疫解決這一問題；這就是人類發展史上著名的「馬爾薩斯陷阱」。

舉個例子，東漢末年人口達到五千萬，於是一場瘟疫加災荒引發了黃巾起義，導致人口在百年間銳減到一千萬左右，自此之後，類似的事情一而再、再而三地上演。

一般而言，人口引發的循環週期大致是：

第一階段，王朝興起，人口稀少，人地比例很低；

第二階段，戰亂之後，人均收入快速越過生存水準，人口加速繁衍；

第三階段，隨著人地比例大幅上揚，馬爾薩斯陷阱出現，人均收入降低，王朝治理水準降低，往往很容易導致本就極低的收入水準降低到貧窮線以下；

第四階段，社會崩潰，天下大亂。

不過，在馬爾薩斯心目中，真正減少人口的終極武器也許是另一種疾疫——天花。這種疾疫在歐洲殖民美洲的征服戰爭中厥功甚偉，使歐洲人幾乎不費吹灰之力就拿下印加帝國。

在馬爾薩斯撰寫《人口論》的同時，天花消滅了美洲殖民地的大量人口，「幾乎每五個人當中，就有二～三個人死去」。而在英屬印度，天花按時而至，每年三～五月必會爆發，在天花疫情最嚴重的一七七〇年，全印度有三百萬人死於天花，孟加拉有超過三分之一的人口喪生。

從某種意義上來說，貧窮是馬爾薩斯選擇天花來控制人口的原因。無論現代學者如何為馬爾薩斯「冷冰冰的理論」辯護，也不能否認他的人口論部分建立在一個頗為鐵石心腸的基礎上——理應得到控制的應該是那些處於社會底層的窮人和殖民地土著，他們的數量太多了，而且看起來也不懂得執行人口控制所必須的道德限制。

除了天花，馬爾薩斯還注意到霍亂。這種病在十九世紀有個很中肯的名字，叫做「窮人的瘟疫」，因為它總是在貧民窟爆發。這種病在當時被看作是上天對貧窮懶惰、缺乏道德自制的窮人的懲罰，「（霍亂）完全起因於窮人放蕩的生活習慣」。

既然人口增加會導致窮困，那麼反過來看，窮困之人自然就是多出來的那些人。馬爾薩斯其實並沒有這樣說過，但在十九世紀中葉前的很長一段時間裡，人們就是這樣理解馬爾薩斯人口論的。

「馬爾薩斯陷阱」終究會被破解，因為人類生產力將因為工業革命而大大提升。一六六五～一六六六年間，英國倫敦發生大瘟疫，超過十萬人死於鼠疫。一六六六年九月二～五日，一場大火燒毀了倫敦，連同鼠疫病菌也被這把火燒了個乾淨。瘟疫來得恰如其分，走得適逢其時，它成功地讓歐洲在資本累積時代控制住人口，使日益增長的財富不致被幾何級數增長的人口數量抵消。

瘟疫帶來意想不到的後果，就是社會資源重新分配。資本時代，正是鼠疫過後到來的。至今仍影響深遠的大英帝國，也是「浴疫重生」的一員，如果沒有鼠疫的話，帝國得以積累原始資本的圈地運動，幾乎不可能完成。

圈地運動，從某種程度上被視為工業革命的開端，而工業革命恰好成為解決「馬爾薩斯陷阱」的終極方案。從一七五〇～一八五〇這一百年間，英國人口由七百五十萬成長至兩千一百萬，增加約兩倍。與此同時，英國民眾也彼此分享著工業革命生產力進步帶來的成果。與英國歷史縱向對比，人民的消費水準明顯提高了，一六八九年，英國人平均收入為七英鎊一先令，一七七〇年上升到十八．五鎊，一八〇〇年又增至二十一．九鎊。工業革命提高了生產力，從而讓英國率先走出了「馬爾薩斯陷阱」。

歷史就是這樣殘酷無情，在英國的例子中，激增的人口引發瘟疫，瘟疫反過來成為工業革命發軔的契機。

然而，對同樣受到鼠疫影響的大明王朝來說，鼠疫不過是一場毀滅人口的打擊，似乎很難間接地帶來正能量。它只會像摧毀拜占庭帝國一樣，摧毀大明王朝。

一紙簽證引發鴉片戰爭？

文／鐘瑜婷

甘肅敦煌西南的「陽關下耳目」烽燧北八百公尺處，陽關遺址博物館內的陽關都尉府中，一名身著古漢服的「都尉」正在裡面書寫「陽關關照」。「關照」就是通關文牒，正是這些通關文牒，催生了中國古代的護照販子，他們為後人留下了一個有趣的詞彙：賣關子。

以護照形式作為出入邊塞關津的通行證件，在中國已有幾千年的歷史。出國護照和國內護照不相區分的做法，從春秋戰國一直延續至今。而在清朝以前，雖然護照、簽證不分，但外國人入境，如經批准，州府會再給他發一張護照。

中國古代的護照有「封傳」、「契」、「照牒」、「過所」、「符節」、「關引」、

「符牌」、「公驗」、「腰牌」、「文牒」、「關照」、「勘合」等多種形式，且經歷了由石銅變竹木，由竹木變紙張，由手書變印刷的過程。

關於護照，歷史上一個流傳甚廣的故事是「伍子胥過昭關」。伍子胥逃避追殺，想脫楚入吳，因為沒有通行證，在吳楚交界的昭關受阻，憂急交加，一夜之間頭髮盡白。

到了唐朝，「過所」制度更為嚴格，凡到各地貿易或從事其他活動的商人等都要持過所，否則便是非法通行，將受到緝拿。申請人萬一丟失過所，會遭拘押扣留，查清身分後再酌情處理。無過所者將被視為「私渡」，經查獲就要治罪。

護照研究專家范振水認為，中國唐朝的出入境管理制度，與一千年後的現代出入境、邊檢和海關查驗制度類似。

唐朝最有名的私渡者，當屬玄奘。歷史上玄奘出西域，身上沒有通行證件，一路混跡於商客隊伍之中，有數次幾乎被中國守關的士兵射傷。

《西遊記》中，唐僧師徒一路行經西域各國，第一等要事就是請官家在唐王簽發的通關文牒上蓋印押花，稱為「倒換通關文牒」，這與時下所說的簽證——對方領事官員在持照人護照上面簽字蓋章的做法十分接近。范振水認為，《西遊記》裡的描述反映的很可能是作者吳承恩所處的明朝通行證的使用情況。如果他的猜測屬實，中國的簽證（批示）發明比國外早了三百年。

從古典時代到中世紀，西方各國之間交往很少，是否允許外國人入境，往往只憑邊檢人員的一句話。第一次世界大戰爆發前，世界上絕大多數國家對出入境人員既不要求持有護照，也不要求另附簽證。直到一七〇六年，英國才有了護照，並請求外國當局允許持照人自由通過；而一八六二年，鄂圖曼帝國發行簽證，是世界領事界公認的存世最早的實體簽證。

到了明清兩朝，大英帝國代表的工業時代開啟了跨國界潮流，與中國封閉的大門轟然相撞。中國多年來向外國人頒發「另紙護照」與西方各國間的「自由通行」相抵觸，「護照」糾紛甚至在一定程度上引發了鴉片戰爭。

清道光十四年（一八三四年），英國首任駐廣州領事律勞卑（William John Napier）從澳門到廣州赴任。根據清朝律令，外國人從澳門進廣州須向澳門地方官員申請護照，但律勞卑不領護照，且以「平行款式」向兩廣總督盧坤投遞書信，最終引發外交衝突。盧坤命令停止對英貿易，律勞卑則令兵船砲擊虎門砲臺，闖入黃埔。

事實上，兩次鴉片戰爭後簽訂的《南京條約》、《天津條約》、《北京條約》等不平等條約，除了割地賠款之外，基本上都反映了馬戛爾尼和律勞卑等人的核心要求，即「自由通商，協議關稅」。而《天津條約》約定「外國人可以到內地遊歷經商」、「外國傳教士可以到內地自由傳教」等，外國人只要持原籍國發放的護照，經中國官員蓋印，便可在中國內陸「自由、安全」地通行。

一八六八年七月二十八日，美國卸任駐華公使蒲安臣（Anson Burlingame）代表清政府與美國訂立了《中美天津條約續增條款》，又稱《中美續增條約》，條約主要內容包括：兩國人民可隨時自由往來、遊歷、貿易或久居；兩國人民均可入對方官學，並享受優惠待遇。這為美國來華招攬大量華工開啟了方便之門。一八五一年，加州已有二・五萬名華人，到了一八八二年當地華人數目增加了四倍。然而同年，美國國會通過了惡名昭彰的《排華法案》（Chinese Exclusion Act），大大限制了中國移民。

一九一四年第一次世界大戰爆發後，世界各國為了國家安全和政治需要，紛紛透過立法或行政措施，建立健全的護照和簽證制度。一九二〇年，美國正式啟用簽證，一九五二年之後，美國開始施行國民出國旅行須持有護照的規定。

被裹挾在世界潮流中的中國，護照和簽證也隨之進一步配合國際化的形勢。一九二二年，中國出現了最早的本子護照。這些本子護照多為十六頁，三年有效。因持照人途經的國家多，譯文多達八種（法、英、西、葡、俄等），光譯文就占了護照八頁。

一九二五年，由東三省交涉總署批轉下發《發給入境簽證辦法》，廢止向外國人頒發「另紙護照」的做法，改為在外國人護照上頒發簽證。一九三〇年，國民政府頒發《查驗外國人入境護照規則》，要求入境外國人所持護照必須經中國駐外使領館簽證。

一九四六年，身為同盟國之一，中國與美國簽訂了《中美友好通商航海條約》，又稱《中美條約》。條約規定，締約此方之國民享有在彼方「領土全境內」居住、旅行與從事商業、工業等各種職業的權利等等。其中第二條第一款為：「……並除其本國主管官廳所發給之（甲）有效護照，或（乙）其他身分證明文件外，應無須申請或攜帶任何旅行文件。」

也就是說，當時的中國人到美國去，是免簽的。

圖㉝ 明朝沈周〈灞橋風雪圖〉

圖㉞　法國〈巴士底監獄風暴〉（La Prise de la Bastille）

圖㉟　法國雅克．路易．大衛（Jacques-Louis David）
〈途經大聖伯納山口的拿破崙〉（Napoleon at the Great St. Bernard）

圖㊱ 法國米勒（Millet）〈種植馬鈴薯〉（Potato Planters）

圖㊲　北宋趙佶〈文會圖〉(局部)

圖㊳　魏晉南北朝畫像磚〈庖廚圖〉

高寶書版集團
gobooks.com.tw

BK 054
顯微鏡下的古人生活

編　　著　《新週刊》雜誌社
特約編輯　余純菁
助理編輯　林子鈺
封面設計　走路花工作室
內頁排版　賴姵均
企　　劃　何嘉雯

發 行 人　朱凱蕾
出　　版　英屬維京群島商高寶國際有限公司台灣分公司
　　　　　Global Group Holdings, Ltd.
地　　址　台北市內湖區洲子街88號3樓
網　　址　gobooks.com.tw
電　　話　（02）27992788
電　　郵　readers@gobooks.com.tw（讀者服務部）
傳　　真　出版部（02）27990909　行銷部（02）27993088
郵政劃撥　19394552
戶　　名　英屬維京群島商高寶國際有限公司台灣分公司
發　　行　英屬維京群島商高寶國際有限公司台灣分公司
初版日期　2021年12月

原著作名：《顯微鏡下的古人生活》
原出版者：湖南岳麓書社有限責任公司
現經由原出版公司授權英屬維京群島商高寶國際有限公司臺灣分公司在臺灣地區出版發行。

國家圖書館出版品預行編目（CIP）資料

顯微鏡下的古人生活 /《新週刊》雜誌社編著.
-- 初版. -- 臺北市：英屬維京群島商高寶國際有限公司臺灣分公司, 2021.12
面；　公分. --（Break；BK054）

ISBN 978-986-506-268-2（平裝）

1.社會生活　2.生活史　3.中國

630　　110016855

GOBOOKS
& SITAK
GROUP©